4061 | ALFA | YEMEK / *FOOD* | 97

REFİKA'NIN MUTFAĞI

Cooking New Istanbul Style

REFİKA BİRGÜL KİMDİR?

Refika Birgül 19 Mayıs 1980'de İstanbul'da doğdu. İstanbul Amerikan Robert Koleji'nden mezun olduktan sonra Koç Üniversitesi'nde Psikoloji bölümünü bitirdi. Lisans eğitiminden sonra da London Business School'da liderlik eğitimi aldı. Mezun olduktan sonra !F İstanbul Bağımsız Filmler Festivali ve ardından İstanbul Kültür Sanat Vakfi (İKSV) organizasyon bölümünde çalıştı. Son olarak da Özel Doğan Hastanesi'nde yaklaşık 6 sene boyunca üst düzey yönetici ve genel müdür olarak görev yaptı. Tüm bu tecrübelerden sonra, içinden gelen sese kulak verip, Refika'nın Mutfağı'nı kurdu.

Refika, mevsimsellik, yerel malzeme kullanımı ve temelleri yüzyıllar öncesine dayanan tekniklerle ancak bir o kadar da pratik ve güncel Türk yemeklerini eşsiz bir yorumla ele almasıyla tanınıyor. Alelade bir günde herhangi bir Fransız'ın, ailesine evinde lahmacun yaptığını gördüğünde misyonunu yerine getirmiş olacağına inanıyor.

Refika Şubat 2017'de, şu an 1,75 milyonu aşkın takipçisi olan **"Refika'nın Yemek Okulu"** YouTube kanalını kurdu. Bu kanalın amacı, herkesin mutfakla ilgili gereksinim duyduğu bilgilere kolay, hızlı ve ücretsiz bir şekilde ulaşabilmesi.

2020 yılında da tüm dünyaya mutfakla ilgili ve ayrıca memleketimizin yemek kültürüyle ilgili bilgileri, teknikleri paylaşmak üzere İngilizce içeriklerin üretildiği **"Refika's Kitchen"** YouTube kanalı yayına başladı.

Youtube'daki varlığının yanı sıra Refika Birgül 2010 yılından bu yana yemek kitabı ve gazete yazarı ve televizyon programcısı olarak, 7 yıl boyunca Hürriyet Cumartesi ekinde gazete yazıları yazıp, 5 yemek kitabını, 3 farklı TV programını da hayata geçirdi.

2013'te kurucu ortağı olarak hayata geçirdiği **"Refika'dan"** markası ile Türkiye'nin, bu toprakların kıymetli el sanatlarını ve zanaatlarını, zanaatkârlarını korumayı amaç edinmiş, kendi tasarımı olan ürünleri de bu marka çatısında geliştirip üreterek, mutfakta insanların hayatını kolaylaştırmak üzere ilerlemekte.

Refika aynı zamanda Türkçe ve İngilizce Youtube kanalının, Refika'yla Öze Dönüş televizyon programının prodüksiyonunu gerçekleştiren, hem de çeşitli markalara yemek odaklı video ve fotoğraflar üreten **"Börek Prodüksiyon"** yapım şirketinin de kurucu ortağı.

WHO

Refika Birgul was born on May 19, 1980 in Istanbul. She graduated from Robert College and then studied Psychology at Koç University. She received leadership training at the London Business School. After graduating, she worked in production for the IF Istanbul Independent Film Festival and the Istanbul Arts and Culture Foundation. She then became a high-level executive and general manager for Özel Doğan Hospital for six years before finally listening to her heart and founding Refika's Kitchen.

Refika is renowned for her unique practical and contemporary take on Turkish cuisine that advocates for seasonality, local ingredients and respect for traditional techniques. She describes part of her vision as witnessing the joy of a time when it will become totally ordinary for a French cook to make lahmacun *for dinner at home.*

In February 2017, she founded the Turkish-language Youtube channel Refika'nin Yemek Okulu (Refika's Culinary School) which now has more than 1.75 million followers. The channel's goal is to make culinary knowledge easy and accessible to everyone for free.

In 2020 she launched the English-language global version, Refika's Kitchen, on YouTube.

In addition to her Youtube presence, as a food writer, Refika Birgul has published five cooking books and produced three TV shows over the past decade.

In 2013, she became a founding partner in the Refika'dan cookware brand, designed to showcase the original designs and work of craftspeople devoted to preserving their art as well as her own designs.

She is also a founding partner in Borek Productions, the company behind her Turkish and English-language Youtube channels as well as the TV show Refika'yla Öze Dönüş (Back to Essentials with Refika) and food-focused video and photography productions for various brands.

KİTAPLAR / *BOOKS*

Refika'dan Hızlı Tarifler
Narlı Tarifler
Düdüklünün Sihirleri
Bulgurun Halleri

REFİKA'NIN MUTFAĞI

COOKING NEW ISTANBUL STYLE

Yayıncı ve Genel Yayın Yönetmeni / Publisher and Executive Editor M. Faruk Bayrak
Genel Müdür / General Director Vedat Bayrak
Yayın Yönetmeni / Editoral Director Mustafa Küpüşoğlu
Editör / Editor Gülin Ekinci
Düzelti / Proof Reading Pelin Turgut
Fotoğraf / Photography Alp Korfalı, Refika Birgül
Grafik Tasarım / Graphic Design Emre Duygu
İllüstrasyonlar / Illustrations M. Korkut Öztekin
İngilizce Çeviri / English Translation Can Kantarcı, Refika Birgül, Claudia Turgut
Proje Koordinatörü / Project Coordination Göknur Gündoğan

Simotas Binası, Bican Efendi Sok. N:10 K:3
Kuzguncuk / Üsküdar / İstanbul
+90 216 532 33 10 info@refikaninmutfagi.com

ISBN 978-625-449-269-3

Alfa Yayınlarında 1. Baskı: Mart 2021 / 1th print in Alfa Publishing: March 2021
Alfa Yayınlarında 2. Baskı: Kasım 2022 / 2th print in Alfa Publishing: November 2022

Bu kitabın ilk 7 baskısı Boyut Yayınları tarafından yayımlanmıştır.
This book's first 7th print was made by Boyut Publishing.

Baskı ve Cilt / Print and Binding
Melisa Matbaacılık
Çiftehavuzlar Yolu, Acar Sanayi Sitesi, No: 8, Bayrampaşa-İstanbul
Tel / Phone: (0212) 674 97 23 Faks / Fax: (0212) 674 97 29
Sertifika no / Certification no: 45099

Alfa Basım Yayım Dağıtım San. ve Tic. Ltd. Şti.
Alemdar Mahallesi, Ticarethane Sokak No: 15 34110 Cağaloğlu İstanbul
Tel / Phone: (0212) 511 53 03 Faks / Fax: (0212) 519 33 00
www.alfakitap.com - info@alfakitap.com
Sertifika no / Certification no: 43949

REFİKA'NIN MUTFAĞI

COOKING NEW ISTANBUL STYLE

REFİKA BİRGÜL

ALFA

Anneme,

Beni ben yapan, sonra da köşelerim fazla sivri olmasın diye törpülemeye çalışan, tanıdığım en dâhi insana…

Doğanın, doğruluğun, dürüstlüğün ve çok çalışmanın tüm güzelliklerini bana öğrettiği ve fikirlerim daha tohumken onlara can suyunu verdiği için, bu kitap ve bugüne kadar yaptığım pek çok şey ona adanmıştır…

To my mother;

For teaching me everything I know. She has always been the first to support me and breathe life into my crazy ideas, even when they were just seeds.

This book - as with many things I have done so far - is dedicated to her.

1 Temel Malzemeler
Main Ingredients

2 Sahne Arkası: Mutfak
Backstage: The Kitchen

3 Tarifler
Recipes

4 Sunum
Presentation

İçindekiler Contents

Başlarken...

Tat, yaratıcılık, estetik, paylaşım ve bunları hem ayrı ayrı hem de bir arada yaşamanın verdiği **haz!** Yemek yemenin ve yapmaya çalışmanın bana yaşattığı en önemli duygular...

Tüm bu duyguları bana yaşattıran Türk mutfağı, insanı şaşırtan, heyecanlandıran, kıskandıran, öğrendikçe ne kadar az bildiğini yüzüne vuran köklü bir mutfak kültürü... Yüzyıllardır kendi kendine yetmiş bir toplumun olağan ve tatlı şımarıklığına da sahip. Köklü kültürlere sahip başka toplumlarla birleşip servetine servet eklemiş, rengarenk ve şaşırtıcı bu mutfak, hayal bile edemediğim malzeme ve yemeklerle dolu. Bir de bu güzel ülkenin herhangi bir köşesine bir tek tohum ektiğinizde, toprak size fışkıran bollukla cevap veriyor.

Biz yeni nesil olarak, tıpkı çok varlıklı ailelerin üzerine rehavet çökmüş torunları gibi, bu zenginliği anlamak ve üzerine yeni güzellikler eklemek yerine, mevcudu korumakla yetindik; hatta mutfağımıza özgü pek çok tarifi unuttuk ve başka kültürleri, başka lezzetleri kendi mutfağımızdan üstün görür hale geldik. Hayat koşulları, yazılı ve görsel medya yoluyla fazlasıyla aşina olduğumuz modern yaşam biçimleri, tercihlerimizi sanki zorunlulukmuş gibi yorumlamamıza bir hayli yardım etti.

Özellikle son 10-15 yıldır, kendilerini hayli iyi pazarlayan yabancı mutfakları ithal ediyor, bunlara akıl almaz paralar harcıyoruz. Televizyon programlarındaki Bolulu şişman aşçılarımızın yerini, bize hayli yabancı yemekleri yapan ve samimiyeti ile hepimizin kalbini çalan bir İngiliz çocuk aldı. O ve onun gibilerin çabaları, 20 yıl önce mutfağında çok fazla enteresan yemek çeşidi olmayan ve evde yemek pişirme âdeti bulunmayan ülkesini de değiştirmeye başladı. Bu çabalar, bugün Londra'yı dünyanın en önemli gastronomi merkezlerinden birine dönüştürdü. Mesela Jamie Oliver bunu neredeyse bazı şeyleri yoktan var ederek başardı. Oysa bizim başvurabileceğimiz, tekrar keşfedebileceğimiz, keşfettiklerimizi günümüz şartlarına uyarladığımızda keyiften içinde kaybolabileceğimiz bir mutfağımız var.

Bugün, belli teknikleri modern hayatla birleştirerek çok zor gibi gözüken bazı yemekleri 20- 25 dakikada yapabilmek mümkün. Farklı mutfaklardan birkaç nefis malzeme katarak, mutfağımızın ağır bastığı ve dünyaya hitap eden enfes lezzetler hazırlayabiliriz. Değerlerimizi hem lokal hem de global gözlerle yorumlamak ve farklılıkları anlaşılır ve algılanır kılmak mümkün. Bu düşüncelerle hazırladığımız kitabımızda korkulacak malzemeler yok, uygulanması zor teknikler de yok. Kendi yolunuzu çizmenize yardımcı olacak bilgiler ve yolculuğu keyifle akan tarifler var. Bu yolculuklarda bizi biz yapan, mutlu eden değerler var. Gündelik mücadelemize farklı bir bakış açısıyla bakarak, insanı yeri geldiğinde sakinleştiren, bazen de baştan çıkarmaya çalışan tarifler bunlar...

Kitabı tanımlamamız gerekir ise, aklıma gelen en yakın tanım "Türk füzyon mutfağı"... İleriki sayfalarda ayrıntısıyla okuyacaksınız, bu ismi verirken hiçbir güçlü iddiam yok! Duygusuyla sizi bir yerlere goturme çabasında bu kitap...

Yazmaya ilk başladığımda, hayalimdeki kitabın hangi özellikleri taşıması gerektiği ile ilgili tahtama ve defterime notlar almıştım. Şimdi geri dönüp bu hedeflere ulaşmak için nasıl bir yol izlediğime bakıyorum.

Yaratıcı: Bu kitapta göreceğiniz pek çok teknik veya tarif benim hayal dünyamdan çıktı, bir kısmı ise mevcut tariflerin Refika versiyonları. Bunun haricinde, bilindik birkaç tarifi de kaybol-

mamaları ve günlük hayatta çok kolay yöntemlerle yapabileceğimizi göstermek için ekledim.

Ayrıca düz tarifler vermek yerine yemeklerin algoritmalarını vermek istedim. Her şeyden çorba, salata veya köfte yapabilmenizi sağlayacak bölümler mevcut. Buradaki mantığı şöyle bir örnekle açıklayabilirim sanırım. Diyelim ki altı çeşit zeytinyağlı yemek biliyorsunuz, bir dönüp bakın, bunları pişirme yönteminiz hemen hemen aynıdır; bir de malzeme farklılığından kaynaklanan püf noktaları vardır. Bunu çözümleyince altı değil, yirmi çeşit zeytinyağlı yapmanız mümkün olur. Gerisi sizin yaratıcılığınıza kalmış.

Lezzetli: Lezzetli yemek yapmak sadece iyi tariflerle mümkün değil. Leziz bir yemek için iyi malzeme, doğru araç gereç ile doğru teknik ve şık bir sunum gerekir. Bu sebeple kitap dört ana bölümden oluşuyor.

Pratik: Ben günde 12, yoğun zamanlarda da 14-16 saat çalışan bir insan oldum hep. Dolayısıyla kitaptaki pek çok tarif, görünüşlerine aldanmayın, gayet kolay. Tariflerin başına bazı işaretler koyarak, bunu daha iyi ifade etmeye çalıştık. Bu işaretler yemeğin kolaylık seviyesini, yapılma süresini ve öncesinde bir hazırlık gerekip gerekmediğini göstermekte.

Ekonomik: Hem zaman hem de malzeme açısından... Bu malzemelerin günlük hayatımızın bir parçası olması ve kolay ulaşılır olması çok önemli. Okuyup yapmak istediğim, ama içinde geçen malzemelere bir türlü ulaşamadığım tarifler beni üzmüştür, hazırladığım bir kitabın böyle bir his yaratmasını istemedim hiç.

Yerel malzemeler ve pişirme teknikleri: Benim için yerelin üç boyutu var. Birincisi yerel ve mevsiminde malzemeler kullanmak, yani her yiyeceği, tadının doğal olarak en nefis olduğu zamanlarda tüketmek ve topraklarımızda yetişenleri yemek. İkincisi, mahalle kültürünü kaybetmeme hayali ve çabası. Bizim hala mahallelerimiz ve semt çarşılarımız mevcut. Gerçi, yakınlarında dev marketler bulunan mahalle esnafları var olma mücadelesi içerisinde. Bu mücadelenin farkına varıp onlara biraz daha sahip çıkabilirsek, sanırım bir yerlere gidebilir bu çaba. İşe süpermarketten değil semt pazarından veya manavından alışveriş yapmakla başlayabiliriz. Yerelin üçüncü anlamı da kültürümüzün muhteşem malzemeleri! Bunlardan bir sürü ama bir sürü yemek yaratabileceğimizi vurgulamak. Kadayıfı sadece tatlı olarak değil mantı malzemesi gibi kullanarak, güllacı sütle değil, vişne ile ıslatarak yeni tatlar keşfetmek mümkün.

Bir de elinizde tutuğunuz kitap neden çift dilde yazılmış diye düşünebilirsiniz. Bunun birkaç sebebi var. Ne yazık ki Türk mutfağının pek çok malzemesinin İngilizce'de bile karşılığı yok. Örneğin mantıyı "Turkish ravioli" diye anlatmak zorunda kalıyoruz. Yemek dilimizi uluslararası alanda oluşturabilmek ve farklı kültürlerle paylaşmak çabası ile kendimce bulduğum bir çözüm oldu bu. Mutfakta kullanılan malzeme isimlerini bilmek de dile hakimiyet açısından ayrıca keyifli oluyor. Bu arada kitabın İngilizcesi ile Türkçesi her zaman birebir aynı değil*, özellikle ilk bölümlerde, iki dili bilenlerin okudukça öğrenecekleri yeni bilgiler, karşılaşacakları sürprizler var.

Özetle, elinizde tuttuğunuz sayfalar aslında hayatta beğendiklerimi, hayran olduklarımı, ve deneyimlerimi not etme ihtiyacımdan ve paylaşma arzumdan ibaret. Gözümden, gönlümden size, sıcak sıcak, taze taze...

Tüm yolculuklarınızı tutkuyla yapmanız dileğiyle.

Refika Birgül

* Giriş ve birinci bölüm neredeyse baştan yazılmış, diğer bölümler ise Can Kantarcı'nın çevirisi üzerinden tekrar düzenlenerek hazırlanmıştır.

First words...

Cooking is pure joy for me! It is a journey of self realization and awareness. It fulfills my desires to do something creative, aesthetic, tasteful and –hopefully- good for others.

There is never a destination to arrive at when I cook because I know that there's always room to improve or change. I experiment with ingredients, ruin a dish and start over and over again. This journey to and fro between success and failure helps me to better understand what I like and might want next time time round. Small tweaks can make a big difference.

I feel so very lucky to have been born in Istanbul, which has a cooking culture with layers and layers of inherited traditions. It has endless ingredients, recipes and localized techniques that can change even from one village to the next. We are blessed with four distinct seasons, each season providing us with a celebration of different ingredients and new dishes.

Istanbul has always been a hip and charismatic city to live and to cook in. Though it might seem that old home cooking traditions are being challenged by modern ways of living, it is worth remembering that Ottoman cuisine - one of the world's early examples of hardcore fusion- lasted for hundreds of years and constantly evolved its ways of cooking. This book is a fusion of life with cooking, of traditions and youth and hard work.

I hope you see it as a local guide to new Istanbul style cooking. All the chapters are based on the way I do things. The photo on the next page is really what one of the walls in my kitchen looked like at the start of this journey. Those keywords sum up my philosophy of food.

***Creatively:** That's how things work in my kitchen. (And probably in my life too.) The book is designed to get your creative juices flowing.*

First, there are the recipes, all of which are brand new inventions made using the most traditional Turkish ingredients. Secondly, it includes easy ways to make Turkish specialties like manti, adding a few twists along the way. I hope not only to share good recipes but also to show you a few building blocks to help you create new recipes out of your favorite ingredients. You can make a soup, salad or "eatball" out of anything; this book will show you how.

***Tasteful:** Of course the bottom line is that everything has to be delicious. But taste is not just about the explosion of flavors in your mouth, it is also about using tasteful ingredients, the right equipment and creating appetizing ways to present the food.*

***Practical:** I have always been a workaholic. When I was working 12-14 hours a day, I had very little time for cooking so one of the chief concerns behind many of these recipes is that the dishes be easy to prepare and practical.*

***Economical:** I strongly believe that we are at the end of an era of consumption. Eating should be a basic, daily activity which brings joy to our lives. We should be in sync with the rhythms of nature, its surprises and seasonality.*

***With local ingredients and techniques:** I use the word "local" to mean several things. The first one is local as in seasonal. The second is to use local sellers and their products. I shop mostly in my local mahalle, as I hope you do too. Though big shopping malls and giant supermarkets offer convenience, they can't match the taste nor the sheer joy of developing relationships with local butchers, greengrocers and stallholders.*

This book is bilingual so that it can be both a guide and a dictionary for people living in Turkey or people who want to explore the cuisine. It is not a direct translation so if you speak both languages, you might learn different things from either version.

I hope all your journeys are made with passion.

Enjoy the book, enjoy this city of many wonders.

Refika Birgül

Neden böyle bir kitap?
Why such a book?

Bu kitabı okuyan herkese farklı bir deneyim sunacak çağdaş bir mutfak öyküsü anlatmak istedik. "Katı olan her şey buharlaşır" sözü aklımızın bir köşesinde, kendimizi geleneksel Türk mutfağının derinliklerine farklı deneyimlere açık olarak bırakıyoruz.

Ulusal, geleneksel mutfağımıza ve deneyimlerimize sahip çıkan bir duruş bu. Bizim için "o öyle olmaz, böyle olur!"lar yok. Orijinal olmak için fazladan çabalar da yok. Bu sebepten tarhana, erişte gibi değerleri sıfırdan yapabilmeyi ön plana çıkarmak istedik. Şehir sakinlerinin de bu yemekleri kolaylıkla yapabileceğine inanıyoruz. Füzyon mutfağı yaklaşımının penceresinden yeniden yorumladığımız "yemek yapma işini" sizlerle dört ana eksen çerçevesinde paylaşmaya çalıştık. Anadolu'nun bereketli topraklarında her daim var olmuş harikulade malzemelerin keşfini, bu malzemelerin nerelerde, ne şekilde ve neler yardımı ile pişirilebileceği, eğlenceli ve pratik yemek tarifleri ve okurun hayal gücünden başka sınır tanımayan yemek sunumları izliyor.

Bu kitabın içeriği; metinleri, fotoğrafları ve grafik tasarımı 2000'li yıllarda "genç olan" kişiler tarafından on iki ay gibi kısa bir sürede özenle ve heyecanla hazırlandı. Bu nedenle günümüz dünyasıyla, çocukluğumuzdan tadı damağımızda kalmış dokuların birleşiminden oluştu. Bu dokuları bu yüzyılda da koruyabileceğimize duyduğumuz inançla şekillendi.

Kendisi her ne kadar dillendirmese de, yazarımızın aslen psikolog olması da bence kitabı farklı kılan nedenlerden. Refika'nın büyük bir şef olma gibi bir iddiası hiçbir zaman olmadı. O sadece, "yemek kültürümüzün" hayatımızı, varoluş şeklimizi ve mutluluğumuzu ne denli derinden şekillendirdiğine kafayı takıp, bu konu üzerinde düşünmeye ve çalışmaya başladı...

Bizler de onu destekledik. Elimizden geldiğince...

Keyifli okumalar.

We hope to tell a modern cookery story that every cook can use in a different and unique manner.

The book is not about big statements, we never suggest that "this is the only way it should be done". It isn't fussy. It respects the originals that inspire it. That's why we include practical and easy ways to make tarhana and eriste from scratch. Think of it as modification too allow for the changed rhythms of our urban lives. This is what makes it contemporary.

For us, "New Istanbul cooking" has four main aspects. We begin with the best possible original ingredients from Istanbul and across Anatolia; the equipment we use; practical, tasty and fun recipes; and tips for how best to present the food.

We live in an ever more interconnected era where many of the world's cooking traditions are being experimented with, expanded and adapted. We strongly believe that Turkish cuisine, which is heir to one of the world's earliest fusion cuisines, has much to offer the world in this respect. In that sense, we hope this book will be a pioneer.

This book is the result of 12 months of hard work by a group of hard-working 'youthful' people. The English is not a direct translation; in fact, the introduction and whole first chapter were re-written specifically for the English reader who might need different explanations of the same issues. We shot and re-shot many of the photographs to find the best possible way to explain what is going on without sacrificing on aesthetics. Likewise, we sought to create the best possible design and layout solutions to make it easy to use.

The writer of this book is a psychologist, but she forbids us to refer to her as such because she doesn't do it as a profession. Yet it suffuses her approach to cooking and life. I believe this is what makes this book unique. Refika doesn't see food as something we ingest but rather as intimately bound up with our psychology; to her, how we cook (and eat) is related to happiness, contentment and a sense of fulfillment. She doesn't care about being a chef but rather, she has fallen in love with our cuisine and how it affects our being and the way we live. She encourages us all to undertake a similar journey, and gives us the tools we need to do so.

I hope reading this book will be as pleasurable for you as it was for us to prepare.

Enjoy!

Göknur GÜNDOĞAN

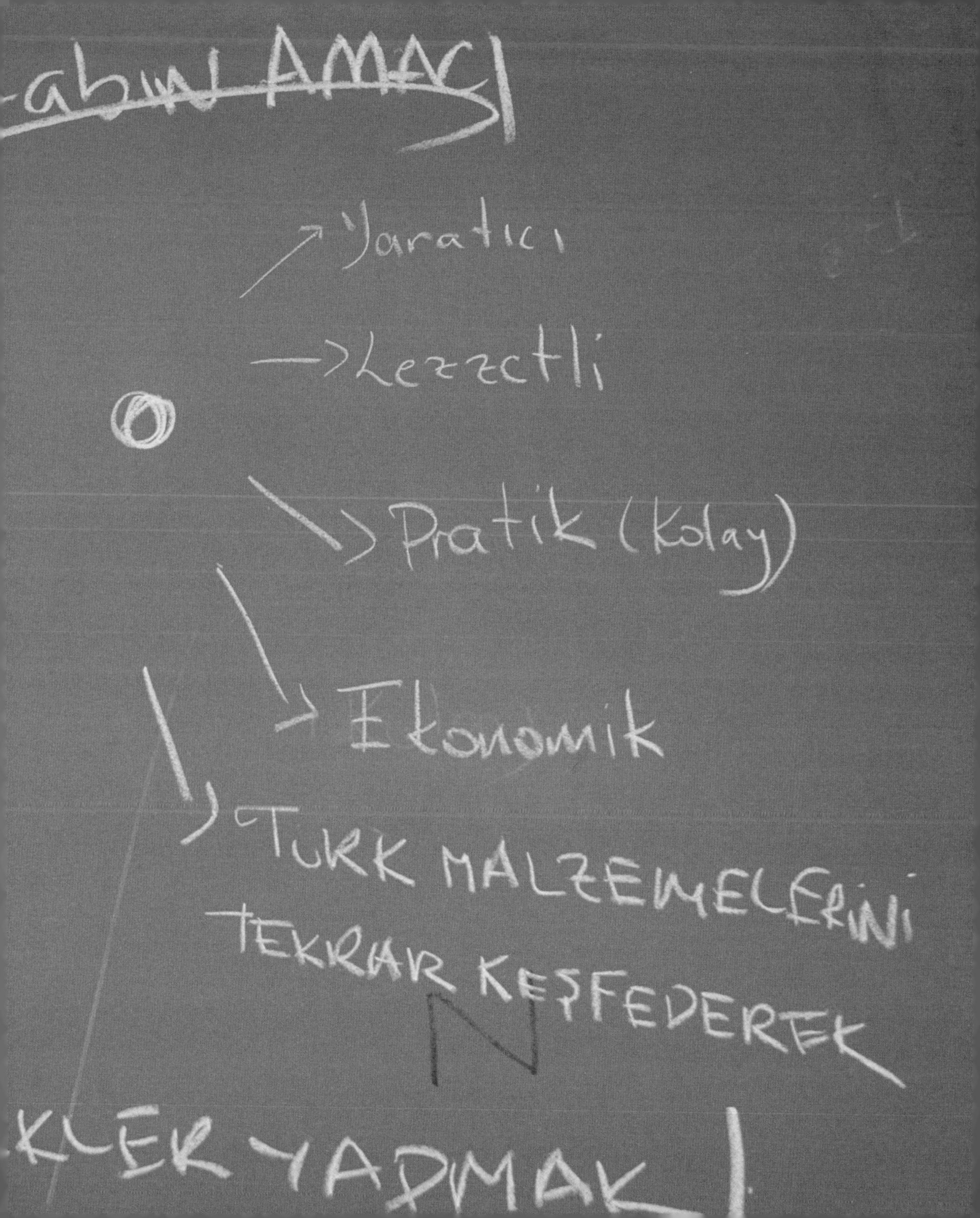
abını AMACI
Yaratıcı
Lezzetli
Pratik (Kolay)
Ekonomik
TÜRK MALZEMELERİNİ
TEKRAR KEŞFEDEREK
KLER YAPMAK

Füzyon nedir?
What is fusion?

Nükleer kaynaşma (füzyon), parçalanmanın tersine çok hafif iki çekirdeği birleştirerek daha ağır bir çekirdek oluşturmak ve bu şekilde açığa çıkan bağ enerjisini kullanmaktır. Ama bunu denetim altında oluşturmak oldukça zor bir iştir. Çünkü çekirdekler pozitif elektrik yükü taşır ve yaklaştırılmaya çalışıldıklarında birbirlerini çok şiddetli bir şekilde iterler. Kaynaşmalarını sağlamak için, aralarındaki itme kuvvetini yenebilecek büyüklükte bir kuvvetin kullanılması gerekir.

"Füzyon" diye adlandırılan mutfak tekniğinin de benzer bir özelliği vardır. Dünya mutfaklarının farklı özelliklerinin bir araya getirilmesinden, kaynaştırılmasından oluşur. Ortaya bomba gibi sonuçlar çıkabilir; parmak ısırtacak güzellikte yemekler ya da bir dağınıklık, hatta felaket...

Özellikle son otuz yılda, seyahat imkanlarının artması ve televizyon ve internet gibi araçlar sayesinde, farklı yemek kültürleri, malzemeler ve teknikler tanışıp yakınlaştı. Göz görür, gönül ister oldu. Türlü türlü tada ulaşabilmek kolaylaştı. Farklı mutfaklara ait bazı sosları her tür yemekte her gün kullanır, yapması saatler alan bazı yemekleri şipşak hazırlayabilir olduk.

Füzyonu üç farklı şekilde düşünebiliriz. Bunların ilki, farklı kültürlere ait yakın bölgelerin yemeklerinin karışımı. Eklektik diye de adlandırılan ikinci şekilde, bir yemek kültürü belirleyici olmakta, ancak diğer mutfakların teknik veya malzemeleri de kullanılmaktadır. Son olarak, herhangi bir mutfak belirleyici olmadan tüm dünya mutfaklarının bir araya getirilmesidir.

In physics and chemistry, nuclear fusion is the process by which multiple like-charged atomic nuclei join together to form a heavier nucleus. Because both sides are like-charged when you try to bring them together they strongly resist each other. It takes a force stronger than this push for fusion to take place. When it does, it is accompanied by the release or absorption of energy, which allows matter to change state.

The term correspondingly used in food is fusion cuisine. It operates on the same principle – merging quality food is like combining those positively charged nuclei, fusing strong flavors from the world's leading culinary traditions.The outcome might be a great dish which has a deliciously explosive effect on the palate, or a "loser bomb" which destroys the quality of both sides.

Over the past 30 years, more travel options, television and the internet have introduced us to different cuisines, ingredients and cooking techniques. Increased transport possibilities have made it easier to obtain all these. One wants what one sees so all the over the world, cooks began to borrow or adopt techniques from one another. Meanwhile, with people cooking less at home, food became a kind of entertainment and it became increasingly important for it to have character. As taste buds differ from culture to culture these cuisines had to be adapted.

There are three main approaches to fusion. One approach is regional fusion that combines the cuisine of a region or sub-region into a single eating experience. Another incarnation of fusion cuisine takes a more eclectic approach, featuring original dishes made using different ingredients from various cuisines and regions and combining them. A third ap-

Pek çok kaynağa göre," füzyon mutfağı" tabiri Kaliforniya'dan çıkmış ve dünyaya yayılmıştır. Aslında bu yemek yapma tarihinde hep olan birşeyin isimlendirilmesidir. Örneğin biz, dünya tarihinin belki de en oturmuş füzyon mutfağı olan Osmanlı mutfağının mirasçılarıyız. Geniş ve dört mevsimi yaşayan topraklara yayılmış ve Bizans ve İslam motiflerini harmanlayıp hazmetmiş bu imparatorluğun yüzyıllar içinde oluşmuş mutfağını devralmışız.

Böyle bir kültürün evlatları olarak dünyadaki bu kaçınılmaz değişiklikte önemli bir rol almamız mümkün ve bunu yaparken aslında çok uzaklaşmamıza gerek yok; gereken her şey damarlarımızda mevcut, biraz daha özgür bir bakış açısı, bir parça cesaret ve inançla bunlar mümkün.

Bu tanımlar doğrultusunda, kitabımıza "Türk Füzyon Mutfağı" gibi bir ad da verilip verilemeyeceği sizin takdiriniz olacaktır. Benim amacım, geleneksel değerler üzerine inşa edilen, yaratıcı ve günümüz imkanlarını kullanan keyifli, pratik ve lezzetli bir mutfak yaratmak.

• Tanımların en basit halleri Wikipedia'dan alınmıştır.

proach uses dishes whose form is based on one cuisine, but prepared using the ingredients and flavors of a different cooking tradition.

Contemporary fusion cuisine is said to have originated in California but the idea itself is centuries old. Ottoman cuisine is a great example of a historic fusion tradition. Spanning many geographies, cultures and climates, the imperial kitchen built on a Roman and Byzantine heritage and brought a nomadic past and Islam together. Fusion is how it survived for over 700 years, distilling these many influences over centuries.

As the descendants of this culture we are blessed with a rare treasure in our hands.

I'm not keen on defining this book as a "Turkish fusion" book. I hope instead to build a creative and practical cuisine on top of the building blocks of traditional Turkish cooking. I hope to show how -with a bit of free spirit, aptitude and good faith- modern life might be seen as an opportunity for some of these traditions to continue and evolve.

• The most straightforward definitions are taken from Wikipedia.

1

Temel Malzemeler

Main Ingredients

Tebrizli Şems, dünyayı koca bir kazana benzetirdi.
İçinde mühim bir aş pişmekte. Yaptığımız,
hissettiğimiz, söylediğimiz, hatta düşündüğümüz
her şey bu kazana malzeme olarak giriyor.
Öyleyse bu evrensel aşa ne kattığımızı
kendimize sormamız gerek.
Kırgınlıklar, kızgınlıklar, kan davaları ve şiddet mi?
Yoksa aşk, inanç ve ahenk mi?

*Did you know that Shams says the world is a
huge cauldron and something big is cooking in it?
We don't know what yet. Everything we do, feel,
or think is an ingredient in that mixture.
We need to ask ourselves what we are adding
to the cauldron. Are we adding resentments,
animosities, anger, and violence?
Or are we adding love and harmony?*

Elif Şafak, AŞK
Elif Shafak, THE FORTY RULES OF LOVE

GÖRÜNMEYEN MALZEME
THE INVISIBLE INGREDIENT

"Yemeği kim için hazırlıyorsanız ona duyduğunuz sevgi...

The love you feel for the person you are cooking for..."

Belki de dünyadaki en önemli malzeme... Basit bir kek yapıyor olabilirsiniz, ya da türlü işlemden geçen karmaşık bir yemek. İçlerine kattığınız en önemli malzeme sevgi. Yemeğe değil, yemeği kim için hazırlıyorsanız ona duyduğunuz sevgi...

Herhalde bu yüzden, anneannelerin babaannelerin yemekleri hep çok lezzetli olur. En acemi insanın elinden çıkmış olsa bile, sevgi malzemesinin katıldığı bir yemeğin kötü olmasına imkan yoktur.

Örneğin ben baharat ve malzemeleri birleştirirken kime yemek hazırlıyorsam onu düşünürüm. Lokmayı ağzına attığında yüzünün alacağı şekli, ne hissedeceğini, nasıl bulacağını tahmin etmeye çalışmak gibi bir heyecan yaşarım hep.

Kendimize, ailemize, aşık olduğumuz insana veya bizi biz olarak seçmiş, sevmiş dostlarımıza yemek hazırlarken hep bu görünmeyen malzemeyi kullanıyoruz. Herhalde bu yüzden, her birinin tadı farklı oluyor, diye düşünürüm.

Bu sebepten, benim için güzel bir yemek, birine adanmalıdır ve birileriyle birlikte yenince tamamlanır, anlam kazanır. Bir de, görünmeyen malzeme, kullandıkça eksilmez artar. Bol "görünmeyen malzemeli" yemekler pişirmeniz dileğiyle!

It is probably the most important ingredient in the world... Sometimes it is a plain cake you are baking, or a sophisticated dish with many different cooking styles involved. The most important ingredient that you add is your love. The love you feel, not for the dish, but for the person you are cooking for...

I believe that is why 'granny's food' is always the best, and even the dish prepared by the most inexperienced cook will never be vapid if the invisible ingredient is used.

While mixing the ingredients, I imagine the face of the person I am cooking for. It is exciting trying to imagine the expression on her face or her reaction upon tasting the dish.

We use the invisible ingredient, each time we cook for ourselves, our families, our beloved or for our friends who see through us and choose to love us as we are. I think that is probably why the same dish changes in taste every time you cook.

So, a dish is tasty only when it is devoted to someone, and it finds its true meaning when eaten in the company of the loved ones. The invisible ingredient can be used endlessly, and grows more and more each time you sprinkle it over the dishes. I hope you will cook many dishes with the "invisible ingredient".

Baharat; tekdüzeliği yenmenin en eski yollarından biri...

The way to spice up your life!

BAHARATÇILAR
THE SPICE MARKET

Baharatlar: hayatın tuzu, biberi, tutkusu

Spices: the taste and passion of life itself

Baharata duyulan arzu tarihin en büyük ticaret yollarından biri olan Baharat Yolu'nun kurulmasına, Vasco da Gama'nın Afrika'yı geçen bir deniz yolu bulmasına, Kolomb'un da Amerika'yı keşfetmesine yol açtı.

Baharat uğruna bir zamanlar savaşlar yapılmış olması ne kadar ilginç. İnsanların istek ve arzularının ne kadar değiştiğinin, bazı şeyleri nasıl da kolayca cepte kabul edebildiğimizin de bir göstergesi. Bugün mutfaklarımızda karabiberin olamayacağı aklımızın ucundan bile geçmiyor; karabiberimiz bittiğinde, ona ulaşmak için köşedeki bakkala veya markete gitmek yeterli. Bundan birkaç yüzyıl önce siyah taneciklere ulaşabilmek için binlerce kilometre kateden, bu uğurda hayatlarını veren insanlar için "gerçek olamayacak kadar güzel" bir durum bu...

The desire for spices led to the foundation of the Spice Road, which is one of the biggest trade routes in history, to Vasco da Gama's discovery of a sea route around Africa, and to Christopher Columbus' discovery of America.

It is indeed interesting that there have been wars waged in the name of spices. This is surely an indication of how the wishes and desires of humankind change, how we started to take a lot of things for granted. Today, the possibility of not having black pepper in our kitchens never crosses our minds; when we run out of pepper, the only thing we have to do is to take a short walk to the local market. This would certainly be a "too good to be true" situation for those people who travelled thousands of kilometers and lost their lives for this cause...

Dolmalık Fıstık
Pine Nut
Susam
Sesame Seeds
Muskat
Nutmeg
Haşhaş Tohumu
Poppy Seeds
Kakule
Cardamom
4 Renk Karabiber
4-Colored Pepper
Fesleğen
Basil
Reyhan
Purple Basil
Tane Kimyon
Cumin Seeds
Toz Kırmızıbiber
Paprika
Toz Karabiber
Black Pepper
Nane
Mint
Pul Biber
Flaked Red Pepper
Kekik
Thyme
Sumak
Sumac
Kimyon
Cumin
Köfte Baharı
Meatball Spice
Zahter
Zahtar

Tarçın
Cinnamon
Zerdeçal
Turmeric
Gün Kurusu
Sun Dried Apricots
Yaş Badem
Almonds
Antep Fıstığı
Antep Pistachios
Karanfil
Cloves
Çörek Otu
Nigella
Kuru Kayısı
Dried Apricots
Ceviz
Walnuts
Tuzlu Fıstık
Salted Nuts
Kişniş Tohumu
Coriander Seeds
Defne Yaprağı
Bay Leaves
Kuş Üzümü
Small Black
Currants
Kaju Fıstık
Cashew Nuts
Kuru Badem
Dried Almonds

Baharat hikayeleri...
Spicy stories...

Dolmalık fıstık: Aslında çam fıstığıdır. Siz de kozalak yaprakçıklarının arasından tane tane bulup kırarak kullanabilirsiniz. Ancak toplanması da kırılması da zordur ve bu yüzden pahalıdır. Köftelere, dolmalara, salatalara inanılmaz yakışır.

Susam: Soğanla birlikte kavrulduğunda veya salatalarda nefis olur. Ekmek ve kurabiyelere tat ve kalori katar, görüntüyü çok değiştirir. Susamı galeta ununa karıştırabilir ve et veya sebzeleri bu karışıma bulayarak kızartabilirsiniz.

Muskat: Küçük Hindistan cevizi olarak da bilinir, aslen Hindistan ceviziyle bir ilgisi yoktur. Bu baharatın sırrı, birlikte olduğu malzemeye göre tat değiştirmesidir. Ete de kullanılabilir, böreğe de, haşlanmış Brüksel lahanasına da, elmalı turtaya da. Bazı ülkelerde sıcak şaraba veya çaya eklenir, hatta rendesi tütsülenerek yenir. Birkaç tane muskat size aylarca yetecektir. Ufak bir el rendesiyle rendelemek, toz halinde satın almaktan çok çok daha iyidir. Yurtdışı mutfaklarında çok popüler, bizde bazı yörelerde kullanılan, yolda kaybettiğimiz en nefis baharatlardan. Umarım heyecanım size de geçer ve bol bol muskat kullanmaya başlarsınız.

Haşhaş tohumu: Korkmayın kafa yapmaz, ekmeklerin üzerine, bazı et yemeklerinde, tatlı, börek yaptığınızda veya tahinle karıştırdığınızda nefis oluyor. Yemeğe çıtırtı katan güzel bir tat.

Kakule: Zencefilgillerden olan bu bitki, balık, baklagil gibi tadı daha düz yiyeceklerde ciddi fark yaratır. Ayrıca özellikle Hint çaylarında ve Avrupa'daki bazı çaylarda aroma vermesi için 'de kullanılır. Hindistan'da, yemeklerden sonra, bizdeki karanfil gibi ağız temizleyici görevi görür. Ama karanfil gibi ağzı yakmaz ve uyuşturmaz.

Tane karabiber: Biz en çok bu biberlerin siyah renklisini kullanırız. Avrupa'da beyazı daha yaygındır. Benim aklım pek ermiyor bunun se-

Mediterranean pine nuts: *You can collect them yourself one by one from pinecones. However, this is difficult procedure as they crack which is also why they are quite expensive. They go beautifully with meatballs, stuffings and salads.*

Sesame seeds: *They are delicious when sauteed with onions and in salads. They add taste and calories to breads and cookies, improving how they look. You can mix sesame seeds with bread crumb flour and you can fry meat or vegetables dipped in this mixture.*

Nutmeg: *The secret of this spice is that it changes taste depending on the ingredient it is used with. It can be used with meat, borek, or with Brussels sprouts or apple pies. In some countries, it is added in hot wine or tea; some eat the grated nutmeg after smoking it. A couple of nutmegs will be enough for you for months. Grating it with a small grater is much better than buying nutmeg powder. This is a spice which is very common in world cuisines, but a most delicious one we lost on the way, used only in some regions today. I hope my enthusiasm rubs off on you and you start using lots of nutmeg when you cook.*

Poppy seeds: *Have no fear; they will not make you high. This is a delicious spice for you to use in breads and some meat dishes, or on some desserts and borek. Mixing it with tahini would also be a good idea. A nice taste which adds crispness to the dish.*

Cardamom: *Belonging to the family of common ginger, this plant adds excitement to fish or pulse dishes. Moreover, it is used in Indian teas and in some European teas to add flavor. It is also used as a mouth cleaner in India, similar to the way we use cloves after meals in Turkey. However, it does not burn and numb inside of the mouth like cloves.*

Ground black pepper: *In Turkey, the most commonly used pepper is black pepper; however, in*

bebine, çünkü beyaz biberin ağır bir kokusu oluyor. Bu biber Batı'da niye bu kadar çok kullanılıyor derken, aldığım bir yemek pişirme dersinde beşamel sosu gibi soslarda renk değişimini engellediği ve tadı karabiber kadar güçlü olmadığı için kullanıldığını öğrendim (Batı baharata bizim kadar şerbetli olmadığından olsa gerek). Ben dört renk biber karışımını çok seviyorum, ağızda farklı zamanlarda açılıp şölen oluşturduklarından. Benim tavsiyem karabiberi tane halinde alıp, büyük taneli şekilde çekerek toz haline getirmeniz. Bunun için pirinçten yapılmış el makinelerimiz var, ayrıca kahve çeken makineleri de kullanabilirsiniz. Kat be kat daha güzel bir tat elde etmek için!

Fesleğen: Yaz sonunda, yeterince büyüyememiş veya vaktinde tüketemediğim fesleğenleri kurutarak kullanmaya çalışıyorum. Kendiniz yetiştirmeseniz bile satın aldığınız yeşillikleri kurutabilirsiniz. En güzel yöntem, kullanmadığınız birkaç tepsinin üzerine tülbent, havlu peçete veya gazete kağıdı sermek ve nemsiz günlerde, yıkayıp iyice suyunu süzdüğünüz yaprakları tepsilere sıralamak. Tepsileri örneğin mutfak dolaplarının tepesine yerleştirebilir ve az rüzgarlı, nemsiz ve sıcak ortamda yavaş yavaş kurutabilirsiniz. Tam kurumadan kavanoza aktarırsanız kokacak ve çürüyeceklerdir unutmayın. Ayrıca bu tip yeşilliklerinizi oldukça büyük yapraklar halinde kurutarak kavanozlara yerleştirirseniz rayihalı olurlar.

Reyhan: Yiyeceklerinize renk vermekte kullanabileceğiniz, peynirli yemeklerle, hamur işlerine, makarnalara, mantılara yakışan, fesleğen ailesinden çok güzel bir tattır. Saksıda çok rahat yetiştirebilirsiniz, fazlası yemeğinizi acılaştırır, dikkatli kullanmanızda fayda var.

Tane kimyon: Aynı karabiber veya muskat gibi, taneleri ezerek kullandığınızda çok daha öz ve güçlü bir tat verir.

Toz kırmızıbiber: Pek organik gözükmese de, ben toz tatlı kırmızıbiberi doğal ve kuru bir renk verici olarak kullanmayı seviyorum, çorbalarda ve kıymasız yapılan köftelerde renk vererek harikalar yaratabiliyor.

Europe, white pepper is more common. I really do not understand this, as white pepper has a heavy smell when it is used by itself. About its common usage in Europe: during a cooking lesson I took, I learned that it is used in sauces like béchamel as it does not change color and it is not as strong as black pepper (This is probably because the Westerners are not as immune as we are to spices). I prefer the mixture of different colors of peppers, because they reveal their tastes in the mouth in different times. My advice would be to grind the pepper yourself. There are hand grinders for this job, but you can also use coffee grinding tools. This way you will acquire an infinitely richer taste!

Basil: *At the end of each summer, I try to put the unripened basil or basils that were not used in time to good use by drying them. You can dry your own herbs even if you didn't grow them. The best method is to spread a fine muslin, paper towel or newspaper on a couple of large, clean trays and place the washed, well-drained leaves on them in a single layer, ideally on a non-humid day. For instance, you can put the trays on top of the kitchen cupboard and dry the herbs slowly in moisture-free, warm surroundings. Remember: if you put them in a jar without drying them properly, they will rot and smell. Moreover, if you dry this type of herb while its leaves are as large as possible and put it in jars, it will acquire a fragrance.*

Purple basil: *A good taste belonging to the basil family, purple basil can be used to give color to your dishes, and is a suitable companion to cheese breads, pastries, pastas and mantis. You can easily grow it in a flowerpot. Go easy; if you put more than necessary, it will give a bitter taste to your dish.*

Cumin seeds: *Just like black pepper or nutmeg, you will get a much stronger taste when you grind the seeds.*

Paprika powder: *Though it does not look very organic, I like using paprika powder as a natural and dry way of adding color. You can create wonders in soups and meatless meatballs with its color.*

Nane: Bu ilginç bitkinin kurusu tazesinden daha yoğun kokar. Ben yaz aylarında, olabildiğince taze nane kullanıyor, bol bol da kurutuyorum. Böylece artan yeşillikler de hiçbir şekilde heba olmuyor.

İsot: Kahramanmaraş'a özel bir kırmızıbiber türü. Rengi daha siyahtır. İsmi "Isıtan ot"tan gelir. Üç günde, çekirdeklerinden ayrılarak kurutulur. İlk gün kırmızı olan biber, ikinci gün mor, üçüncü gün ise siyah renge dönüşür.

Pul biber: Arsız ve dayanıklı bir biberin ürünüdür. Aslında pencere önünde çok kolay yetiştirebileceğiniz bir baharat. Açık alıyorsanız muhakkak tadına bakın. Kurutulmuş ipe dizilmiş biberler alıp her seferinde yemeğe doğrayabilirsiniz de. Aman dikkat, sonrasında gözünüzü filan kaşımaya kalkmayın.

Kekik: Ülkemizde yetişebilen pek çok çeşidi var, bunlardan en yaygın olanı Ege'den toplananlar. Havalar iyi gittiğinde 12 ay boyunca saksıda kekiğiniz olabilir. Kekik satın alırken elinizde ufalayın ve bıraktığı kokuya bir bakın. Kokusu, acılığı, size ne kadar hitap edeceği, biraz da zevk meselesi oluyor.

Sumak: Kekre, ekşimsi tadı olan enteresan baharatlardandır. Ben yoğurt ve sarımsakla kullanmayı çok seviyorum. Ayrıca soğanla ovulması ve kebapla yenmesi tesadüf değildir, zira sumak hem lezzet katar, hem de yedikten sonra ağızda soğan kokusu ve tadı bırakmaz.

Kimyon: Benim sahte et büyüm! Dünya üzerindeki en önemli baharatlardan biri. Bir etobur olarak sanırım bir baharata yapabileceğim en güzel iltifatlardan biri bu. Ayrıca kimyonun tat ve kokusunun yemekte açılma şekli, yemeğe pişerken mi piştikten sonra mı katıldığı, neyle karıştırıldığı tadını çok değiştirebiliyor. Etlerin sosta dinlendirilmesi sırasında eklenen kimyon ile sulu fırın veya tencere yemeğine pişmeden iki dakika önce katılan kimyon sanki başka baharatlarmış gibi oluyor.

Köfte baharı: Kimyon, kişniş, acı toz kırmızıbiber, tatlı toz kırmızıbiber, yenibahar, kekik, karabiber, tarçın, soğan, sarımsak, zencefil,

Mint: *The dried version of this interesting herb smells stronger than its fresh state. I use and dry mint as much as I can during the summer time so the leftover greens are never wasted.*

Isot: *A special kind of red pepper from the city of Kahramanmaras. Its color is darker. It got its name from the compression of the words "ısı" and "ot," combining to mean "the warming herb," isot. It is dried in three days, separated from the seeds. The pepper is red on the first day. On the second day, it turns purple. And on the third day, it turns black.*

Flaked red pepper: *This is the product of a cheeky, hardy pepper. Actually, it is very easy to grow. If you are buying it from an uncovered sack, definitely taste it. You can get dried peppers on a rope and chop them into your dish. But be careful and do not rub your eye with your hand afterwards.*

Thyme: *There are many types of thyme in Turkey. The most common one is from the Aegean region. If the weather permits, you can grow thyme for a whole year. When buying thyme, crumble some in your hands and smell the scent it leaves on your hands. Its smell and bitterness should be according to your taste. The choice is yours.*

Sumac: *An interesting spice with a sourish, astringent taste. I love using it with yoghurt and garlic. It is no coincidence that it is kneaded with onions and eaten with kebaps, because sumac is both tasty and helps to remove the taste and smell of onion.*

Cumin seeds: *My magic spell for creating fake meat! Cumin is one of the most important spices in the world. As a meat-lover, this is one of the most beautiful compliments I can give a spice. The taste of cumin changes drastically depending on the way it is used. The cumin added during the seasoning of meat in sauce and cumin added two minutes before the cooking of a pot dish are like two different spices.*

Meatball spice: *This is a mixture of cumin, coriander, paprika, sweet paprika, allspice, thyme,*

havlıcan ve kuru maydanozdan oluşan bir baharat karışımıdır. Farklı firmaların farklı karışımları olabiliyor.

Zahter: Aslen biberiyeye benzeyen bir kekik cinsinin adıdır. Ancak bizde genellikle Güneydoğu Anadolu'da yapılan bir karışım zahter adıyla satılmaktadır. Evde de yapabileceğiniz bu karışım, leblebi, yer fıstığı, karpuz çekirdeği, susam, kekik, kimyon karışımından oluşuyor; bazı yörelerde pul biber ve sumak da eklenebiliyor. Sıcak ekmeğe zeytinyağı ile bandırırken, etleri marine ederken veya yeşil zeytinle leziz olur.

Yenibahar: Köfte baharının aksine yenibahar bir baharat karışımı değilmiş, Amerika kökenli her daim yeşil, defnemsi yapraklı bir bitkiymiş. Yenibaharı biz dolma yapımının olmazsa olmazı olarak biliriz, bu kadar eski bir Türk yemeğinin baharatı bu kadar uzaklardan nasıl gelir bilemedim. Belki de tadında karanfil kokusu, karabiber acılığı, muskat kekreliği, tarçın sivriliği var diye hepsini ayrı ayrı koymaktansa bu baharattan ekleyelim bitsin demişlerdir, bilemiyorum.

Tarçın: Eski İstanbul mutfağında köfteye eklenerek lezzet verdiği söylenen tarçın, Anadolu ve İstanbul mutfaklarında gitgide daha az kullanılır oldu. Bunu kendi mutfağımda da fark ettim ve kendimi tarçınlı yemeklere daha çok açmaya çalışıyorum. Muskat ile tarçının tatları hayli farklı olsa da kullanım alanları çok benzemekte. Mutfağımda muskatın yerinin geniş olması, tarçının alanını daraltıyor olabilir.

Safran: Dünyanın en pahalı baharatı belki de safran. Bir kilo safran elde edebilmek için 160.000 çiçeğin dişi organları toplanıyor. Zira safran, aslında kısır olan nefis bir çiçeğin soğanla çoğalan dişi organları. Safrana benzeyen yeni bitkiler üretildi, özellikle renk konusunda kullanılabilen bitkiler var, ama hiçbiri süsengillerden gelen bu güzel çiçeğin yaptıklarına tam olarak kadir değil mutfakta.

Karanfil: Ufak bir ağacın çiçek tomurcuklarından elde edilen bir baharattır. Yüzyıllar boyunca çok kıymetli olmuş, zaman zaman altına

black pepper, cinnamon, onion, garlic, ginger, galanga rhizome and dried parsley. Different brands may use different mixtures.

Zahtar: *Actually, zahtar is a type of thyme, similar to rosemary. However, today in Turkey, a mixture produced in Southeastern Anatolia is sold as zahtar. This mixture, which you can prepare at home, is made of roasted chickpeas, peanuts, watermelon seeds, sesame seeds, thyme and cumin. In some regions, flaked pepper and sumac are added in, too. It is a delicious option when dipping hot bread in olive oil, in marinading meat or with green olives.*

Allspice: *Unlike the meatball spice, allspice is not a mixture of spices; it is an evergreen plant, similar to daphne, originating from America. For Turkish cuisine, allspice is the sine qua non of making bell pepper stuffing. It is really interesting that the spice of this very old Turkish dish comes from so far away. Maybe later, somebody thought that it was easier to add allspice because it had the smell of cloves, the chiliness of black pepper, the astringency of nutmeg and the sharpness of cinnamon. I really have no idea.*

Cinnamon: *In the older Istanbul cuisine, it is said that cinnamon was added to the meatballs to add more taste. Nowadays, it is being used less and less frequently. Having realized that I have the same ignorance in my kitchen, I am trying to create more space for dishes with cinnamon. Though the tastes of nutmeg and cinnamon are very different, the way they are used is very similar. Maybe the reason for cinnamon not having much of a space is because nutmeg has a big place in my kitchen.*

Saffron: *Saffron is probably the most expensive spice in the world. I read that in order to acquire one kilo of saffron, 160,000 flowers are used. This flower, grown from bulb, and whose pistils are – in a way – infertile, is an amazing plant. Nowadays, people have produced plants similar to saffron, of which some can be used for the color; however, none of them can match this beautiful flower belonging to the iridaceae family.*

gümüşe denk tutulmuştur. Ocaktan almadan iki dakika önce rayiha versin diye tatlıların şerbetine, kalite katması için çaylara eklenir. Ben de annem sayesinde nefis bir özelliğini öğrendim. Kıbrıs'ta bir gece soğuktan donuyorduk. Benim çenem çarpmaya başlamıştı. Annem, nefes kokmasını engellesin diye küçük bir kutucuk içinde yanında taşıdığı karanfilleri çantasından çıkardı ve ağzıma üç tane attı, "şimdi bunları çiğne, bir şeyin kalmaz" dedi. Kısa süre sonra karanfilin yakıcılığından kulaklarım yanmaya başladı, dilim de zaten içerisindeki eugenol maddesinden dolayı uyuşmuştu ve çenem artık titremiyordu.

Çörek otu: Genelde susamla birlikte veya solo olarak kullanılan, ekmeklerde ve tuzlularda popüler bir baharat. Ben nar ekşili ve kimyonlu yoğurdun içine de koyuyorum. Bazı salatalarda malzeme ve renk zenginliği yaratabiliyor.

Kişniş tohumu: Bu kitapla kullanımını artırmak istediğim diğer mucize baharat da kişniş. Kişnişin yeşili de, tohumu da birbirlerinden güzel malzemeler. Zeytinyağının kekikten bile daha iyi dostu bence. Ev yapımı ekmeklere, zeytinyağlılarının neredeyse tamamına, kır-

Cloves: *They are gathered from the blossoms of a small tree. For centuries, their value was beyond comparison, sometimes having the same value as gold or silver. It is added to the sherbets of the desserts two minutes before taking the dessert off the fire for aroma and into the teas to give fragrance. Thanks to my mother, I learned a new way to use it. One night, we were freezing in Cyprus. My teeth were chattering. My mother took out the small cloves she carried for preventing bad breath from her bag, and put three of them in my mouth, telling me "just chew these and you'll be all right." After a short while, my ears started to burn because of the burning nature of the cloves, and my tongue became numb due to the eugenol in them; my teeth were no longer chattering.*

Nigella: *A popular spice used either solo or with sesame seeds in breads and salty pastries. I also add it in yoghurt with cumin and pomegranate syrup. In some salads, it can be used for adding richness in terms of ingredients and colors.*

Coriander seeds: *Coriander is one of the miraculous spices that I hope to promote with this book.*

ma zeytinlere, deniz mahsullü erişteye çok yakışıyor. Zeytinyağını oradan oraya uçuruyor.

Kurular

Kurutulmuş domates, kayısı, (katkısız kurutulmuş olan) gün kurusu, kuş üzümü, büyük üzümler ve çeşitleri, mutfağınızda olabildiğince bulundurmanızı tavsiye ettiğim malzemeler. Kış aylarında, yaz güneşini fazlasıyla içlerine alarak kurumuş domatesleri yemeyi daha faydalı buluyorum. Güneşte kurutulmuş yiyecekler yazı buz kalıplarında saklamanın bir yolu gibi geliyor bana. Bunları çeşitli fıstık ve fındıklarla birleştiren yiyeceklerin hem çok besleyici hem de direnç artırıcı olduğuna inanıyorum. Kuru üzüm konusunda da çok zengin bir ülkemiz var. Farklı baharatçılardan ara ara farklı üzümler denemenizi tavsiye ederim. "Annem tülbentin içine üzüm koyup bana emzik yapardı," diye anlatırdı Nevşehirli dedem.

Fındık fıstıklar

Bayıla bayıla kullandığım, koca ağaçlar olmaya yatkın tohumlar fıstıklar. Nasıl hayran olunmaz ki. Kestane de bunların yanında anılabilecek bir diğer güzellik. Tatlılarda, ana yemeklerde, ekmeklerde kullanılan fındık ve fıstıklar, tariflerimizde bol bol bulunuyor ve yeri geldiğinde başrol yeri geldiğinde en iyi yardımcı oyuncu rolü oynuyorlar...

Both green coriander and coriander seeds are wonderful ingredients. In my opinion, coriander is a better companion to olive oil than even thyme. It suits homemade breads, almost all of the olive oiled dishes, cracked olives, eristes with seafood. Olive oil becomes some kind of a magic carpet with these seeds.

Dried vegetables and fruits

Dried tomatoes, apricots, sun dried apricots (dried without any additives), currants, any kind of large raisins are ingredients that I strongly suggest you keep in your kitchen. In my opinion, it is healthier to eat dried tomatoes with summer sun in them during the winter months. I believe that the dishes combined with these fruits and various kinds of nuts are very nutritious, increasing resistance to sickness. Turkey is indeed very rich in terms of raisins. I suggest you try different kinds of raisins from different spice shops. My grandfather used to tell me about how his mother "put some raisins in a muslin, making a pacifier" for him.

Any kind of nuts

I adore these seeds and nuts which are capable of becoming huge trees. How can you not? Chestnuts are another source of delight that should be mentioned with the nuts. These kinds of nuts, which are used in desserts, main dishes and breads, are widely found in our recipes. Sometimes they have the lead role, sometimes the best supporting role...

Olmazsa olmazlar Must-haves	Olsa çok iyi olacaklar Good-to-haves
Baharatlar Spices	**Baharatlar Spices**
Toz Karabiber / Ground Black Pepper	Zahter / Zahtar
Tane Karabiber / Peppercorns	Karanfil / Cloves
Kırmızı Pul Biber / Flaked Red Pepper	Tane Kimyon / Cumin Seeds
Kimyon / Cumin	Çörek Otu / Nigella
Kekik / Thyme	Safran / Saffron
Nane / Mint	Zencefil / Ginger
Köfte Baharı / Meatball Spice	Sakız / Mastic
Biberiye / Rosemary	Gül Kurusu / Dried Rose Petals
Kişniş Tohumu / Coriander Seeds	Haşhaş Tohumu / Poppy Seeds
Fesleğen / Basil	
Yenibahar / Allspice	
Sumak / Sumac	
Susam / Sesame Seeds	
Kuru yemişler Nuts	**Kuru yemişler Nuts**
Dolmalık Fıstık / Pine Nuts	Kestane/ Chestnuts
Ceviz / Walnuts	Fındık / Hazelnuts
Kaju / Cashews	Badem / Almonds
Antep Fıstığı / Antep Pistachios	
Muskat / Nutmeg	
Kuru meyveler Dried fruits	**Kuru meyveler Dried fruits**
Kuru Kayısı / Dried Apricots	Kurutulmuş Domates / Dried Tomatoes
Gün Kurusu / Sun Dried Apricots	Hurma / Dates
Kuru İncir / Dried Figs	Çubuk Vanilya / Vanilla Pod
Kuru Üzüm / Dried Grapes	
Kuş Üzümü / Little Black Currants	

İyi balık öncelikle taze balıktır (dondurucuya veya buzdolabına girmemiş balıktır). İyi balık mevsiminde yenen balıktır. Çiftliklerde yetiştirilmiş değil, denizlerde özgürce büyümüş, doğal şekilde beslenmiş balıktır.

Fish is best when it is fresh (not refrigerated or frozen), eaten in season, and caught from the sea (not raised in fish-farms).

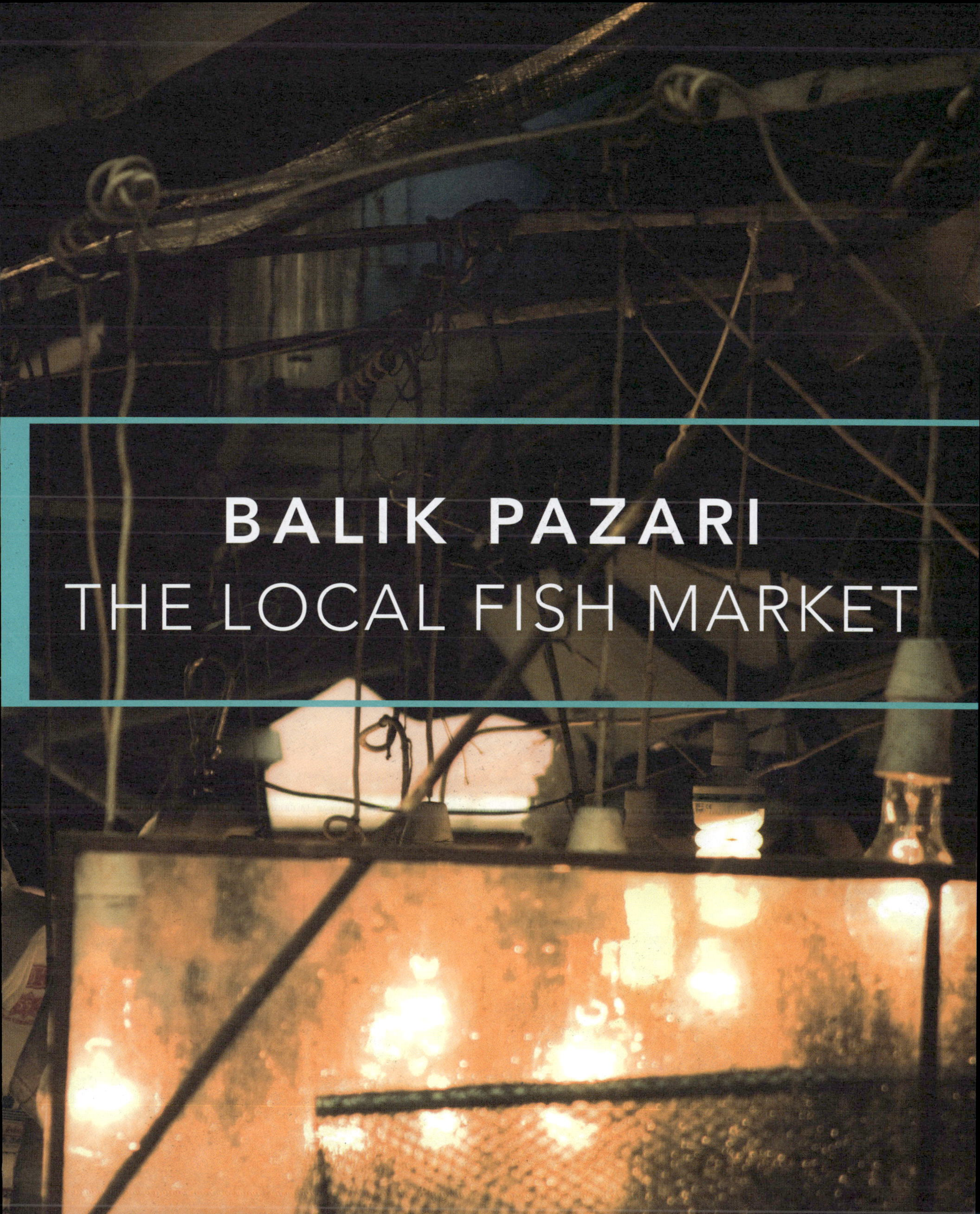

BALIK PAZARI
THE LOCAL FISH MARKET

Balık Pazarları: Küçük ve sonsuz aynalı saraylar
Fish Markets: Palaces of infinite tiny mirrors

Bir tatlı telaş içinde, herkesin kurumasınlar diye balıkları ıslattığı, ellerinden emek, yüzlerinden yaşanmışlık okunan amcaların ve onların yolunu izlemiş gençlerin olduğu bir yer.

Balıkları süslemek için defne, portakal, gül yaprakları ve daha pek çok yaratıcı öğe kullanılır ve tüm bunlar büyük büyük ampullerle mükemmel bir şekilde aydınlatılır balık pazarlarında. Ampullerden çıkan ışığın, binlerce küçük aynayı andıran balık pullarından, balık gözlerinden ve tezgahlardaki su taneciklerinden yansıdığı; aynı işi yapan, aynı zamanda birbirlerinin rakibi de olan kişilerin bir araya geldiği yerlerdir balık pazarları...

Hayattaki en büyük özgürlüklerden biri "seçebilmek." Bu nedenle lütfen balık pazarlarını destekleyip, ruhunuzu dinlendirecek bir şeylere katkıda bulunun. Kışın iş çıkışı hava kararırken, büyük bir süpermarketin balık standından alışveriş yapıp evinize dönmek yerine, her daim şenlikli bir balık pazarına uğrayın. Mustafa amcanın balıklarını elleyerek alabilme ve balıkların ayıklanmasını beklerken soğukta bir çay içebilme özgürlüğünden de sakın vazgeçmeyin.

İstanbul'da ve Anadolu'daki pek çok ilçede irili ufaklı balık pazarları var. Şöyle birlikte gözümüzü kapayalım ve Kadıköy, Karaköy, Samatya, Küçükçekmece, Üsküdar, Beyoğlu, Sarıyer balık pazarlarını düşünelim. Balıklardan yansıyan ışığın içinizi aydınlattığı o küçük sarayları...

The local fish market is a place of sweet hullabaloo; it is a place of wrinkle-faced fishermen, where the light from the big bulbs shines back and forth over fish scales, and on to drops and sparkles of water to create infinite reflections.

Embellished with orange, rose and bay leaves and various adornments, each stall mirrors the soul of the owner. The fish look even more attractive under the numerous huge light bulbs. In Istanbul, wintertime is the best season for fishing. Then, the fish market also livens up, especially in the evenings. Each stall is a competitor, striving to survive in the market, yet they are companions, standing together and sharing a destiny.

We are endowed with a great freedom, that of "choice". For this reason, please support the fish markets and contribute to something that will nourish your soul. Instead of heading for a huge supermarket's soulless fish counter, stop by a festive local market on your way back from work. Breathe the cold winter air as you walk around the stalls, take the opportunity to feel the fish, have a chat with the fisherman, and enjoy the tea he offers you while your fish is being cleaned.

There are many fish markets all around Turkey. In Istanbul, you can find them in Kadıkoy, Karakoy, Samatya, Kucukcekmece, Uskudar, Beyoglu, and Sariyer. Small and large palaces, ablaze with the lights reflecting from the fish, and warming our hearts...

Taze balık nasıl anlaşılır? How to tell fresh fish?

- **Gözleri:** dışa bombeli, saydam, parlak olmalı.
- **Solungaçları:** parlak kırmızı olmalı.
- **Eti:** sert, tok ve diri olmalı; parmakla bastırdığınızda, oluşan çukur hemen yukarı çıkmalı.
- **Derisi:** pulları derisine yapışık, düzgün, sıralı ve parlak olmalı.
- **Kuyruğu:** balığı ortasından elinizle tutuğunuzda kasları kendini tutmalı ve olabildiğince düz durmalı. Kafası ve kuyruğu kendini bırakıyorsa balık taze değildir.
- **Genel olarak:** balığı koklayın ve imkan varsa su dolu bir kovaya atın, çöken balık makbuldür.

- ***Eyes:*** *must be convex, transparent, and bright.*
- ***Gills:*** *must be bright red.*
- ***Flesh:*** *must be firm, and when you touch it gently, the imprint of your finger should quickly fade.*
- ***Skin:*** *must be shiny and firm.*
- ***Tail:*** *should stay as parallel as possible when you hold the fish around the middle of its body. The less it is affected by gravity, the fresher the fish is.*
- ***General tips:*** *first, smell the fish, and then, throw it into a bucket of water if possible. The fish is fresh if it sinks down.*

Lezzetli balık sırası
Ranking fish: Most delicious to just delicious

Aşağıdaki liste tamamen subjektif bir listedir, balıklar arasında ayrımcılık yapma niyeti yoktur. Sadece hangi balığın daha lezzetli olduğuna dair fikri olmayanlara bir fikir verme amacıyla ve en yaygın balıklardan hazırlanmıştır. Sürçülisan ettikse affola!

The list below is highly subjective and has no intention of discriminating among fish!

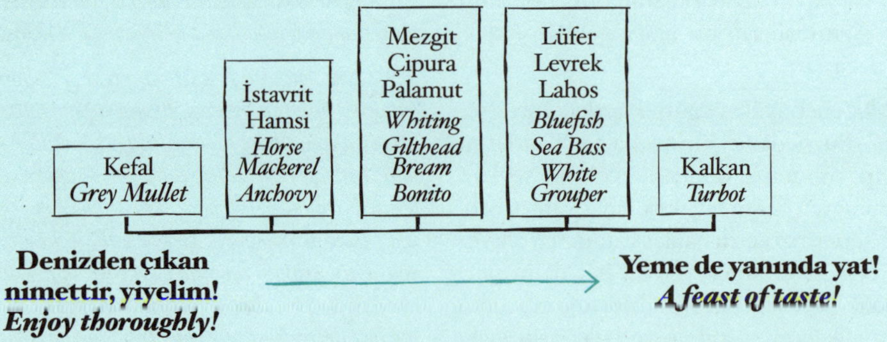

Balıkgillerde kim kimin büyüğü? *

Sarıkanat İstavrit < Karagöz İstavrit

Defne Yaprağı < Çinekop < Sarıkanat < Lüfer < Kofana

Vanoz < Çingene Palamudu < Palamut < Kestane Palamudu < Zindandelen < Torik < Altıparmak < Peçuta

Tekir < Barbun (Aslen aynı değildirler)

* *As the "Fishsters: which is bigger than which?" list is prepared mainly for local use, no translation is provided.*

Mevsimine göre balık yiyebilmek...

Aralık - Ocak - Şubat

Hamsi, palamut, istavrit ve tekir bol bulunur. Kefal ve hamsi, tam yağlı ve lezzetli durumdadır. Dünya üzerindeki en lezzetli balıklardan olan kalkan da yeni yeni çıkmaya başlar. Şubat ayında tam kıvamına gelecektir. Uskumru ve dil balıkları da bu dönemin güzel balıklarıdır. Şubat ayı gibi, lahos, levrek ve izmarit en lezzetli hallerini alacaktır.

Mart - Nisan - Mayıs

Yiyebildiğiniz kadar kalkan yiyin; tabii çok pahalı olduğundan ve sekiz kişilik bir kalkan ziyafeti bir kurban parasına denk geldiğinden eskiler kalkana "Kurban" derlerdi. Kalkan dışında, mercan, lahos, izmarit, mezgit, karides ve pavuryanın ve barbunun çok lezzetli dönemidir. Dil balığı da afiyetle yenilebilir.

Haziran - Temmuz - Ağustos

Balıkçılar açısından nispeten daha verimsiz bir aydır. Büyük balıklar ve kalamarın, sübye ve kabukluların yenilebileceği zamandır. Sinarit, yılan balığı, kılıç, iskorpit de güzeldir. Yazın ortalarına doğru çipura, karagöz ve kırlangıç tadını bulacaktır. Ben şahsen bu aylarda fener balığını da tercih ederim.

Eylül - Ekim - Kasım

İstanbul'da balık tutmaya başlama zamanıdır. Yapabiliyorsanız bir olta alıp sahile gidin veya bir kayık kiralayıp denize açılın, olmadı bir balıkçıya yalvarın sizi de yanında götürsün. Palamudun peşinden koşulacak, istavritin göz kırptığı, lüferin havasını atmaya başladığı, tekirin de ne kadar lezzetli bir balık olduğunu hatırlattığı aylardır. Hamsi de tatlısından yenmeye başlar.

Eating fish in season

December - January - February

Great time to eat anchovy, bonito, horse mackerel or striped red mullet. Grey mullet and anchovy are at their best. Turbot, one of the most delicious fish to be found, starts to appear on the stalls. Mackerel and sole are also very tasty. Around February, white grouper, sea bass and picarel reach their full potential tastewise.

March - April - May

Eat as much turbot as you can. Unfortunately, 'financing' could be an issue, since turbot is normally quite expensive. Gender discrimination is justified when it comes to turbot, so feel free to pick the male one, it is much tastier. Besides, female turbot needs a thorough cleaning; so, with the male one, you will have more meat to enjoy. Red seabream, white grouper, picarel, whiting, shrimp, crab, red mullet and sole fish are also very tasty.

June - July - August

This time of the year is a bit dull compared to others. Eating big fish, squid or crab is fine. Bluespotted seabream, eel, swordfish and scorpionfish are delicious. Gilthead bream, white seabream, and red gurnard get tastier around midsummer. I personally like monkfish too.

September - October - November

This is a great time to go fishing in Istanbul. You can pick up a fishing rod and go to the seaside, rent a small boat, or beg a fisherman to join him in his boat. Bonito can take your breath away; horse mackerel is inviting; bluefish is tempting, and striped red mullet is just delicious! Anchovy also starts to appear.

Balık takvimi
Fish calendar

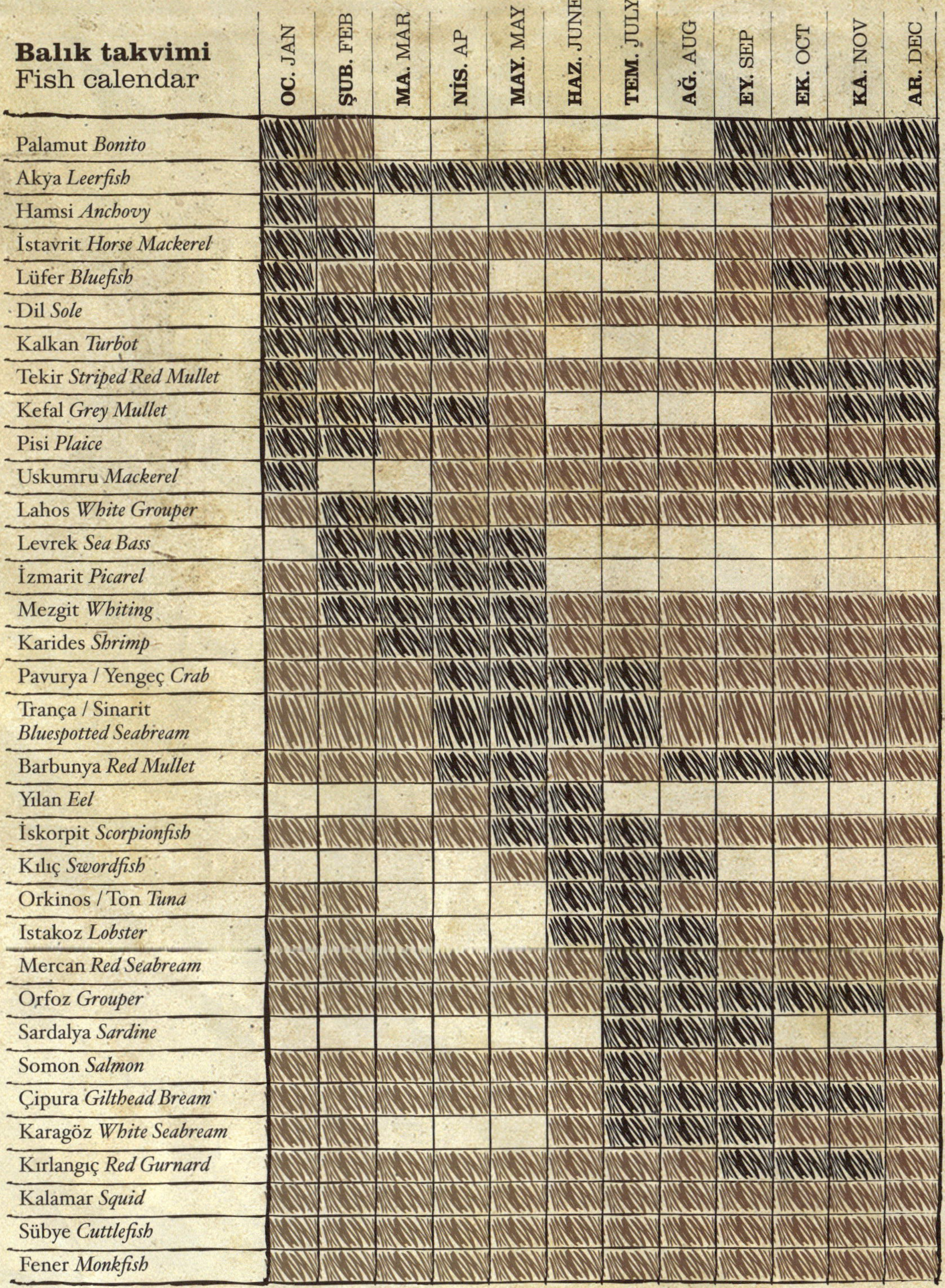

En lezzetli zamanı / *Most Tasty* — Yenebilir / *Ok to eat* — Yenmese daha iyi / *Better not to eat*

* www.balıkderyası.com, www.denizce.com'dan derlenmiştir.
* *www.balıkderyası.com, www.denizce.com.*

Kendi yeşilliklerimi yetiştirmek önceleri meşakkatli gelmişti. Oysa hiç beklemediğim şekilde cömert davrandı toprak. Keyifli, ruhumu dinlendiren ve ödüllendiren bir deneyim...

When I first decided to grow my own herbs, I was afraid that it would be a big hassle. Luckily, Mother Earth was generous to me. An experience that is fun, soothing and rewarding...

MİNİK BİTKİ BAHÇESİ
THE MINI HERB GARDEN

Kendi yeşilliklerinizi kendiniz yetiştirin!
Why not grow your own herbs and vegetables?

Öyle güzel bir memlekette yaşıyoruz ki balkonlardaki ufak saksılarda bile pek çok şey yetiştirebiliriz. Dört mevsim boyunca salatanıza katılabilecek ve hemen kalitesini değiştirecek yeşillikler...

Her şey, güzel ve taze fesleğen, kekik bulamamamla başladı. Hormonlu domateslerden bir türlü tat alamamam da işin tuzu biberi oldu. Ancak uzun saatler çalıştığım, aklım sürekli işimde olduğu ve bugüne dek bir çiçeği dahi uzun süre canlı tutamadığım için, becerebileceğimi hiç zannetmiyordum.

Evim giriş katında olduğundan hiç güneş almıyordu, oysa güneş, bitkilerin olmazsa olmazı. Arabamı park ettiğim garajın çatısı nispeten daha güneşliydi. Komşulardan garaj çatısını kullanmak için izin aldım ve kimsenin manzarasını bozmayacağıma söz verdim. Bugün 10m^2'lik garajın çatısında, yaz kış kendime yetecek birçok bitki ve sebze yetiştirebiliyorum.

İnsanın kendi elleriyle ektiği, sürecine dahil olduğu, bu nedenle de sonucunu büyük bir heyecanla bekleyip sahiplendiği garip bir durum bu. Mesela evde yemek yaparken, pencerenin önündeki saksıdan koparıp tencerenize attığınız kekik ve fesleğenin yemeğe kattığı lezzet ve size yaşattığı duygu bambaşka oluyor. Ayrıca çok karizmatik de!

As Turkey has all the four seasons, we have the opportunity to grow various greens throughout the year. And depending on the seeds you use, it is possible to harvest four types of greens from a single pot.

My journey started when I was desperately searching for good-quality thyme and basil. The sweet memory of the delicious tomatoes we had back in my childhood days further motivated my quest for natural herbs and vegetables. However, I never thought I could actually succeed and have a 'green space' of my own, since my job was already taking over my life and my history of gardening showed no promise at all.

Unfortunately, my ground-floor flat was not rich in sunlight, and without sunshine, plants could neither grow nor thrive. So, I asked my neighbors if I could place my pots on the 10m^2 roof of our common garage. Then I started by planting rocket, coriander and mint. Soon basil, lettuce, and thyme also took their place in my mini garden. Now it is my second year as a 'gardener', and I am growing paprika, tomatoes, cucumbers, onions, ginger and potatoes as well.

Growing your own vegetables is such a thrilling experience that I recommend you give it a try. I am sure you will get carried away, once you taste the pleasure of cooking with home-grown herbs and vegetables.

İşte saksılarınızda yetiştirebileceğiniz yeşilliklerden birkaçı;
Here are some herbs and vegetables you can grow in pots:

En kolay Easy peasy	Nane / *Mint,* Roka / *Rocket,* Kişniş / *Coriander,* Kekik / *Thyme,* Fesleğen / *Basil,* Frenk soğanı / *Chive,* Biberiye / *Rosemary,* Maydanoz /*Parsley,* Tere / *Watercress*
Biraz daha çaba With a little more effort	Domates / *Tomato,* Yeşil Biber / *Green Pepper,* Kırmızı Biber / *Red Pepper,* Salatalık / *Cucumbers,* Patates / *Potatoes,* Zencefil / *Ginger*
İşi iyice büyütürseniz When you get the hang of it	Bezelye / *Green Peas,* Enginar / *Artichoke,* Fasulye / *Green Beans,* Limon / *Lemon,* Turunç / *Bergamot,* Kabak / *Zucchini,* Barbunya / *Borlotti Beans*

VEREN
PEMBE
DOMATES
SIVRI

Ekim işlemi için ön hazırlık: İyi tohum, iyi fide

Getting ready for planting: Good seeds and seedlings

İyi tohum organik, yani DNA'sı değiştirilmemiş tohumdur. Ancak günümüzde soğuğa dayanıklı olsun diye salatalığa balık geni katıyor veya daha güçlü olsun diye karpuzu kabakla birleştiriyorlar. Bu sebepten doğal tohumların değeri her geçen gün artmakta. Diğer tohumlar gibi hızlıca çoğalmadıklarından ve verimleri görece daha düşük olduğundan, gün geçtikçe yok oluyor doğal tohumlar. Köylerle bir şekilde bağlantınız varsa ve sevdiğiniz bir meyve veya sebzenin tohumuna erişirseniz onu ekip çoğaltmaya bakın, belki on sene sonra böyle bir şansınız kalmaz. Toprak Mahsulleri Ofisi'nden veya Mısır Çarşısı gibi çarşılardan da iyi tohum tedarik edebilirsiniz.

Kaynaklarını kestirmek daha zor olsa da, tohumlarınızı elbette daha pratik yollarla da edinebilirsiniz. Süpermarketlerden alışveriş ediyorsanız, büyük marketlerin tamamında artık tohum satılır oldu. Tohumlarınızı marketlerden satın alsanız bile en azından toprağınızı organik tutarak yediğiniz yeşilliğin daha sağlıklı olmasını sağlayabilirsiniz.

Bir diğer yöntem de "yapılmışı var" diyerek fide satın almak. Domates, salatalık gibi ekildiğinde çıkması görece daha riskli bitkilerde, bir karış boyunda fideler satın almak çözüm olabilir. Artık bu tip fidelerin organik olanları da bazı yerlerde satılmaya başladı, eminim kısa sürede bu satış noktalarının sayısı da artacaktır.

A good quality seed is actually one that is organic and not genetically modified. Unfortunately, nowadays, fish genes are implanted into cucumbers to improve cold endurance, or pumpkin genes are used to strengthen watermelons. So, natural seeds become more and more valuable as each day passes, as the genetically-manipulated seeds dominate the scene, due to their rapid growth and so-called higher 'productivity'. You can use organic farmers' help to obtain natural seeds. If you are lucky enough to find pure seeds, try to cultivate and reproduce them as much as possible, for there could be none left in some ten years' time. Good quality seeds can also be found through Turkish Grain Board (TMO) or the Spice Market in Istanbul.

Of course, there are easier ways to obtain seeds, like buying from grand supermarkets, but then, it would be hard to tell the source. And if you choose to buy the seeds from supermarkets, at least, try to use organic soil so that you can grow healthier vegetables.

Buying seedlings is yet another option. To have hard-to-grow vegetables like tomatoes or cucumbers, you can start by buying seedlings of 10-15 cm. height, and nowadays, it is possible to find organic ones in botanic gardens around the city.

Nasıl ekim yapılır?
How to plant?

Nelere ihtiyacımız var ?
What do we need?

- Tohum / *Seeds*
- Torf / *Peat*
- Toprak /*Soil*
- Doğal Gübre / *Natural Fertilizer*
- Çakıl Taşı / *Gravel*
- Saksı ve Saksı Altlığı / *Pot and Pot Tray*
- Çivi ve Çekiç / *Hammer and Nail*

1

Öncelikle, saksınızın altına bir çivi ve çekiç yardımı ile 2 delik açın.

First, make 2 holes on the bottom of your pot using a hammer and nail.

2

Saksınızın içini 2 cm yükseklikte çakıl ile doldurun.

Fill your pot with a 2 cm layer of gravel.

3

1 birim torf, 1 birim gübre ve 4 birim topraktan oluşan bir karışım hazırlayıp saksınıza dökün.

Prepare a mixture of 1 unit of peat, 1 unit of fertilizer and 4 units of soil, and pour the mixture into the pot.

4

Topakları ve varsa taşları elinizle temizleyin, sonra yine elinizle bastırarak toprağın yerleşmesini ve düzleşmesini sağlayın.

Clear the soil of stones, and press down the top of the soil with your hands to make it firm and smooth.

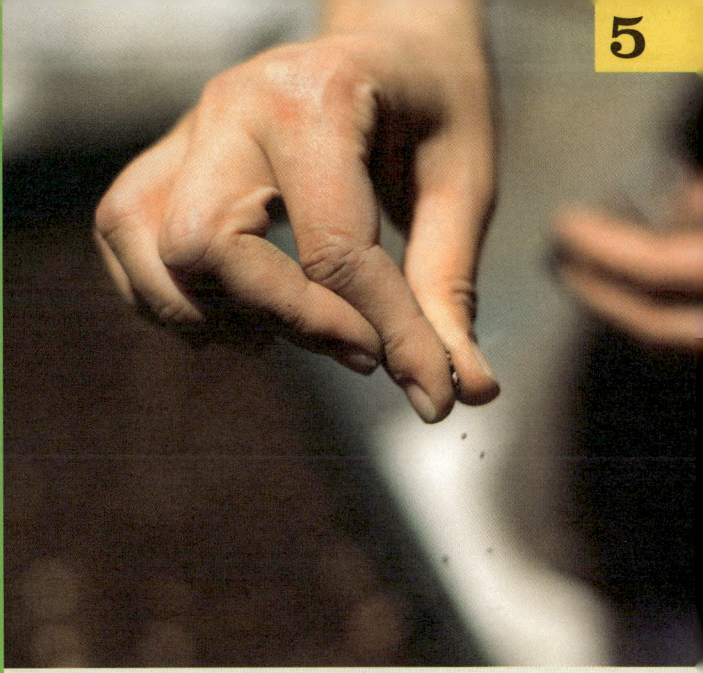

5

Tohumları parmaklarınızla tane tane toprağa yayın.

Spread the seeds across the soil one by one, using your fingers.

6

"Kapak toprağı" denen ince ve kuru toprağı parmaklarınızın arasında ufalayarak saksının tüm yüzeyine dağıtın. Sonra elinizle hafifçe bastırarak toprağı düzleştirin.

Rub the soil with your fingers, and spread the thin and dry soil over the seeds to form a final layer in the pot. Then, gently tap the soil down to smooth the surface.

7

Basınçsız su ile can suyunu verin. Yaz aylarında her gün, kış aylarında ise iki günde bir sulayın. İlginizi, sevginizi eksik etmeyin..

Finally, water gently. The plants need to be watered every day in summer and every two days in winter, and they will flourish with your love and care.

Marulun hali, fidenin hatrı

Seedlings: Handling the young seeds

Balkonda veya küçük bir yerde bitki yetiştirmek gerektiğinde, yer önemli bir mesele oluyor. Dolayısıyla yetiştirme sırasında toplu ekim yapıp sonra şaşırtmak (seyreltmek) gerekmekte.

Örneğin, çimlenip4-5 cm. boya geldikten sonra, marulların toprağıyla birlikte daha geniş bir saksıya aktarılması lazım. Fideyi eğer dikili olduğu topraktan çıkartacak iseniz kökünden en az 1,5 cm. pay bırakarak her tarafını el küreği ile kazıp çıkarın. Sakın bitkiyi tutup çekmeyin. Bu aktarma sırasında dikkat edilmesi gereken konu, aktaracağınız küçük fidelerin iki katı genişliğinde ve derinliğinde delikler hazırlayıp, çimlenmiş küçük fideleri bu deliklere özenle yerleştirmek. Yerleştirme işlemi tamamlandıktan sonra, fideyi kendi köküyle gelen toprağa değil, etrafına yeni serptiğiniz toprağa iyice bastırmalı. Çünkü fideyi kendi toprağına bastırırsanız, toprakla birleşmiş kılcal köklerin zarar görmesine ve büyümenin durmasına neden olursunuz.

Space becomes a big issue when you have little room to grow plants. In that case, it would be better if you sow the seeds thickly and thin them out later on, as they turn into seedlings.

For instance, lettuce needs to be transferred to a larger pot after germinating and reaching a height of 4-5 cm. When transplanting a seedling, use a trowel to dig it from all sides, leaving 1.5 cm.space around the root. Never pull the plant out of the soil. During transplanting, it is important to dig a hole twice the width and depth of the seedling, and to gently place the germinated seedling into the hole. Once the seedling is in its place, add some soil and tap it down, but be careful not to press the soil around the roots down. Otherwise, capillary roots could be damaged and the plant could stop growing.

Ekin takvimi

Planting calendar

BİTKİLER PLANTS	**EKİM DERİNLİĞİ** DEPTH OF SOW (cm.)	**TAHMİNİ ÇİMLENME (Gün)** GERMINATION TIME (Days)	**OLGUNLAŞMA (Gün)** MATURITY TIME (Days)	**OCAK** JANUARY	**ŞUBAT** FEBRUARY	**MART** MARCH	**NİSAN** APRIL	**MAYIS** MAY	**HAZİRAN** JUNE	**TEMMUZ** JULY	**AĞUSTOS** AUGUST	**EYLÜL** SEPTEMBER	**EKİM** OCTOBER	**KASIM** NOVEMBER	**ARALIK** DECEMBER
Biber *Pepper*	0,5 - 1	15-20	80-100			■	■	■	■	■	■				
Bakla *Broad Beans*	3 - 5	10-12	65-70			■	■	■	■	■	■	■	■	■	
Bamya *Okra*	2 - 2,5	10-12	45-50			■	■	■	■	■					
Kabak *Zucchini*	2 - 2,5	8-10	50-55			■	■	■				■	■	■	
Bezelye *Green Peas*	2,5 - 3	10-12	60-120			■	■	■				■	■	■	
Biberiye *Rosemary*	0,5 - 1	10-12	80-120			■	■	■				■	■	■	
Domates *Tomatoes*	0,5 - 1	15-20	80-100			■	■	■				■	■	■	
Fasulye *Beans*	3 - 5	6-10	45-50			■	■	■	■	■	■				
Barbunya *Borlotti Beans*	3 - 4	5- 8	60-65			■	■	■							
Kişniş *Coriander*	0,5 - 1	22-28	70-90			■	■	■				■	■	■	■
Marul *Lettuce*	0,5 - 1	10-12	30-35			■	■	■				■	■	■	■
Maydanoz *Parsley*	0,5 - 1	22-28	70-90			■	■	■			■	■	■	■	■
Nane *Mint*	0,2 - 0,5	15- 20	30-60			■	■	■	■	■	■	■	■	■	■
Patlıcan *Aubergines*	0,5 - 1	15- 20	70-90			■	■	■				■	■	■	
Roka *Rocket*	0,5 - 1	8- 10	30-32			■	■	■				■	■	■	
Salatalık *Cucumbers*	2 - 2,5	8- 10	60-70			■	■	■				■	■	■	
Siyah Havuç *Black Carrot*	2 - 3	7 -14	70-120			■	■	■				■	■	■	
Havuç *Carrot*	2 - 3	10-11	70-120			■	■	■				■	■	■	
Tere *Cress*	0,5 - 1	3- 5	20-30			■	■	■	■			■	■	■	
Turp *Radishes*	0,5 - 1	5 - 8	35-45			■	■	■				■	■	■	
Patates *Potatoes*	12 -18	10-14	120-180			■	■	■							
Yeşil Soğan *Green Onions*	0,5 - 1	7-14	60-120	■	■	■	■	■	■			■	■	■	■
Kereviz *Celeriac*	0,5 - 1	7-14	60-80					■	■			■	■		
Fesleğen *Basil*	0,5 - 1	7-14	60-80			■	■	■	■	■	■				
Reyhan *Sweet Basil*	0,5 - 1	18-20	60-80			■	■	■	■	■	■				
Kekik *Thyme*	0,5 - 1	6-10	35-45			■	■	■	■	■	■	■	■		
Semizotu *Purslane*	0,2 - 0,5	8-10	20-25			■	■	■	■	■	■	■	■		

Yukarıda işaretli aylar ekim yapabileceğiniz dönemi göstermektedir. Çimlenme ve olgunlaşma süresine göre hasat zamanını hesaplayabilirsiniz.
The months indicate the planting period. Using germination and maturity times, you can calculate the harvest period.

* Tablo, http://www.arzumantohum.com/ adresinden alınan bilgiler ve tecrübeyle derlenmiştir.
* *Sources: http://www.arzumantohum.com and personal experience.*

Mutfak camı önü yeşilliklerinin, iki hafta içinde boyları üç kat büyüyecek.
Green space on the kitchen sill. In two weeks time, they will triple in size.

Kara Toprak

Dost dost diye nicesine sarıldım
Benim sadık yarim kara topraktır
Beyhude dolandım (ey yar) boşa yoruldum
Benim sadık yarim kara topraktır

...

Karnın yardım kazmayınan belinen
Yüzün yırttım tırnağınan elinen
Gine beni karşıladı gülinen
Benim sadık yarim kara topraktır

İşkence yaptıkça (ey yar) bana gülerdi
Bunda yalan yoktur herkes de gördü
Bir çekirdek verdim dört bostan verdi
Benim sadık yarim kara topraktır

Havaya bakarsam (ey yar) hava alırım
Toprağa bakarsam dua alırım
Topraktan ayrılsam nerde kalırım
Benim sadık yarim kara topraktır

Bütün kusurlarım (ey yar) toprak gizliyor
Merhem çalıp yaralarım düzlüyor
Kolun açmış yollarımı gözlüyor
Benim sadık yarim kara topraktır

...

Her kim ki Olursa bu sırra mazhar
Dünyaya bırakır ölmez bir eser
Gün gelir Veysel'i (ey yar) bağrına basar
Benim sadık yarim kara topraktır

Aşık Veysel Şatıroğlu

Mahalleyi ısıtan dükkan...

The shop that warms
the neighborhood...

MAHALLE FIRINI
THE LOCAL BAKERY

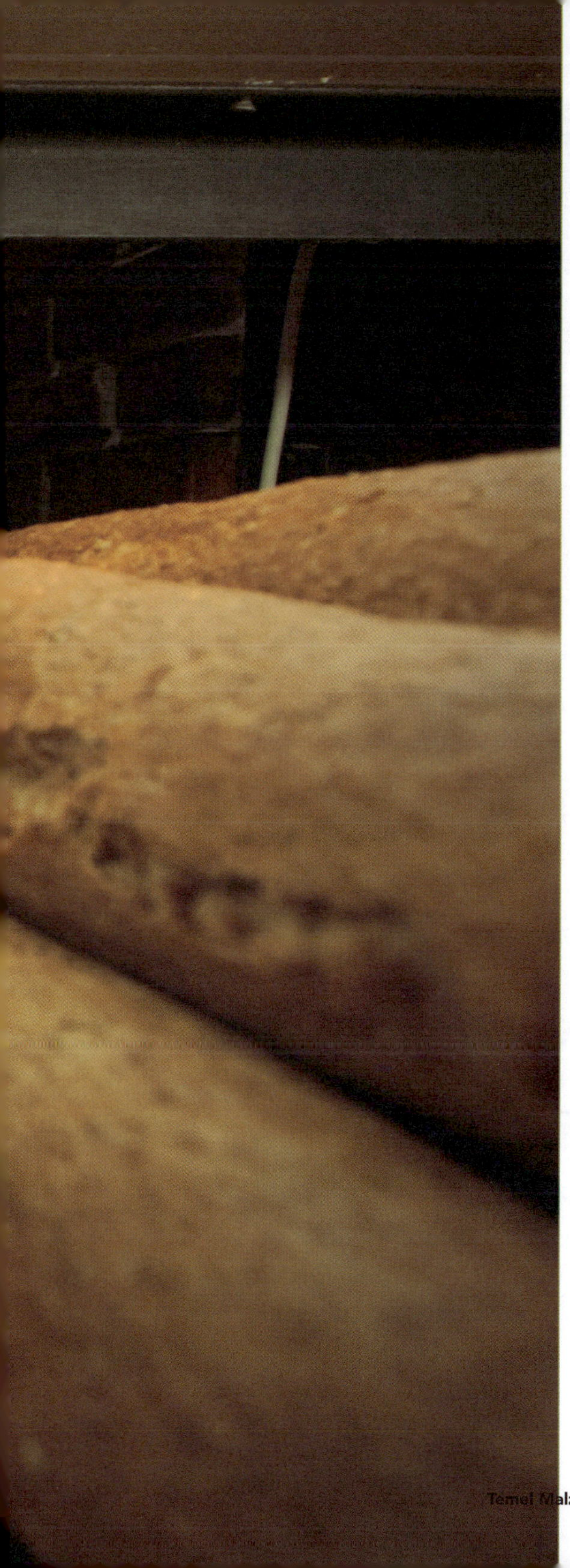

En güzel standart: Dokunabilmek

Feeling bread: The best test of freshness

Ekmek, bin yıllardır sofraların olmazsa olmazı. Bizi doyurup mutlu ediyor. Yalnız, Türkiye'de neden hep beyaz, rafine ekmek yenildiğini bir türlü anlayamıyorum. Aslen en çok işlenmiş, besin değeri ve doyuruculuğu düşmüş, hem de pahalıya mal olan, çabuk bayatlayan ekmek "halk ekmeği" olarak yeniliyor.

Aslında atık olarak algılanan, oysa pek çok faydaları olan kepek ekmeği, yani "düşük maliyetli sağlıklı ekmek" ise lüks olarak algılanıyor. Umarım bu durum değişir ve köy ekmeklerinin kıymeti iyice anlaşılır.

For thousands of years, bread has been on our tables. Though the shape, color or ingredients vary from culture to culture, bread is sacred all around the world. Back in my childhood days, if we saw bread on the floor, we would pick it up, and touch it to our foreheads, after kissing it three times, to show our respect. Finally, we would put it somewhere high.

Although it is less nutritious, harder to digest, and very high in calories, plain white bread is surprisingly popular in Turkey, and it is regarded as the bread of the poor, since the less-refined and healthier whole wheat bread, which in fact is produced at less cost, is sold at higher prices. I hope this misconception will soon change and everyone will have the opportunity to choose the right bread, at a reasonable price.

Günümüzde, "Avrupa normları" rüzgarı ile getirilen uygulamalar sonucu bakkallar yerlerini büyük ve ruhsuz market zincirlerine bırakmak zorunda kaldı. En korktuğum konulardan biri de sıranın mahalle fırınlarına gelmesiydi. Neyse ki bu gelişme olmadı ve ekmekler, dünyayı daha da kirleten plastik poşetlere sadece kısa bir süre için girip çıktılar. Şimdi uluslararası büyük ekmek üreticileri 'komşuluk' ve 'mahalle' kavramlarını kullanmaya çalışıyorlar. Yerel üreticilerin ise, bu girişimlerden zarar görmemeleri için kaliteyi yüksek tutmaları gerekiyor.

Mahallemde yürürken fırının sıcağının yüzüme vurması, fırından yeni çıkmış sıcacık çiçek ekmeklerin çıtırtısını ve kokusunu duymak beni inanılmaz mutlu ediyor. Ben ekmeğimi dokunarak almayı seviyorum, umarım çocuğum da bu lüksü yaşayabilir.

Nowadays, rules and regulations change overnight on the grounds of meeting "European norms". If these standards should really be met, changes should be effected gradually so that the local producers have a chance to survive too. One by one, small local groceries replaced with large supermarkets, and I was afraid that it was now the bakeries' turn to shut down. Fortunately, the standards did not work, and the breads were packed in plastic bags only for a short while.

It is such a pleasure to smell the sweet scent of freshly-baked bread wafting from the bakery, as you walk around the neighborhood. I like buying bread by touching it, and I hope that my children will enjoy the same privilege.

Fırından hamur almak
Buying bread dough from the bakery

Mahallemde ekmek fırını olmasının benim için en önemli yanı, iş dönüşü uğrayıp ekmek hamuru alabilmek. Şiddetle tavsiye ederim, böylece evde on dakikada gönlünüze göre bir pizza, pide veya lahmacun yapabilir, konuklarınızın gönlünü çalabilirsiniz. Hayal gücünüzü serbest bırakın!

One of the greatest advantages of having a bakery in my neighbourhood is being able to buy bread dough on the way home from work. When you come home, you can it mix it with a bit of flour, and add your favourite ingredients to bake a great pizza, pide or lahmacun in ten minutes. Let your imagination fly!

Bayatlamış ekmeği nasıl değerlendirebiliriz?

How to use stale bread?

Ekmeği ıslatıp fırınınıza koyun, taptaze olacaktır. Kuru ekmekleri bir torbaya koyup dondurabilir veya doğrayıcıdan geçirip köfte içine kullanmak üzere ayırabilirsiniz. Köpeğiniz veya başka evcil hayvanınız varsa, haşladığınız kemiğin içine atabilir, hiç olmadı kuşlar yesin diye pencerenizin önüne bırakabilirsiniz. (Altına kağıt veya gazete koymanızda fayda var.)

Bir sonraki bölüme geçmeden önce, iş çıkışlarımda fark ettiğim ve bir insanın memleketini, kültürünü çok sevmesine neden olan örneklerden bir tanesini anlatmak istiyorum sizlere. Her gün birileri Küçükçekmece, Cennet Mahallesi'ndeki tellerin üzerine -hayvanların atlayıp yetişemeyeceği bir yüksekliğe-, kuru ekmekleri poşet içinde asıyor. Bunları bazen evsizler, bazen kedisi veya köpeği olanlar alıyor ve ekmek hiçbir zaman ziyan olmuyor.

Beni büyüten Zefure teyzem çöpe nimet atmanın evin bereketini kaçıracağını söylerdi hep. İnsan büyüdükçe ve dünya düzenine daha çok aklı erdikçe anlıyor ki kıymetini bilmediğiniz her şey bir süre sonra elinizden uçup gidiyor.

Put a glass of water on one side, and put the slices of stale bread on the other; and heat the oven to 150 degrees. Then, slightly dampen the slices on each side, using your fingers. Be careful not to soak the slices, but make sure they are moist. Then, heat them in the oven for 5 minutes, and enjoy your fake freshly-baked bread! Making bread crumbs is probably the best way to reuse stale bread; bread crumbs add great consistency to the dishes. You can also use the stale bread when you are preparing your pet's meals; it goes well with bone bouillon or milk. Bread crusts and crumbs please the birds so you can put them on your windowsill for our little friends (do not forget to put the bread on some paper).

On my way to work, I pass through Cennet, a small quarter in Kucukcekmece. There, people put the stale breads into bags, and hang them on the fences so that homeless people or pet-owners can take them. It makes me feel really good to see that people still care for each other and do not waste food. As Zefure Teyze, who raised me, says: throwing bread away deprives a house of its bliss and prosperity.

EKMEK
TEKNESi

Hiçbir teknoloji doğal lezzete ulaşamadı!

Traditional tastes beyond technology's reach!

MAHALLE YUFKACISI
THE LOCAL YUFKA SHOP

Mahalle yufkacısı
Your local yufka shop

"Hiçbir teknoloji doğal lezzete ulaşamadı." Bu yazıyı bir gün büyük marketlere yufka veren bir firmanın sitesinde okumuştum. Çok sade ama anlamlı bir söz. Mahalle yufkacısının keyfi çıkarılmalı. Sabah açılmış, üstündeki un kokusu henüz dağılmamış yufka yiyebilme keyfi başka. Küçük esnafı korumak, dev ticari kurumların gölgesinde kapanan kepenkleri engellemek için küçük ama önemli bir katkı.

Gerçekten de elle açılan ve inceltilen hamurun ve hamurun her çeşidinin lezzeti başka başka oluyor. Sanırım ellerin hamura verdiği özel bir tat var. Hamur açmak, hamura dokunmak insanı mutlu eden de bir duygu. Benim tanıdığım bütün fırıncılar ve yufkacılar güleryüzlü insanlar. Depresyondaki kişilere muhakkak yemek yapmalarını ve hamur işleri ile uğraşmalarını öneriyorum

Yufka çok ince açıldığında baklava, normal açıldığında börek ve Türk Suşileri, ince parçalara ayrılıp tekrar kurutulduğunda erişte, ufak ufak kesilip büküldüğünde mantı, tel tel dökülüp sacda hafif kurutulduğunda kadayıf oluyor.

Several attempts have been made to introduce the various kinds of pastry of the Turkish cuisine to the English-speaking world. Yet, all we have are poor descriptions such as "Turkish ravioli" or "Turkish noodles". To properly introduce yufka and its marvels, I believe I have to address it with the original name (that I will also do with other Turkish specialties, such as kadayif or mantı). Generally, the word "phyllo" (filo) is used for "yufka". However, it is thinner and mostly used for desserts, known as baklava. The reason I am so enthusiastic about yufka is that you can use it in many dishes, sweet or savory, cooked or raw. I believe that yufka is not that known throughout the world, due to the delicate process of making it. It takes time and skill to make yufka.

Yufka is made by rolling out the dough in thin sheets, using hands and a rolling pin, but you can prepare many different dishes depending on the type of rolling and the thickness of the yufka sheets. In mid-Anatolian villages, thick yufka sheets are used as bread. Baklava is made of thinner yufkas. You roll out the dough a bit thicker, dry the sheets and cut them into tiny pieces to prepare eriste. Manti is made by adding ground beef to the small squares of yufka. And when poured in thin lines on a hot copper plate, our good old yufka sheets become kadayif. You can find all these in Yufka Shops around Istanbul.

Mahallenizdeki yufkacıda yufkadan başka neler neler var!
Marvels of the yufka shop!

a) Yufka çeşitleri

1. Böreklik
2. Baklavalık
3. Su böreği yufkası
4. Ekmek yufka

b) Kadayıf

1. Taze ve sütlü kadayıf
2. Fırınlanmış kadayıf

c) Erişte

1) Yaprak erişte
2) Kalem erişte

d) Mantı

1) Kıymalı
2) Soyalı

e) Kemalpaşa

f) Güllaç

Nedense güllacı, yani mısır nişastasının su ile karıştırılıp açılmasından elde edilen karışımı başka herhangi bir şeyle kullanmayı pek düşünmüyoruz. Ayrıca Türkiye'de sadece 250 ton üretilen güllacın yüzde 85'ini Ramazan ayında tüketiyor olmamız da hayli düşündürücü, hatta garip.

g) Peynir tatlısı

a) Types of yufka

1. Plain yufka
2. Baklava yufka (filo pastry)
3. Water beurek yufka
4. Bread yufka

b) Kadayif

1. Fresh kadayif
2. Baked kadayif

c) Eriste

1. Eriste (julien)
2. Eriste (leaf)

d) Manti

1. Original manti (with ground beef)
2. Manti with soya meat or potatoes

e) Kemalpasa
(Great balls like sponge, delish!)

f) Güllaç

Known also as "rose pudding", but I prefer to call it a miracle of corn starch. It is a world-class dessert, which, for some reason, is only served during Ramadan (over 85 % of the production is consumed then).

g) Cheese dessert
(For now, it is balls of spongy pastry with cheese inside, but I am planning to use it in different dishes.)

Yufkalara, ustalara saygı: Yufka yapımı
Respect to yufka and and its masters: How to make it

Diyelim yufka ustası olmaya karar verdiniz, haftanın altı günü sabah erkenden işbaşı yapmayı kabul ettiniz, yeteneklisiniz, üstelik eliniz de yatkın. Bu şartların hepsini istikrarla tutturduysanız dört sene sonra usta olabilirsiniz demektir.

Ağzımızda eriyen, baş döndürücü tatlara kavuşan yufka, yetenekli ellerde, pek çok aşamadan geçerek oluyor. Bir yufkacının genelde iki odası var; birincisinde mermerden, yufkaların açıldığı büyük bir tezgah ve hemen yanında bir sac ocak var, diğer odada ise yufkaların ısıtıldığı ve paketlendiği geniş bir kova. Birinci odada, çırak alüminyum bir oklava ile yufka bezelerini açıyor ve ustasına veriyor, ustası da yufkaları incecik bir hale getirip yanmakta olan sacın üstüne koyuyor. Sonra aynı şekilde ikinci bir yufka daha açılıyor, sacda yatan yufkanın üstüne konuluyor ve yufka çifti ters çevriliyor. Bu şekilde bir yufka tepesi oluşturuluyor. Tek tarafı pişirilmiş yufkalar tepesi!

Sonra bu yufkalar başka bir yere alınıyor, tek tarafları ıslatılıp tülbentlerin arasında nemleri çektiriliyor. Diri, taze ve nemli yufkaya böyle ulaşılıyor. Fazla sulanırsa eriyen yufka, az sulanırsa kuru ve sert oluyor. Maharet ve dikkat gerektiren bir iş; 250 adet yufka yapabilmek için 20 kilo un, 9 litre su, 1 litre tuz gerekiyor. Un birinci kalite ve belirli bir sertlikte olmalı. Bunun için gösterilen adres ise Konya.

Biz yufkacıda şımarıklık yapıp teknik kapmaya çalışırken acıkıyorum; gönlü zengin usta sacda iyice pişirdiği yufkanın üzerine tereyağı sürüp yaptığı dürümü ikram ediyor, ben de afiyetle yiyorum tabii. 120 gr. hamurdan yapılan 1 yufkayı yiyince neredeyse bir tam ekmek yemiş gibi oluyorum, hem mutlu, hem tok! Biraz da suçluluk hissederek...

To become a master yufka-maker, you have to wake up at dawn and work six days a week. Even if you are really skillful, it will take at least four years to master making delicate yufkas.

There are several steps in the making of this miracle. First of all, there has to be two people working, a master and an apprentice. The apprentice prepares lumps of dough the same in size, and then starts to roll out sheets of yufka as thinly as possible. At some point, he passes the sheets on to the master, who gives a final touch with a wooden rolling pin and makes the yufka perfectly thin and round. Then, the master puts the yufka on the sac (a domed metal or copper grill with a smooth surface) and starts to roll out another sheet. The newer sheet is put on top of the previous one and they are turned upside down altogether. This procedure is repeated again and again, making a pile of yufka sheets, each baked on one side only. Then they are all taken to another room where there is a bucket of water as wide as the yufkas. Each sheet of yufka is dipped into water on one side. They are then put to rest with a layer of cheese-cloth between each one. This final procedure makes yufkas softer.

To prepare 250 yufkas, you need 20 kilograms of flour, 9 liters of water, and 1 kilogram of salt. As for the calories, a sheet of yufka amounts to ⅔ of a loaf of bread. The kind of flour used is also quite important, and yufka-makers prefer Konya flour.

Kadayıfın farklı kullanımlarını olabildiğince yaygınlaştırma isteğimden dolayı, bir nevi 'kadayıf menajeri' olduğumu söyleyen editörümüz ve bu meraklı süreç hakkında bilgi sahibi olmak isteyen okurlarımız için, kadayıf yapımına da değinmek istedim.

İyi kadayıf yapabilmek için de iyi un ve ustalık gerekiyor. Kadayıfın kalitesini, unun kaç gün evvel geldiğinden tutun, ne incelikte döküldüğü, döküldükten sonra nasıl paketlendiği bile değiştirir. Kadayıf ustası Ahmet Toga'nın söylediğine göre, en lezzetli kadayıf bakır sacda pişenmiş. Sanırım pişirme kaplarındaki kurallar burada da geçerli.

Kadayıfın üretilmesi şu şekilde oluyor. Yufka sacından daha büyük, dönebilen, bakır ve alttan ısıtmalı bir sacın tepesinde, ufak delikleri olan ve hareket eden bir alet var. Ustası aleti çevirerek kadayıfı yavaş yavaş döküyor. Sacın üzerinde kuruyan kadayıfı birbirine yapışmayan teller halinde dökmek, kıvamında pişirmek gerçekten bir sanat. Sonra kadayıf, bir kenarda soğutuluyor ve paketleniyor.

Calling me a 'kadayif impresario' due to my efforts to promote the use of kadayif in all kinds of dishes, my editor suggested I write on the topic. So, this part is by special request!

In the recipes, you will find some ideas on how to use kadayif. I want to say a few words about how kadayif is produced. Kadayif actually consists of water and flour. The kind of grill which is used to prepare kadayif is quite similar to the yufka-grill (sac), however, it is larger in size and has a rotating top part. On top of the sac there is a box-like part with a line of holes, where you put the mixture of flour and water. The master kadayif-maker manually rotates, first the sac, and then the box on the top, and starts to pour the mixture through the holes. Kadayif has to be delicately collected from the sac in a very short period of time and it is packed after cooling down. The quality of kadayif varies to a great extent depending on the freshness of the flour used.

Gel vatandaş!
Tabiat Ana'nın sofrasına gel!

Take Mother Nature's lead
in deciding what to eat!

ORGANİK PAZAR
ORGANIC MARKETS

%100

Şehir pazarları & organik pazar
The city's open and ecological markets

Organik tarım, elimizdeyken çok kısa bir sürede kaybettiğimiz bir değer oldu. 80'lerde, kendi kendine yetebilen bir ülkenin (hatta dünyadaki böyle yedi ülkeden birinin) çocukları olarak büyüdük. Önce Avrupa Birliği ürünlerimize bazı 'standartlar' koydu; bu standartlar, Avrupa ve Amerika kökenli tohumların özelliklerine göreydi. Sonra kurt gibi zararlılardan korunmak için pek çok yabancı tarım ilacı kullanmaya başladık. Ancak bu sırada kullanıcılara eğitim verilmedi ve denetim mekanizmaları geliştirilmedi. Sonuç olarak, kamyonette pişen, buzdolabımızda büyüyen domatesler, koparıldıktan sonra kendi kendine doğuran 'Meryem Ana biberleri' ortaya çıktı. Hayvancılıkta da bu tür işlemlere başvuruldu ve doğal olmayan yemler kullanıldı.

Bugün, daha çok doğursunlar diye gecesi gündüzüne karışmış, doğdukları andan itibaren hapse mahkum olmuş, gün yüzü görmemiş tavukların yumurtalarını, etlerini yiyoruz. Bir de GDO'lu (Genetiği Değiştirilmiş Organizma) yemle beslenmekten ve hareketsizlikten dolayı, 28 gün içinde kesilmezlerse bu zavallıcıkların kemik ve kasları, yağlarını taşıyamaz hale geliyor. Vejetaryen olmayı istiyorum ama etten vazgeçemiyorum diyorsanız, hafta sonu gezisi olarak bir tavuk entegre tesisine gitmenizi tavsiye edebiliriz, sonrasında böyle bir derdiniz kalmayacaktır.

Yanlış politikalar ve senelerce bol keseden dağıtılıp yeterince denetlenmeyen destek primleri, ekim riski almadan ve düşünmeden 'üretim' yapar etti, tembelleştirdi bizi. Daha az üreten, daha çok tüketen, daha fazlasını isteyen bir toplum olduk.

Keyifsiz ve kızgın oldu bu bölüm; biraz da güzel şeylerden bahsedelim. Dünya görmüş ve yoğun iş temposundan kırklı yaşlarda yorulmaya başlamış birçok kişi, Ege'de ve Anadolu'nun çeşitli yerlerinde, badem, kapari biber, nar, zeytin ve

When I was growing up, we were so proud to live in a self-sufficient country, which was able to produce all kinds of fruits and vegetables needed. In less than 25 years, what once was fact became a myth. Local producers could not compete with the low prices of the imported fruits and vegetables. Afterwards, EU standards, which were actually developed according to American and European seeds, have started to be effected. Then, to add insult to injury, genetically-modified seeds and pesticides have started to be used excessively, with no training or control mechanism provided. As a result, now we have green peppers –which I call 'Virgin Mary's peppers'- reproducing themselves or tomatoes that ripen in refrigerators. Stockbreeding also had its share from 'genetic engineering'.

Nowadays, we eat the meat and eggs of poultry that are born to live their lives jammed into tiny cages with no sunlight. Due to being fed by genetically-modified nutrients and having to stand still in the cages, these animals have to be slaughtered within a period of 28 days, since their poorly developed muscles and bones cannot support their bodies. If you think of being a vegetarian but cannot resist eating meat, reconsider the case after visiting an integrated poultry farm. Giving up meat would not be a problem anymore.

As a result of the governments' misconceived policies and generous yet loosely-monitored subsidies, the producers got lazier and gave no thought to enhancing production. Thus we have turned into a society, producing less, consuming more and wanting even more.

Enough ranting! Let's move on to some good news. Overwhelmed by the busy city life and work sched-

üzüm yetiştiriciliğine yönelik yatırımlar yapmaya başladı. Organik tarım yapmaya başlamış pek çok küçük firma var. Bunların bir kısmına İnternetten ulaşıp haftalık sipariş verebiliyorsunuz. Ailenizdeki kişi sayısına göre, haftalık mahsulden sizin payınıza ne düşüyor ise paketleyip gönderiyorlar, nefis bir uygulama. Bunun dışında Organik Pazar seçeneğimiz var.

Çocuklarımıza yedirdiğimiz, "içimize aldığımız" yiyeceklerin, kimyasala maruz kalmış ürünlerden, antibiyotikli tavuklardan veya iki günde kızaran domateslerden oluşmaması için halen bir alternatifimiz varken destek verelim biz de. Mahalle manavından ısrarla organik ürünler getirmesini talep edebilir, belediye pazarlarında vergisiz ve harçsız ancak denetimli organik bölümler kurulmasını sağlamaya çalışabiliriz. Top bizde!

Organik tarım tam olarak ne demek?

Kimyasal malzemeler içermeyen ve üretimden tüketime kadar her aşaması kontrollü tarımsal üretim biçimidir. İhtiyaçları karşılamayı ve doğaya ve insana zarar vermeden üretim yapmayı esas alır. Bunun için toprağın suni gübreden veya herhangi bir ilaçtan en az üç yıl boyunca arındırılmış olması ve yakın çevresinde kimyasal kullanılarak tarım yapılmaması gerekmektedir.

Bir ürünün organik olduğunu nasıl anlarım?

Aldığınız ürünün üzerinde "Organik Tarım" logosu olup olmadığına bakın. (Bu logoyu bölüm sonundaki fotoğraflarda görebilirsiniz.) Tezgahta satılan ürünlerin de sertifikaları vardır. Ürünün nerede yetiştirildiğini sorup üzerindeki sertifikayla karşılaştırabilirsiniz. "%100 Doğal", "hormonsuz", "arılı", "köy ürünü", "saf" gibi ibareler o ürünün organik tarımla üretildiği anlamına gelmez.

Organik ürün alarak nelere katkıda bulunacaksınız?

Öncelikle organik ürün ömrünüzü kısaltmayacaktır. Pek çok et ürününün elde edildiği can-

ule, many people in their forties have started to move to the Aegean and Mediterranean regions of Turkey, investing in organic farming activities to grow almonds, pomegranates, capers, olives or grapes. Also, there are some online companies delivering organic products directly to your home. Last but not least, in Istanbul, we now have ecological markets.

We have to be careful with what we take in our bodies as food. To put hormone-free natural food on our tables, I think we should support and encourage the local initiatives for organic farming. It is time we take some action!

What is organic farming?

Organic farming refers to nature-friendly agricultural production systems which exclude the use of synthetic pesticides, synthetic fertilizers and genetically-modified seeds. Minimizing contamination, improving human health and maintaining the ecological balance of nature are the basic principles of organic farming. To meet its requirements, the soil should be free of synthetic substances for three years prior to farming.

How do I understand that a product is organic?

Check to see if there is the "certified organically grown" label on the product. The products sold in open markets also have certificates. The product labels such as "100 % pure", "hormone-free" or "natural" are often misleading, and they are usually used as part of the marketing strategies.

Why buy organic?

First of all, an organic product would not steal from your life. Most meats we consume come from animals that are raised in unhealthy conditions, and antibiotics are added to the feeds. So, by eating their meat, we also ingest unnecessary antibiotics. Let's not forget that humans are at the top of the food-chain. So, the synthetic pesticides and feeds used in farming and stockbreeding

AYYILDIZ

SWATCH

Balen
Organik Karakovan Balı
fanus

ERZURUM
Sarıgelin
KURU FASULYE

lılar, kalabalık ve hareketsiz ortamda yetiştikleri için antibiyotiklerle sağlıklı kalabilmektedir. Bu nedenle, vücudumuza fazladan ilaç almış oluruz. Unutmayalım ki insan, besin zincirinin tepesindedir, dolayısıyla yediklerimizdeki tarım ilaçları vücudumuzu doğrudan etkiler. Ayrıca pek çok üründe kontrolsüz hormon kullanıldığından, çocuklarda hızlı büyüme ve erken ergenlik görülmekte ve hem psikolojik hem de biyolojik sorunlar doğmaktadır.

Bugün tüm büyük şehirlerimizde göçün büyük bir sorun olduğundan yakınıyoruz. Bunun sebebi üretimin büyük tesislere ve çok uluslu şirketlere geçmiş olması. Refah dağılımı gittikçe dengesizleşiyor. Oysa organik tarımı destekleyerek, dengesiz nüfus dağılımı ve göreceli yoksunluk gibi kavramlardan sağlıklı bir şekilde kurtulma yolunda bir adım atabiliriz.

Einstein, arılar dünyadan kaybolduğunda dört sene içerisinde tüm yaşamın yok olacağı tezini öne sürmüştü. Ekolojik tarım, yaban hayatı ve canlıların sürekliliğini destekler, hatta gücünü bundan alır. Ekosistemin korunmasının bir nevi sigortasıdır.

Evinizde yetiştirdiğiniz çiçeklerin evin farklı yerlerinde nasıl farklı büyüme performansı gösterdiklerini düşünün. Bu tüm bitkiler için geçerlidir. Doğal olarak, en güzel oldukları yerlerde yetişmektedirler. Katkısız mükemmel tadı yakalayabilmenin en güzel yolu, doğru alanda ve doğru mevsimde yetiştirilecek doğru ekindir.

Organik ürünleri nereden bulabilirim?

Bomonti'de her Cumartesi Buğday Derneği'nin desteğiyle* kurulan ve % 100 organik ürünler satan pazar yerinde, domatesten bakliyata pek çok organik ürün bulabilirsiniz. Koku ve tatlarından, farkı zaten hemen anlayacaksınız. Kısa bir süre önce Kartal'da açılan ekolojik pazar ise Pazar günleri kuruluyor. İnternet sitelerinden sipariş verebileceğiniz ve organik çiftliklerin haftalık hasatlarından evinize kadar getiren firmalar

affect our bodies. And the uncontrolled use of hormones in farm animals causes immature puberty in humans and leads to several physiological and psychological problems.

We often complain about the problems related to migration from rural to urban areas. However, such waves of migration are inescapable, since production activities are mainly carried out in big facilities or by multinational companies, which are mostly based in cities. Imbalanced population distribution also goes hand in hand with an imbalance in income distribution. Thus, promoting organic farming could be a good start towards solving some economic and social problems.

Einstein said that our lives would come to an end in four years if bees would disappear from the surface of the Earth. And organic farming seems to be a safer option, since it is wildlife-friendly. By buying organic food, we can also support the producers in their noble efforts of maintaining the ecosystem.

I am sure you have noticed that the flowers you have at home die or thrive depending on where you place them. This is valid for all plants. They are wise enough to find where to grow, and their natural habitat is probably the best among all other alternatives. So, it is probably the best if we follow Mother Nature's lead, in deciding where to grow and when to eat fruits and vegetables.

Where to find organic products?

Currently, in Istanbul, there is an organic market, founded by the Bugday Association, which is open on Saturdays in Bomonti, and on Sundays in Kartal. We have already mentioned the organic food companies that deliver ecologically-grown food to your door. It took a long time for the big supermarket chains to cooperate with organic farmers, but things are gradually changing now.*

Istanbulites are also lucky to have many local shops around which sell natural food from neigh-

da mevcut. Organik ürünlere şimdiye dek pek şans vermemiş büyük market zincirleri de organik üreticileri biraz olsun desteklemeye başladı.

İstanbul'da yaşamanın bir diğer ayrıcalığı da şehre iki üç saat uzaklıkta olan çevre il ve köylerden gelen çiftçilerin açtığı mahalle dükkanları. Kastamonulu, İnebolulu, Tekirdağlı amcaların ekmek, peynir, sebze ve meyvelerini getirip sattıkları bu dükkanlar, bazı ilçelerde ve mahalle kültürü halen var olan semtlerde mevcut. Bu dükkanların organik olma hevesi veya telaşı yok, ama sattıkları ürünler, hallerden aldıklarımıza göre çok daha sağlıklı.

* Buğday Derneği'nin etkinlikleri ve ekolojik tarım hakkında daha fazla bilgi için, bkz. http://www.bugday.org

boring villages and cities. Farmers from Inebolu, Tekirdag or Kastamonu bring and sell milk, vegetables and fruits that they produce. Their production methods are not organic most of the time, but I still believe those products are much healthier than the strangely shiny apples sold in supermarkets.

** For more information regarding the activities of Bugday Association and organic farming, please visit the following website: http://www.bugday.org/eng/*

Tam mevsiminde meyve ve sebzeler
Fruits and vegs in season

		OC. JAN	**ŞUB.** FEB	**MA.** MAR	**NİS.** AP	**MAY.** MAY	**HAZ.** JUNE	**TEM.** JULY	**AĞ.** AUG	**EY.** SEP	**EK.** OCT	**KA.** NOV	**AR.** DEC
Sebzeler Vegetables	Lahana *Cabbage*	■	■									■	■
	Brüksel Lahanası *Brussels Sprouts*	■	■										
	Pazı *Chard*	■	■										■
	Kereviz *Celeriac*	■	■									■	■
	Havuç *Carrots*	■	■	■						■	■	■	■
	Karnıbahar *Cauliflower*	■	■	■								■	■
	Pırasa *Leeks*	■	■	■								■	■
	Kabak *Zucchini*	■	■	■				■	■			■	■
	Bal Kabağı *Winter Squash*	■	■	■									■
	Pancar *Beetroot*	■	■	■									
	Ispanak *Spinach*	■	■	■								■	■
	Turp *Radishes*	■	■	■									
	Kuşkonmaz *Asparagus*			■	■	■							
	Bezelye *Green Peas*				■	■	■						
	Enginar *Artichokes*				■	■	■						
	Bakla *Broad Beans*				■	■	■						
	Semizotu *Purslane*				■	■	■	■	■				
	Salatalık *Cucumbers*					■	■	■	■	■	■		
	Barbunya *Borlotti Beans*					■	■	■					
	Patates *Potatoes*					■	■						
	Taze Fasulye *Green Beans*						■	■	■	■	■		
	Yeşil Biber *Green Peppers*						■	■	■	■	■		
	Patlıcan *Aubergines*						■	■	■	■	■	■	
	Dolmalık Biber *Bell Peppers*						■	■	■	■	■		
	Domates *Tomatoes*						■	■	■	■	■	■	
	Börülce *Black-eyed Peas*							■	■				
	Bamya *Okra*								■	■			
	Kırmızı Biber *Red Peppers*								■	■	■		
Yeşillikler Greens	Marul *Lettuce*	■	■	■	■	■					■	■	■
	Roka *Rocket*	■	■	■	■	■					■	■	■
	Soğan *Onions*	■	■			■	■	■	■	■	■	■	■
	Sarımsak *Garlic*				■	■	■	■	■				
	Dereotu *Dill*						■	■	■	■	■		
	Fesleğen *Basil*						■	■	■	■	■		
	Biberiye *Rosemary*	■	■	■	■	■	■	■	■	■	■	■	■
	Nane *Mint*	■	■	■	■	■	■	■	■	■	■	■	■
	Maydanoz *Parsley*	■	■	■	■	■	■	■	■	■	■	■	■
	Tere *Watercress*	■	■	■	■	■	■	■	■	■	■	■	■

		OC. JAN	ŞUB. FEB	MA. MAR	NİS. AP	MAY. MAY	HAZ. JUNE	TEM. JULY	AĞ. AUG	EY. SEP	EK. OCT	KA. NOV	AR. DEC
Fındık & Fıstıklar Nuts	Kestane *Chestnuts*	■	■								■	■	■
	Ceviz *Walnuts*								■	■			
	Fındık *Hazelnuts*								■	■			
Meyveler Fruits	Elma *Apples*	■	■										■
	Muz *Bananas*	■	■	■									
	Portakal *Oranges*	■	■									■	■
	Mandalina *Tangerines*	■	■										■
	Ayva *Quinces*	■	■									■	■
	Nar *Pomegranates*	■	■								■	■	■
	Greyfurt *Grapefruits*	■	■									■	■
	Limon *Lemons*			■	■								
	Can Erik *Green Plums*					■	■						
	Çilek *Strawberries*					■	■						
	Kiraz *Cherries*						■	■					
	Vişne *Black Cherries*							■	■				
	Şeftali *Peaches*							■	■	■			
	Karpuz *Watermelons*							■	■	■			
	Kavun *Melons*							■	■	■			
	Mısır *Corn*							■	■	■			
	Üzüm *Grapes*								■	■	■		
	Mürdüm Eriği *Damson Plums*								■	■			
	Dut *Mulberries*								■				
	Böğürtlen *Blackberries*								■				
	İncir *Figs*								■	■	■		
	Kızılcık *Corneian Cherries*									■	■		
	Armut *Pears*										■	■	
	Trabzon Hurması *Persimmons*											■	■

Bu meyve ve sebzeleri tezgahlarda çok daha uzun süre görmekteyiz.
Tabloda belirtilen aylar ise, ekinlerin meyvelerin tamamen doğal yöntemlerle döktükleri zamandır.

The table indicates the exact periods that the plants give their fruits in the most natural way.
However, we can see them on counters much longer.

**Yeşil,
akışkan hayat!**

The green flow
of life!

ZEYTİNYAĞI
OLIVE OIL

Zeytinyağı: Yeşil, akışkan haya
Olive oil: The green flow of life

Zeytin ağacı gibi yaşamak gerek belki bu dünyada, köklerini çakıllı arazinin içine ince ince işleyerek... Belki de bu sayede ortalama 300–400 sene yaşayabiliyor zeytin ağacı. Hiçbir bitkinin tercih etmediği, yeşeremediği dağlarda, bayırlarda, gümüşe çalan yapraklarıyla, güneşi ve susuzluğu eşsiz bir tada dönüştürüyor.

Zeytin dalı barışı simgeler; bağışlama, üstesinden gelme, kabullenme anlamı taşır. Zeytin dalı ile tütsülenmenin de 'gözü' veya haseti üstümüzden attığına inanılır. Zeytin ağacının mücadelesinde, dünyeviliği bırakma ve asil bir kabullenme var. Bu mücadelenin hayatımıza kattığı tattan pek çok şey öğrenebiliriz.

Zeytinyağı yapımında kullanılan araçlar yüzyıllar içinde değişmiş olsa da teknik büyük ölçüde aynı kalmış. Temel olarak, zeytinler elle veya sallama yöntemi ile ağaçlardan düşürülerek toplanır, toplanan zeytinler yıkanır, yaprakları ayrılır, taş değirmen havuzunda sıkılır ve çekirdekleriyle birlikte hamur haline getirilir. Preste ezilerek, zeytinin içindeki su ve yağ bir boru ile ayrıştırma tankına alınır. Bu tankta su aşağıya çöker ve yağ yüzeyde kalır. Özel maşrapalarla alınan yağ, paslanmaz çelikten yapılmış özel kaplara aktarılır ve 1-3 hafta boyunca burada dinlendirilir. Dinlenme sırasında dibe çöken posalar alınır. Bu işlemi zaman zaman tekrarlamak gerekir, çünkü asit oranı artan yağ daha az makbuldür. Son olarak, dinlenmiş yağ özel filtrelerden geçirilerek arındırılır.

Zeytinyağının saklanması

Çoğu zeytinyağı şişesi koyu yeşildir. İyi zeytinyağı yapıyorum diyen herkes yağını koyu renk şişede saklar, çünkü zeytinyağı güneşten etkilenir. Serin yerde durması da önemlidir, ancak buzdolabında saklanmaz. Zeytinyağı

Perhaps one should live like an olive tree, which slowly spreads her roots among the crevices of rocks. This might be the reason why the olive tree lives about 300-400 years. With silvery green leaves, the hardy olive tree can even tolerate drought and turns the bright sunlight into a marvelous taste, as it grows on hills and mountains where no other tree can possibly grow green.

The olive branch symbolizes peace; it signifies forgiveness, understanding and compassion. Burnt as incense, it is believed to take away the 'evil eye' and envy. The silent struggle of the olive tree reminds me of a noble understanding and abandoning of worldly pleasures. We may learn a lot from this great taste.

Many different types of equipment have been used in oil production, but the technique has remained almost unchanged throughout the centuries. Basically, the olives are collected by hand or by shaking the branches of the tree. They are then washed and separated from the leaves. Next, the olives are crushed under a stone mill. Then, the resulting olive paste is pressed. The water and the oil are separated in a tank with the help of a pipe. The water sinks to the bottom, whereas the oil floats on the surface. The oil is then collected in a special dipper and transferred to stainless steel tanks. The oil matures for 1-3 weeks in these tanks. During the maturation process, the precipitating particles are taken away. This procedure needs to be repeated a couple of times, because olive oils with high acidity levels are not much valued. Finally, the matured oil is purified through special filters.

How to store olive oil

Most olive oil bottles are dark-colored. This is not a coincidence, because light damages olive oil; and that is true even for the fluorescent lights used in supermarkets. So, you should avoid clear olive oil bottles, and purchase opaque ones instead. Heat is also an ene-

210 derecenin üzerinde yanar. Bu yüzden tavaya döktüğümüz yağı ne kadar süre beklettiğimize dikkat etmekte fayda var. Yıllandırılmış sirke veya şarap güzel olabilir, ama zeytinyağı hemen tüketilmek ister, mümkünse ilk senesinde olmazsa ilk bir buçuk sene içinde. Yağınız size düz geliyorsa içine biraz sarımsak, kekik, kırmızıbiber veya biberiye atarak tadını ve rayihasını güzelleştirebilirsiniz.

Zeytinyağı alırken nelere bakmam lazım?

Zeytinyağı'nın kalitesini belirleyen temel öğeler, doğallık, asit oranı, renk ve rayihadır. Doğal olarak sıkılmış, asit olanı düşük, berrak, koyu yeşile bakan, acı kokmayan ve zeytin hissi bol olan zeytinyağı en makbulüdür. Zevkler ve renkler tartışılmaz elbette. Örneğin Kıbrıs'ta üretilen ve rengi siyaha çaldığı için "kara yağ" diye adlandırılan zeytinyağı, hayli yüksek asit değerine rağmen baş döndürecek güzellikte gelir bana. Dolayısıyla kuralcı davranmak yerine bol bol tadarak seçmek en iyisi. Zeytinyağı türlerinden de kısaca bahsedelim.*

• **Natürel zeytinyağları**

- **Sızma:** Dalından koparılmış veya tam olgunlaşmamış zeytinlerin, katkı veya ısı içeren bir işleme sokulmadan sıkıldığı, en fazla yüzde 1 asit oranına sahip yağdır.

- **Natürel birinci:** Tadı ve kokusu Sızma'ya göre daha yoğundur.

- **Natürel ikinci:** Zeytinyağının tat ve kokusunun en yoğun hissedildiği ve asit oranı yüzde 2 ile 3,3 arasında olan yağ çeşididir.

• **Rafine zeytinyağları**

Ağaçta fazla beklemiş zeytinler asitlenmeye başlar. Gerek beklemekten, gerek başka sebeplerden dolayı asit oranı yüzde 3,3'ün üzerine çıkmış yağların yenmesi zararlıdır. Bu yağlar rafine edilir, böylece fazlalıklarından arındırı-

my of olive oil. So, keep the bottles in a cool place, but do not refrigerate them. While you are cooking with olive oil, keep in mind that the olive oil has a smoking point of 210 C°. Ageing could be a good idea if you have fine wine or vinegar, but olive oil should be consumed within 1,5 years of its production. You can add some garlic, red pepper, rosemary or thyme to the oil to enhance its flavor and fragrance.

Things to look for when purchasing olive oil

*The quality of olive oil depends mainly on the processing method, acidity level, color and flavor. Naturally-pressed, clear and dark-green olive oils with low acidity and rancidity levels can be considered good oils. However, tastes differ. For instance, I find the "black olive oil", which is produced in Cyprus, overwhelmingly tasty, despite its high level of acidity. So, instead of following rules strictly, try to taste as much olive oil as you can, and take a look at how you feel. Now, let us briefly mention the types of olive oil.**

• ***Natural olive oils***

- ***Extra virgin olive oil:*** *Olives are pressed naturally, with no heating or additive applied. This type of olive oil has an acidity value of maximum 1 %.*

- ***Virgin olive oil:*** *The flavor and taste is more intense than extra virgin olive oil.*

- ***Ordinary olive oil:*** *With an acidity level of 2-3.3 %, this type of olive oil is the most intense in taste and flavor.*

Refined olive oils

The acidity levels of the olives increase due to over-ripening. Olives with acidity levels of over 3.3 % would be harmful if eaten. These olive oils are refined and purified in order to lower the acidity levels. And they are blended with high-quality olive oils.

lırlar ve asit oranları düşer. İyi kalite zeytinyağları ile karıştırılarak kullanılabilir hale gelirler.

• Riviera zeytinyağları

Yenmeyecek kadar yüksek asit oranında olan yağlar, rafine edilerek tatsız, kokusuz ve renksiz bir hale getirilir. Sonra yüzde 80-90 oranında rafine ve sızma yağlarla karıştırılarak Riviera zeytinyağları elde edilir. Kızartmalarda ayçiçek yağı veya mısır özü yağı gibi genetiğiyle hayli oynanmış yağlar kullanmak istemeyenler, kokusu daha az olan bu yağı tercih edebilirler.

Rafine edilmeyen veya yemeklik olarak kullanılamayan yağlar sabun gibi yan ürünler şeklinde değerlendirilir. Türkiye'de en çok değer gören zeytinyağları, Güney Marmara, Kuzey Ege ve Edremit çevresinde üretilen yağlardır. Ülkemizde zeytinyağı tüketimi ne yazık ki oldukça azdır ve ağaç dikimlerinde sofralık zeytine ağırlık verilmektedir. Oysa Türkiye bu konuda ciddi potansiyele sahip bir Akdeniz ülkesidir. Dünyadaki en büyük üç zeytinyağı üreticisinden biri olmamamız için bir sebep yok.

• Organik zeytinyağı

Zeytin, gelişirken katkı maddelerine pek ihtiyaç duymaz, bu tür maddeleri bünyesine kolay kolay kabul etmez. Ancak ne yazık ki yağ çıkarma esnasında, asit oranını düşürmek ve rengi muhafaza etmek için pek çok işlem yapılmaktadır. Bu nedenle, biraz daha pahalı olmalarına rağmen organik zeytinyağlarını tercih etmekte fayda var.

* Tarım ve Köyişleri Bakanlığı Zeytincilik Araştırma Enstitüsü'nün web sitesinden yararlanılmıştır. Daha fazla bilgi için, bkz. http://www.zae.gov.tr/

• Riviera olive oils

Olive oils with inedible levels of acidity are refined and become colorless, odorless and flavorless. Then, they are blended with refined and virgin olive oils, which compose 80-90% of the mixture, to produce Riviera olive oils. With its lighter odor, Riviera could be a good choice, if you do not like using genetically-modified corn oils or sunflower oils when frying meat or vegetables.

Olive oils which cannot be refined can be used in soap making. In Turkey, the most precious olive oils are produced from olives collected from the Southern Marmara, Northern Aegean and Edremit regions. Over 95 % of the world's olive oil production takes place in Mediterranean countries. However, I believe that Turkey is not yet taking good advantage of the rich potential it has in terms of olive oil production, and olive oil consumption is surprisingly low. I hope my country will meet its potential in the coming years.

• Organic olive oil

Olive trees do not need a great deal of nurturing or chemicals to grow or produce fruit. Unfortunately, during the oil production process, the fruits are exposed to many procedures in order to lower the acidity levels and to retain the color. For this reason, it is better to purchase organic olive oils even though they are a bit more expensive.

** For more information, please refer to the web-site of the Ministry of Agriculture and Village Affairs, Olive Cultivation Research Institute: http://www.zae.gov.tr/, which, unfortunately, is available only in Turkish at the moment.*

Çocukluğunda her Kurban Bayramında 15 gün süreyle vejetaryen olan birinin etle olan aşk & nefret ilişkisi...

My love-hate relationship with meat, making me a vegetarian for 15 days during every Sacrificial Feast.

MAHALLE KASABI
THE LOCAL BUTCHER

İnsan ve et arasındaki ilişki hayattaki büyük ikilemlerden biri. Küçükken etin en güzel yeri bize ayrılır, ama yemek istemeyiz. Gençken cebimizdeki para hayalimizdeki o güzel eti almaya yetmez. Tam paramız olur, doktorlar kırmızı etten uzak durma yaşımızın geldiğini söyler. Kısacası, ağız tadıyla doyasıya et yemek insanoğluna pek nasip olmaz...

Our relationship with meat is one of our biggest dilemmas. When we are children, the most precious part of the meat is given to us, but we simply do not want to eat it. As young adults, we don't have enough money to buy that delicious part. Finally, when we have enough money to afford delicious meat, the doctor says; "it's time to stay away from red meat".

Kasap The Butcher's

İstanbul'daki ünlü kasapları bulmak nispeten kolay, zira az sayıda olsalar da epey biliniyorlar. Daha zor olan ise, "en iyi" mahalle kasaplarını bulabilmek ve nasıl bir et istediğinizi kasabınıza çok iyi tarif edebilmek. Konuya ilginizi farkedince kasaplar size ayrı bir yakınlık duyuyor ve inanılmaz yardımcı oluyorlar. Yalnız, alacağınız eti özel şekilde kestirmek istiyorsanız, kasapları alışkanlıklarından vazgeçirmek bazen güç oluyor, haberiniz olsun. Böyle bir derdiniz yok ise sorun da yok demektir. Güvendiğiniz bir kasabınızın olması, kasabınızın size güvenmesi evde iyi et yiyebilmenin birinci şartı diyebiliriz. Unutmayın ki kasabınızda onbeş dakika geçirerek ve kafanızdaki soruları sorarak evladiyelik pek çok bilgiye ulaşabilirsiniz.

It is easy to find a famous butcher in Istanbul; though few in number, they are very well known. The harder thing is to find the best neighborhood butcher, and to describe to them what kind of meat you want. Butchers are usually very sweet people; once they recognize your interest in the matter, they also get excited and try to put as much information as possible on the table.

Lezzetli et nasıl olmalı?
What makes good meat?

İyi et, dinlenmiş ettir. Etin kendini dinlendirmesi çok önemlidir, çünkü kesim sırasında kendini kasan hayvanın kasları ancak bir ayda çözülür.

İki çeşit dinlendirme vardır.

Kuru dinlendirme: Et, 0°C sıcaklıkta ve tümü asılı tutularak bir ay boyunca dinlendirilir. Bu sırada etin dışı hafif çürür, ancak lezzeti ve kıvamı tam olur. Kimileri bu geleneksel yöntemden yanadır; ama bu şekilde etin bir kısmı çürür, suyunu ve ağırlığının en az 1/4'ünü kaybeder. Bu bekleme sırasında et bir nevi mayalanır ve üzerinde oluşmuş zararsız mantarlar ona ayrı bir tat verir.

Islak dinlendirme: Eti vakumlayarak bekletmedir; et böylece suyunu ve parlaklığını kaybetmez. Günümüzde genelde bu şekilde dinlendirme yaygındır.

Etin lezzeti;

• içinde güzel bir şekilde dağılmış yağ oranına,

• renginin canlı kırmızı olmasına,

• kemiğe yakın olmasına,

• yaşlı veya süt yaşında olan hayvan eti olmasına (kas oranı düşük olacağı için),

• hayvanın ne ile beslendiğine,

• hayvanın cinsiyetine bağlıdır. (erkek hayvanın eti genelde daha lezzetlidir.)

Hayvanın neyle beslendiği tadını çok etkiler. Tahılla beslenmiş hayvanın eti yağlı, yağı da sarı olur. Sütle beslenmiş hayvanın eti yumuşaktır. Küspe ile beslenmiş hayvanın eti ise sert ve yavan olur.

Kuzu eti, şubat-mayıs ayları arasında kesildiğinde en lezzetli olur. Rengi açık kırmızı ve gevşektir. Koyunlar ise haziran ayından kasım ayına kadar daha lezzetlidir. Sığırın altı aylığa kadar olan yavrularına "buzağı", altı aylıktan bir yıllığa kadar olan erkeğine "dana", altı aylıktan gebelik dönemine kadar dişilerine "düve", erkeğine "boğa", kısırlaştırılmışına "tosun", yavrulayan dişiye "inek", işe koşulan tosuna "öküz" denir.

Boğalar damızlık olarak, öküzler ise iş ve besi hayvanı olarak kullanılır. Ortalama 800 kg. gelebilen öküz, 4500 kg.'lık yükü rahatça çekebilir.

Meat should be aged to be good. Aging is a crucial procedure because the muscles of the animal get contracted during the slaughtering process and it can take a month before they relax.

There are two ways to age meat:

Dry aging: The meat is hung for one month at a temperature of 0°C. An inedible crust forms on the outer layer, but the meat becomes delicious and tender. Harmless fungus growing on the surface of the meat contributes to its flavor.

Wet aging: Meat is packed and aged in a vacuum sealed bag, which enables it to retain a bright color and its juices. In addition to being far more practical, it takes much less time, and that is probably why this technique is widely used.

The taste of meat depends on the following:

• well dispersed fat proportion,

• lively red color,

• proximity to the bone,

• being the meat of either a newborn or an old animal (because then the muscle-proportion is higher),

*• the diet of the animal.**

*• the gender of the animal (males are more tasty).***

** The meat's flavor is deeply related to the animal's diet. The meat is fatty and fat is yellowish if the animal is fed with fat; it is soft if the animal's diet has mainly consisted of milk; and if bagasse is used to feed the animal, its meat becomes hard and tasteless.*

*** To understand whether the animal is male or female you can look at the bone. An urban legend says that the bones of the males are bluish.*

İyi kıyma nasıl anlaşılır?
How to buy ground beef?

Sakın etini görmeden, çekilmiş kıyma almayın. Tavuk, kemik ve sinir parçaları içerebilir. Ne yediğinizi görün. En lezzetli kıyma kaburga döşünden çıkarılan kıymadır.

Köfte için kıyma seçerken:

Yağ arttıkça kıymanın lezzeti de artar, ancak soğuyup tekrar ısıtıldığında aynı tat kalmaz. En beğenilen köfte kıyması, yüzde 50 koyun, yüzde 50 dana etinden oluşan kıymadır. Fakat koyun eti benim gibi size de ağır geliyorsa, büyük ölçüde dana etinden çekilmiş kıyma kullanabilirsiniz.

Farklı yemekler için makinede farklı şekilde kıyma çekmek gerekir:

Köfte için iki kere çekmek,

Bebekler için üç kere çekmek,

Kebap için ise makineden geçirmeden eti zırhla (büyük bir tür bıçak) kesmek gerek.

Never buy ready ground beef. It might contain chicken, bones, or strings. See what you eat. The most delicious ground beef is made from the brisket.

When choosing ground beef to make meatballs:

Ground beef becomes tastier and tastier as the amount of fat increases, but this tip would not work if you eat it cold, and reheating would not be a good idea. 50% mutton-50 % beef mince is the perfect formula for many meatball lovers. However, if you find mutton meat a bit too greasy, you can use beef mince.

Meat should be ground a different number of times depending on the kind of meatball to be prepared:

For meatballs, the meat should be passed through the meat grinder twice.

For baby food, the meat should be ground three times.

For kebap, a special kind of knife, called "zırh", should be used to mince the meat, instead of the meat grinder.

As the cuts of meat differ from country to country, we chose to give just the Turkish names of the parts.

En sevdiğimiz et parçaları
Favorite cuts of meat

Pirzola
Biz çok alışık olmasak da dana pirzola, et olarak dağınık yağlı ve lezzetlidir. Kuzu pirzola için en büyük problem ise çok pişip etin lastikleşmesi olur. Onun için orta pişirip belki de çift kalem kesmek daha iyidir.

Kontrfile
Antrikota göre daha az yağlıdır. Daha serttir, soslu bir şekilde pişmesi daha iyi olur, böylece yumuşar.

Bonfile
Canlı kırmızı renkte, sırtın içinden, hareketsiz, sinirsiz ve yağsız bir ettir. Bir hayvandan 1-3 kilo bonfile çıkar. Az pişmiş bonfilenin tadına doyum olmaz. Et sevenlerin favorisi ise genelde daha yağlı olan antrikottur.

Antrikot
Hayvanın kaburgasına bağlıdır. Izgarası çok güzel ve yağlı olur. Az pişirmek lazımdır ve pahalı bir ettir. Yağlı et sevenler için en makbul, en lezzetli ettir.

İncik
Çizgi filmlerde gördüğümüz o büyük kemikli et parçalarını andırır. Hayvanın arka ayaklarından kesilen kemikli ettir. Görüntü olarak ilk başta itici gelebilse de, yavaş yavaş pişirildiğinde çok lezzetli olur.

Cutlet
In Turkey, beef cutlets are much less popular than lamb cutlets. The problem with lamb cutlets are that if over-grilled they become tough and hard to eat. Better to enjoy it medium-grilled.

Fillet
It is less fatty and tougher than entrecôte. Cooking in sauce is a good idea because it softens it.

Sirloin Steak
A bright red colored, fatty and tender meat from the rear back. You can get 1-3 kilograms of sirloin steak from one animal. Rare-grilled sirloin steak is delicious; however, meat lovers prefer the fatty entrecôte.

Entrecôte
It is cut from the rib of the animal. This expensive meat is delicious especially when grilled medium-rare. It is the fatty meat lovers' favorite.

Shank
It is the meat around the legs of the animal, which resembles "ham bones" that we see in cartoons. Though it does not look attractive at the beginning, slow-cooking makes it especially delicious.

2

Sahne Arkası: Mutfak

Backstage: The Kitchen

Gideceğiniz yolun bir sonu olması iyidir,
ama sonunda, aslolan yolculuğun kendisi.

It is good to have an end to journey toward; but it is the journey that matters, in the end.

Ernest Hemingway

YEMEK YARDIMCILARI
COOKING ASSISTANTS

Mutfakta geçen vakit çok önemli. Sürecin keyifli olması için, sizi sonuca götüren aşamaların akması, mutfakta rahat hareket edebilmek, işlemleri sade, basit, az ve öz araç gereçle gerçekleştirmek gerek.

Böyle bir bölüm yazmamın bir sebebi de, evlenirken hevesle mutfak aletleri alışverişine çıkmış bir dostumun anlattıkları. Çeşit çeşit aletle karşılaşınca, hangisiyle ne yapacağını bilemediği için gerekli gereksiz her şeyi aldığından ve çoğununun ne işe yaradığını unuttuğundan bahsetmişti. Ben evdeki kullanılmayan, atıl duran her şeyin insanın enerjisini madden ve manen alıp götürdüğünü düşünürüm. Bu kitapta, bir şekilde mutfağa girmek isteyen kişilere fikir vermek ve modern şehir hayatında bizi bazı kısayollara çıkaran gereçlerden bahsetmek istedim.

Sahne Arkası'nı 4 ana başlıkta ele alacağız:

1- **Pişirme kapları:** Bu bölümde, pişirme şeklinize ve almak istediğiniz sonuca göre, değişik kaplarda pişirmenin getiri ve götürülerinden bahsedeceğiz.

2- **Ocak altı çekmecesi:** Pişirme sırasında size yardımcı olacak kaşık, kepçe gibi aletlerin nerelerde ne işe yaradıklarını kısaca özetleyeceğiz.

3- **Teknik çekmece:** Bilmeyene 'kuantum fiziği' gibi karmaşık gelen ve yemek yapmanın keyfini kaçıran gereçleri masaya yatıracağız. (Kuantum fiziği, yemek açısından oldukça anlamlıdır doğrusu, fakat araç gereç değil, lezzet faslında...)

4- **Sarf malzemeleri çekmecesi:** Bakkallardan aldığımız, yemeğe lezzet katabilen ve sonrasındaki işlemleri kolaylaştıran yardımcı malzemelerin yeri de burası.

The time spent in the kitchen is very important. To enjoy it, the steps taking you to the finale must flow, you should be able to move freely in the kitchen, and the processes should be carried out with essential but simple tools...

The reason I am writing this chapter is a friend's account of how she enthusiastically went kitchenware shopping when she was getting married. She told me that when she saw zillions of tools in the mall, because she did not know what to do with this and that, she bought everything – necessary and unnecessary, and she forgot what to do with most of them. In my opinion, anything unemployed and inactive at a house takes one's energy physically and spiritually. In this book, I have tried to give an idea to people who want to get familiar with their kitchen for real and mention the tools which provide us with shortcuts in modern city life.

Backstage will be covered in four sections:

*1- **Cooking pots:** In this section, we will talk about the pros and cons of cooking in various pots depending on the style of cooking and the result you want.*

*2- **The drawer under the cooker:** A short summary of the cooking utensils and their functions.*

*3- **The technical drawer:** Tools seemingly complicated as "quantum physics" which spoil the joy of cooking. (Actually, quantum physics is indeed significant in terms of cooking; for the taste though, not for the tools...)*

*4- **The supplies drawer:** The place of some items which give taste to food and ease the processes afterwards.*

Pişirme kapları Cooking pots

Tencerelerde genel mantık şudur: Isıyı daha iyi yayan tencereler yemeği daha lezzetli kılar. Adı üstünde "yemek pişirmek", ısıyı doğru ayarlamak ve eşit dağıtmakla ilgilidir.

Burada tüm pişirme kaplarını tencereler diye adlandırıyorum, ancak söylediklerim, fırın kapları gibi her türlü pişirme malzemesi için de geçerli.

Tencereler zamanla çizilir ve yıpranır; çizik ya da yıpranmış her tencere de gitgide sağlığımıza zararlı hale gelir. Dolayısıyla nasıl bir tencere alırsanız alın, iki üç senede bir değiştirmenizde fayda var. ("Değiştirin, Atın!" gibi laflar kolay kolay ağzımdan çıkmaz, işte böyle çıktığı zamanlarda, okuduklarımın beni gerçekten etkilemiş, epey korkutmuş olduğunu anlayabilirsiniz.)

Zaten bundan yüzyıllar evvel tencereler oturup kendi durumlarını tartışmışlar ve şu deyimde karar kılmışlar: "Tencere dibin kara, seninki benden kara!"

Yaygın inanışların aksine, yemeği bakır, cam ve toprak kaplarda yapmak hâlâ en güvenli yol gibi gözüküyor. Sonra çelik ve emaye kaplar gelir, en sağlıksızlar ise alüminyum ve teflon olanlardır. Bu ikilinin hayatınızda hâlâ yeri varsa, umarım bugünden sonra olmaz. Teflon ve alüminyumdan ne kadar erken kurtulursanız o kadar iyi olur.

Common wisdom for pots is that pots which distribute the heat better make the dish taste better. As the verb suggests, "cooking" is about adjusting and distributing the heat evenly.

I use the term "pot" for any kind of cookware; and this also applies for all pots and pans, including small baking cups.

Pots get scratched and wear out with time; and any kind of worn down or scratched pots become increasingly dangerous for our health. Therefore, it is a good idea to change your pots every two or three years. (Words like "throw it away!" do not come easily to my lips; so, when I say something like this, know that what I read has indeed scared me.)

Eh, 'Turkish pots' have argued on this predicament of theirs centuries ago and came up with this idiom: "Oh potty pot! Your bottom is black. Yours is even blacker than mine!"

Contrary to common belief, the safest way to cook still seems to be cooking in copper, glass or clay cooking pots. Then follows the stainless steel and enamel ones; the unhealthiest pots are the aluminums and Teflon-coated ones. If these last two occupy any place in your kitchen, I hope, from now on, they will not. The faster you get rid of them, the better.

Copper cooking pot: *Even cooking eggs sunny-side-up becomes a sheer delight with a copper pan, let alone pre-*

Bakır tencere: Bakır tencerede, değil yemek pişirmek, yumurta kırmak bile büyük keyiftir. Az yağ ile çevrilen ve yapıştırılarak pişirilen yemeklere en uygun tencere çeşididir. Isıyı çok çabuk ve eşit şekilde dağıtabilir. Bakır tencerede dikkat edilmesi gereken, kalayının aşınmamış olmasıdır. Ayrıca asit oranı yüksek yiyecekleri bakır kaplarda çok uzun süre tutmamakta da yarar var. En sağlıklısı, bu tencereleri pişirmek için kullanıp saklama işlemini cam kaplarda yapmak. İyi kalaylanmış kapta pişen yemekten zarar gelmez, ancak uygun şekilde kalaylanmamış ya da kalayı aşınmış kaplar kurşun içerebilir. Mahalle mahalle gezen kalaycılara rastlamak artık güç belki, ama ülkemizde kapları evlerden alıp bir güzel kalaylayan firmalar da bulunuyor.

Cam tencere: En sağlıklı tencere çeşididir, ancak ısıyı dağıtma açısından çok zayıftır. Ani ısı değişikliklerinde çatlama riski taşıdığından pek tercih edilmez. Ama fırınlarda kullanmak için çok pratiktir.

Toprak tencere: Doğru kullanıldıkları takdirde gayet sağlıklı ve güvenli tencerelerdir. Sulu ve yavaş pişen yemekler için birebirdirler. Yalnız tencere sırlı ise sırının çatlak veya dökük olmaması gerekir. Yaygın inanışın aksine, toprak kap sırsız da kullanılabilir. Dikkat edilmesi gereken, yapımında kullanılan toprağın saf ve temiz olmasıdır. Dolayısıyla güvenilir yol, kaplarınızı toprağını bildiğiniz yerlerden almak. Ben

paring sophisticated dishes. It is the most suitable option for dishes cooked with direct contact to the hot pan and Sautéing in less oil. It can distribute the heat evenly and very quickly. The important thing to look for in a copper cooking pan is that the tin linings should not be worn out. Moreover, you should not let acidic foods touch the copper pots. The healthiest way is using copper pots for cooking and glass pots for keeping the food. There is no health risk in cooking with a well-tinned copper pot; however, if the pot is not properly lined with tin or the tin lining is worn away, then it may contain lead. In the old days, there were copperware-relining-men walking around the streets of Istanbul. Nowadays, it is not easy to find them; nonetheless, there are firms specialized in relining copper cookware.

Glass cooking pot: *The healthiest kind of pot, glass pots, are poor at distributing heat. And they are not ideal as they cannot withstand sudden changes in temperature. However, they are practical for oven use.*

Clay cooking pot: *If used properly, clay cooking pots are healthy and safe. They are ideal for slowly-cooked, juicy dishes. However, with the glazed ones, the glaze should not be cracked or damaged. Contrary to common belief, a clay cooking pot can also be used without glazing. The important thing is that the soil used in its making should be pure and clean. Therefore, the safe way is to buy the pots from a place where you know how its soil is. I use pots made of the fine, red soil of Nevsehir, my father's hometown. When using clay pots, you must avoid sudden*

baba memleketim Nevşehir'in güzel kırmızı toprağından yapılmış toprak kaplar kullanıyorum. Toprak tencereleri kullanırken dikkat etmeniz gereken bir nokta, ani ısı yükselmelerinden kaçınmak. 200 derecedeki fırına oda sıcaklığında bir toprak kap koyduğunuzda kabın çatlama riski oldukça yüksektir. Bu nedenle kabı, biraz daha düşük bir ısıdayken fırına koyup ısıyı yavaş yavaş yükseltmeniz, ocağa koyacaksanız da altını yavaş yavaş açmanız faydalı olacaktır.

Dökme Demir tencere: Kimilerine göre en sağlıklı tencere şeklidir. Ancak temizlemesi, muhafaza etmesi zordur. Isıyı yayma şekli ve etlerin ve diğer yiyeceklerin lezzetlerini kaybetmeden pişmesi konusunda epey iddialı bir tencere çeşidi. Paslanma tehlikesine karşı, üç dört ayda bir yağlayıp fırında pişirmeniz iyi olacaktır. Düzgün kullanılırsa evladiyelik olabilecek kalitede ve değerde.

Çelik tencere: Genel inanışımız çelik tencerenin en zararsız ve en sağlıklı yol olduğu yönünde. Teflonlara kıyasla çelik tencerelerimizi temizlerken pek dikkat etmez, saklarken hepsini gönül rahatlığıyla üst üste koyarız. Oysa çelik tencere de zamanla çizilir ve sağlığımızı tehdit etmeye başlar. Zira pişen yemeğe bir miktar demir, krom ve nikel geçer. Çelik çizildikçe ve çizilmiş tencereler yüksek ısılarda kullanıldıkça bu oranlar artar ve alerjilere bile yol açabilir. Yemeğiniz zaman içerisinde tencereye yapışmaya başlamış ise, görünen veya görünmeyen çizikler oluşmaya başlamış demektir.

Emaye tencere: Teflon ve alüminyuma kıyasla daha zor çizilir. Ama çizilince o da sağlığa zararlı bir hale gelir. Altı kalın olan emaye tencereler yavaş ısınır, ama ısıyı güzel dağıtırlar ve yemeği daha uzun süre sıcak tutarlar. Retro görünümleri de içinizi ısıtabilir.

Teflon tencere: Mutfağa ayrı bir hava katan, yaşamı kolaylaştıran bir buluştu bir zamanlar. Ancak sağlığa zararı kesin olarak saptanmış kanserojen C-8 maddesinden dolayı kullanılmamalıdır. Pek çok Avrupa ülkesinde satışı durdurulmuştur. Ancak sektör bir anda çökmesin diye, üretimin durdurulma tarihi 2015 yılına çekilmiştir ve bu konuda farkındalığı düşük ülkelere hâlâ satılmaktadır. Kullanmayı şimdiden bırakmak çok faydalı olacaktır. Teflona alternatif olarak, ülkemizde de daha az zararlı oldukları düşünülen porselen kaplı tencereler satılmaya başlanmıştır.

Alüminyum tencere: En kolay çizilen, en sağlıksız tencere türüdür. Çiziklerinden kanserojen maddelerin vücudumuza geçmesi gayet kolaydır.

changes of heat. If you put the clay pot at room temperature in an oven heated to 200°C, it will probably crack. Therefore, it would help if you put the pot in the oven before it reaches high temperature, and if you are going to use it on a cooker, increase the heat slowly.

Cast iron cooking pot: *For some, this is the healthiest kind of pot. However, it is hard to clean and hard to preserve. Because of the way it distributes heat and the way it allows meat dishes and other kinds of dishes to be cooked without losing their taste, A cast iron pot is an ambitious one. To prevent rusting, it would help to oil it and bake it in the oven every three or four months. If used properly, a cast iron pot is very durable.*

Stainless steel cooking pot: *Common belief is that the stainless steel pot is the most harmless and healthy one. When we clean the steel pots, we do not pay much attention, compared to Teflon-coated ones and we put them one on top of another. However, steel pots also get scratched in time and start carrying a health risk. Because, when a dish is cooked in it, some iron, chromium and nickel pass to the dish. When the steel is scratched and the pot is used on high heat, the levels of these metals increase, even causing allergies at some point. If the dish you cook starts to stick to the bottom of the pot, it may mean that there are visible or invisible scratches on the pot.*

Enamel cooking pot: *It is harder to scratch enamel cooking pots compared to Teflon-coated or aluminium ones. However, when scratched, they also carry a health risk. Enamel pots with thick bottoms are harder to heat but they spread the heat evenly and keep the dish warm longer than the others. Their retro look may also warm your hearts.*

Teflon-coated cooking pot: *It used to be a comfort in the kitchen with its contemporary look. However, because of the carcinogenic C-8 found in it, Teflon-coated pots should not be used. They are no longer sold in many European countries, but in order to prevent the immediate crash of this product, sector, its production will be halted in 2015. It is still being sold to some countries with low awareness on this subject. To stop using now is the best option. As an alternative to Teflon-coated pans, porcelain-coated pans, thought to be less harmful, are now available.*

Aluminum cooking pot: *The unhealthiest kind of pot, also the easiest to scratch. From the scratches of the aluminum pots, carcinogenic substances may pass into our bodies much more easily compared to other kinds of pots.*

Ocak altı çekmecesi: Kaşıklar ve kurtarmalıklar
The drawer under the cooker: Spoons and lifesavers

Evinizin mutfağını tasarlama şansınız oluyor ise, ilk tavsiyem kaşıklarınızın durduğu çekmece ile ocağınız arasındaki mesafeyi mümkün olduğunca kısa tutmanız. Kıymeti ancak yaşanınca anlaşılacak bir kolaylık bu.

Benim çekmecemde piyasadaki en ucuz kaşık setleri var. Ama kaşıklarım güzel olsun diyorsanız, çok seksi olanlarını bulmak da mümkün.

Malzeme açısından nasıl bir tercih yapmak gerektiğine gelince, en sağlıklısı tahta kaşıklar, çünkü metaller tencereleri çiziyor, plastiklerin mukavemetiyle ilgili tartışmalar da hâlâ sürüyor. Sıkı etli tahta kaşıklar en iyisi. Ben plastikleri bir şey kurtarmam gerektiğinde, metalleri ise ince iş yapacağımda kullanıyorum. Örneğin metallerle, sosları iyice yedirip dağıtmanız daha kolaydır.

Tahta kaşık zaten kültürümüzün önemli bir parçası. Dünya tarihinde de, çataldan önce gelen, bereketi temsil eden bir gereç kaşık. Hatta pek çok ülkede hatıra eşyası olarak kaşık satılır. Kültürün ne kadar belirleyici bir öğesi olduğunun en büyük göstergelerinden biri bu herhalde. Akçaağaç, karaağaç, gürgen ve kestaneden yapılır. En sağlamı da şimşirden olanlarıdır. Kaşık oyunlarında da kullanılan şimşir kaşık, tok ve güçlü bir ses verir.

If you have the means to design your own kitchen, my first advice would be to shorten the distance between the cutlery drawer and the cooker as much as possible. You have to experience this advantage yourself to understand how much ease it will bring you.

I have the cheapest sets of spoons in my drawer. But if I want to look for something nicer, there are really sexy designs around.

About the material: the healthiest are the wooden ones, as metal spoons scratch the pots and there are debates about the endurance of the plastic ones. Spoons made of tight wood are the best. I prefer plastic ones when I have to rescue something, and the metal ones when I have to "fine tune." For instance, to mix and spread a sauce is much easier using a metal spoon.

Wooden spoons are already an important part of our culture. In world history, the spoon is a tool that symbolizes fertility, even preceding the fork. In many countries, spoons are sold as souvenirs. In my opinion, this shows the significance of the spoon in world culture. Wooden spoons are made from maple, elm, hornbeam and chestnut trees. The most durable ones are made of boxwood. Boxwood spoons, also used in folk dances, have a firm, strong sound.

Çok amaçlı maşalar
Multi-purpose tongs

Servis ve et kesme çatalı
Service and meat fork

Spagetti kaşığı, makarna kurtarma, topak dağıtma
Spaghetti spoon to save the pastas and to spread lumps

Çok amaçlı spatula
Multi-purpose spatula

Çorba ve sos kepçeleri
Soup and sauce ladles

Silistire: Pasta, kek ve börekleri keserken ve servis ederken hayat kurtaranlar
Lifesavers for cutting and serving cakes, boreks and baklavas

Ezme ve püre aleti
Potato masher

Plastik ve kauçuk spatulalar
Pastalara şekil vermek ya da yemeğin en güzel kısımlarını pişirme kaplarında bırakmamak için her eve lazım
Silicone and rubber spatulas
Must-haves for shaping the cakes or scraping the most delicious parts of the dish from the cooking pots

Uzakdoğu maşası
Long chopsticks to be used as tongs

Yemek pişirirken en çok kullanılan tahta spatula ve kaşıklar
Most used wooden spatulas and spoons

Teknik çekmece: Hayat kurtarıcılar
The technical drawer: Lifesavers

Bu bölümde, mutfak âdetlerimize bağlı olarak, yemek yaparken yardımımıza koşan aletlerden bahsedeceğim. Ben yardımcı aletleri, olmazsa olmazlar, işleri hızlandıranlar ve mutfağa heyecan katanlar olarak ayırıyorum, umarım bu ayrım ve hazırladığım listeler işinize yarar.

Elektrikli ve elektriksiz küçük ev aletleri

Olmazsa olmazlar:

Şişe açacağı: En iyisi, en sadesi.

Tirbuşon: Yakın bir arkadaşım bana bu nefis aleti hediye edene kadar şarap mantarının bir kısmının şişenin içinde parçalanmasını normal karşılıyordum. Her kullandığımda aletin büyülü olduğuna inanıyorum.

Büyük rende: Dört taraflı olmasında ve büyük, küçük, düz ve su çıkarıcı rende yüzeyler içermesinde fayda var.

Limon sıkacağı: En basitinden almakta fayda var. Dikkat edilmesi gereken bir husus, limon veya portakalı sıktığınızda çekirdek haznesinin hemen dolup taşmaması olmalı.

Havan: Keyifle yemek yapmanın en güzel taraflarından biri. Büyük mermer bir havanla kendimi ödüllendireceğim günü iple çekiyorum. Baharatlarınızı ezip, sarımsak eklediğinizde ve zeytinyağı ile karıştırdığınızda ortaya kötü bir tat çıkmasına imkan yok.

Pirinç yıkama kabı: Yüzyılın buluşlarından. Pirinç ve bakliyat yıkarken telef olan taneciklere son veriyor; malzemeleri çok daha az su kullanarak yıkayabiliyor, nohudun kabuklarını da iki dakikada toplayabiliyorsunuz.

Et makası: Sadece et kesmekte değil, avcunuza sıkıştırdığınız demet yeşillikleri ince kıymakta, ve pek çok işte kullanacaksınız, güzel bir makas almakta fayda var.

Kesme tahtası: Tahtanız ne kadar genişse siz de o kadar rahat çalışabilirsiniz; ağır olması da keser-

In this chapter, I will mention tools "that save our lives" when cooking, depending on our methods. I sort these assistant tools in categories as must-haves, speed-ups and spice-ups. I hope this categorization and the lists I prepared will come in handy.

Small kitchen equipment – electrical and non-electrical

Must-haves:

Bottle opener: *The simpler, the better.*

Corkscrew: *Until a close friend of mine gave me this fine tool as a gift, I thought that it was normal to leave some cork bits in the bottle. Whenever I use this tool, I think it is magical.*

Big grater: *A good one should have four sides, with large, small, straight and juice-extracting graters.*

Lemon squeezer: *It helps to get a simple one. You should pay attention that its seed chamber is large enough.*

Mortar and pestle: *One of the finest aspects of enjoyable cooking; I am looking forward to the day I reward myself with a big marble mortar and pestle. When you pound spices, add in garlic and combine them with olive oil, the smell will definitely be delicious.*

Rice washing bowl: *A priceless invention. It puts an end to wasted grains when washing rice and legumes; you can wash the ingredients with much less water, or take the skins off chickpeas in two minutes.*

Meat scissors: *This tool will be useful to you not only when cutting meat, but also when cutting herbs and vegetables finely and for a lot of other things; you should certainly get one.*

Chopping board: *The wider your board is, more comfortable your working space will be. A heavy one will also prevent moving when chopping. If your board is light and keeps sliding around, put a moist cloth under it while chopping. Do not dread the scratches which are going to appear in time. Let them be memories, reminding you of the delicious dishes you cooked in the past.*

ken oynamamasını sağlayacaktır. Eğer tahtanız hafifse ve kayıyorsa, kesim işlemleri sırasında altına nemli bir bez koyun. Tahtanız çizilmesin diye korkmayın, bırakın eskisin, her çizik nefis yemeklerinizden bir anı olacaktır.

Mutfak robotu: Seçerken acele etmeyin ve size en sempatik geleni alın. Mutfak robotunuzu severseniz o da sizi sever ve hayatınızı inanılmaz kolaylaştırır; onunla sıcak bir ilişki kuramazsanız çalıştırması, kaldırması eziyete dönüşür. Pek çok evde mutfak robotlarının kutularında muhafaza edildiğini gördüm. Ne kullanışlı, ne de sıcaklık hissi veren bir durum bu bence. Unutmayın ki mutfakta hız önemlidir, bir işi yaparken geçen zaman uzadıkça bir sonraki sefer yemek yapma olasılığınız azalacaktır.

El blender'ı: Plastik bir blender almayın, zira bazen çok sıcak kapların içine sokacaksınız ve çizilmeleri daha muhtemel olacak.

Food processor: *Take your time and buy the one which appeals to you most. If you love your food processor, it loves you back and makes your life easy. If you cannot establish a good relationship, it is going to be a real pain to set it up and remove it back to its place time and again. In many homes, I have noticed that food processors are kept in their boxes. In my opinion, this is neither practical, nor cozy. Remember, speed is essential in the kitchen; if using the processor takes too much time, it will dampen your zest for cooking next time.*

Hand or stick blender: *Do not opt for a plastic one, as sometimes you will put it in very hot containers, making it more liable to scratch.*

Mutfakta işleri hızlandıranlar

Çırpıcı: Mis gibi ayran hazırlarken, yumurtanın beyazını kar yapıp, köpük haline getirirken hayat kurtarıyor. Pek çok yemekte imdadınıza yetişir.

Küçük rende: Ben şahsen büyük rende kadar seviyorum; yemeğe baharatları taze koymak, limon kabuğu eklemek veya salatalara peynir rendelemek için en hızlı ve pratik gereç.

Fırça: Tavaya az yağ koyup tüm yüzeyi güzelce yağlamak, yufkanın üzerine yumurta ve yağ sürmek ve her tür yemeği süslemek için birebir.

Fasulye soyucu: Lütfen resimdeki çekmecenin üçüncü gözüne bakın ve bunu diğer fasulye soyucularla karıştırmayın. Bıçakla fasulye soyanlar bilirler, mutfaktaki en iyi buluşlardan biri gerçekten. Ben, parmesan gibi sert peynirleri ince ve dekoratif bir şekilde kesmek için de kullanıyorum.

Sarımsak ezici: Havanı çıkarmaya üşendiğiniz ve az sarımsak kullanacağınız zamanlar için.

Huni: İçecek hazırlarken ve zeytinyağlarını tenekelerden şişelere aktarmak istediğinizde gerekecek nadide bir alet.

Speed-ups

Whisk: *This is a lifesaver when preparing ayran with yoghurt, or beating the whites of eggs. It will rescue you during a lot of cooking sessions.*

Small grater: *I prefer large graters; however, this is the fastest and most practical tool to add fresh spices to a meal, to add lemon zest or to grate cheese on salads.*

Brush: *A dead-on tool for using less oil and spreading it evenly, for rubbing egg and oil on yufka, and for decorating any kind of dish.*

Vegetable peeler: *Please take a look at the third compartment of the drawer above and notice that this is something different than the other vegetable peelers. Ones who peel beans with a knife probably know: this is one of the best inventions for kitchen. I also use it for cutting hard cheese like parmesan decoratively.*

Garlic press: *When you do not have the energy to use the pestle and mortar or when you are going to use just a small amount of garlic.*

Funnel: *A valuable tool for preparing drinks and transferring olive oil from tin canisters.*

Makas: Bu düz makas, genelde dekoratif işlemlerde kullanılacak hafif şeyleri kesmek için kullanılır.

Delik açma aleti: Kabak oyucu olarak da bilinir, başka malzemeleri de oyabilirsiniz. Kahvaltıda tereyağı koyarken veya meyve salatasına dekor yaparken işinize yarayabilir.

Fındık kıracağı: Bu bir Türk tasarımı, gururla sunuyoruz. Editörümün armağanı, adı da "fındıkkıran"; yapanın eline sağlık.

Et dövücü: Kitapta göreceksiniz, dövülecek çok şey var, et, ceviz vs. Bu işlem için sert ve dolu bir şişe veya kavanoz da kullanabilirsiniz; ince iş yapacaksanız dövücü işinize yarayacaktır.

Merdane: Kalın hamurlar açarken faydasını göreceksiniz, uzun boş bir şişe de aynı işi görür. Ama hamur incelmeye başlayınca şişe kullanmak sinir bozucu olabiliyor, ince açılmış pizza veya pideler için birebir.

Ekmek kızartma makinesi: Kahvaltıyı daha keyifli kılan ve eve mis gibi ekmek kokusu yayan bu tatlı aleti mutfakta kalabalık yapmasın diye almamak için çok direndim, oysa mutfağın kesme şekeri imiş.

Mutfağa heyecan katanlar

Dondurma kaşığı: Dondurmalarla uğraşmak zaten aletin asli görevi. Ayrıca meyve oymak için de birebirdir. Kavuna daldırın ve top top çıkarın, işlemin sonunda kavunun kabuğunda biriken nefis suyu da afiyetle için! Top top kavun ile peyniri bir kaba koyup, üstünü cevizle süsleyerek nefis bir başlangıç hazırlayabilirsiniz.

Garnitür seti: Süsleme sanatını ilerletip iyice keyif yapmanız için. Profesyonel mutfak gereçleri satan yerde bulmanız kuvvetle muhtemel.

Oklava: Gelsin ince hamurlar, lahmacunlar ve börekler diyorsanız ideal. Taksicilerin araçlarında sopa taşıması gibi, her ihtimale karşı mutfağımda olsun diyorsanız bulunsun.

Pasta kalıpları: Benim küçük dekoratif sosluklarım, yeri geldiğinde beş mezeyi bir arada sunduğum yemek kaplarım, küçük saksılarım, keyiflerim! Herkese tavsiye ederim.

Scissors: *These typical scissors are used to cut small, delicate things used mainly for decorative purposes.*

Apple corer: *It can be used for many vegetables and fruits. It may come in handy when serving butter for breakfast or decorating a fruit salad.*

Nutcracker: *This is a Turkish design we are proud to present, a gift from my editor; and the name is "findikkiran" ("Der Nussknacker"). Kudos to whoever made it.*

Meat pounder: *As you will see in the book, there are many things to be pounded: different kinds of meat, walnuts and the like. You can also use a hard, full bottle or a jar, too; if you are going to "fine tune," the pounder will definitely come in handy.*

Rolling pin: *It will be helpful when rolling out thick dough. A long, empty bottle will do the job, too. But when the dough gets thinner, using a bottle can sometimes be frustrating. A dead-on tool for thinly rolled out pizzas and pides.*

Toaster: *For a while, thinking that it was an unnecessary tool, I resisted the urge to buy this sweet appliance which actually makes breakfast a more enjoyable meal, giving out the wonderful smell of bread. I stand corrected: a toaster is a sweet must-have for any kitchen.*

Spice-ups

Ice cream scoop: *Its main function is to deal with ice creams. You can also use it for carving fruits. Delve into a melon and scoop the melon balls out; then, enjoy the leftover melon juice on the fruit's skin! You can prepare a delicious appetizer by placing the melon balls in a container with white cheese, and then decorating it with walnuts.*

Garnish set: *For taking the art of decoration to another enjoyable level. You can find it in stores selling professional kitchen tools.*

Thin rolling pin: *The ideal tool for thinly rolled out dough, lahmacuns and boreks. Just like the taxi drivers keep a club handy in their taxis, you can keep a thin rolling pin handy in your kitchen.*

Cake moulds: *My little decorative sauce containers, food bowls containing five kinds of mezes (tapas), my little flowerpots, my little joys! I strongly suggest the same.*

ARTISAN

Mutfak şefi: 1 saat boyunca yoğrulmuş köfte ile 1o dakika yoğrulmuş köfte arasındaki farkı gördükten sonra isteyeceğiniz bir alet. Lakerdadan çiğ köfte yaptım, şefim sayesinde çok başarılı oldu. Ben paraya kıyıp alamamıştım, abim sağolsun abilik yapmış ve doğum günümde armağan etmişti.

Bıçaklar

Acaba iyi bıçağa ihtiyacım var mı?

Evet, kesinlikle var! Bıçaklar, sahne arkasını keyifli kılan en önemli gereçler arasında. Hem işinizi hızlandırıyor, hem görünüşü toparlıyor, hem de kötü keserek malzemeyi israf etmenizi önlüyorlar, daha ne olsun. Beş bıçaktan fazlasına ihtiyacınız yok, bu beş bıçak da sizi ömür boyu götürebilir, o yüzden eşinizi seçer gibi özenli bir seçim yapmaya çalışın. Toplu satılan plastik setler de işinizi görebilir, ama bu işe gönül verdiyseniz kendi setinizi kendiniz oluşturun ve elinize en iyi uyan, en rahat ettiğiniz bıçakları alın. Sonra da mutfakta kolay ulaşabileceğiniz bir yere koyun.

Peki hangi bıçaklara ihtiyacım var?

Şef bıçağı: Çoğunlukla önden arkaya doğru kesim yaptığınız, ileri geri hareketleri rahat yapabildiğiniz, bu sırada ucu genelde tahtanın üzerinde veya yakınında kalan bıçaktır.

Santoku bıçağı: Aslında Şef bıçağı'nı kullanıyorsanız, buna ihtiyacınız yok gibi gözükebilir. Ancak Santoku bıçağı ile bir şeyler kesmek, bence büyük zevk. Ağırlıklı olarak arkadan öne kesim yaptığınız bir bıçak. Tak-tak-tak kesme işlemine en yatkın bıçaktır; Şef Bıçağı'na alternatiftir diyebiliriz. Şef'ten daha ince olduğunu ve bıçakları ile ünlü Uzakdoğu'nun felsefesiyle üretildiğini unutmamak lazım.

Ekmek bıçağı: Aynı zamanda pasta bıçağı. İçine göçebilecek yumuşak malzemeleri yavaş yavaş dilimlemek için kullanmanız gereken bıçak.

Dilimleme bıçağı: Dilimleme ve fileto çıkarmada, Şef büyük geldiği zamanlarda kullanabileceğiniz, çok amaçlı bir bıçaktır.

Sebze meyve bıçağı: Nasılsa küçük diye, özellikle iyi olanını almaya gerek yokmuş gibi gelebilir, oysa çok kullanılan bir bıçaktır. Bu bıçağın yapabildiği pek çok şeyi fasulye soyucuyla da yapıyorum.

KitchenAid: *This is a tool that you will desire after seeing the difference between a meatball kneaded for 1 hour and meatball kneaded for 1o minutes. I tried to prepare rawballs out of lakerda, and thanks to the "chief", it was a success. I could not bring myself to spend money on it, but thanks to my brother, I received it as a gift for my birthday.*

Knives

Do I really need a quality knife?

Yes, you definitely do! Knives are the most important tools for making the backstage a fun experience. They speed up the process, give the dish a good look and prevent waste of ingredients by slicing badly. What more can you ask? You do not need more than five knives. And these five may last for a lifetime, so try being meticulous as if you are choosing a partner. The plastic sets sold in batches may also do the job, but if you are taking this seriously, create your own set and buy the knives that fit your hand best. And place them within easy reach.

Okay, but what kind of knives do I need?

Chef's knife: *A knife with which you generally cut from front to back, which you can easily move in this direction; during the process, the tip of the knife is generally on the chopping board or near it.*

Santoku knife: *With this knife, cutting things is pure joy. This is a knife with which you generally cut from back to front. This is the most suitable knife for chop-chopping. We can say that it is an alternative to the Chef's knife. We should add that its blade is thinner than the Chef's knife and is produced with the philosophy of the Fareast, famous for its knives.*

Bread knife: *At the same time, the cake knife. This is the knife you should be using to slowly slice soft ingredients or dishes.*

Slicing knife: *A multi-functional knife you can use for slicing or making fillets, or when the Chef's knife is too big for the occasion.*

Paring knife: *One may think that, because it is a small one, there is no need to get a quality paring knife; however, it is a widely used tool. A vegetable peeler can also carry out many functions of this knife.*

Sebze meyve bıçağı Paring knife
Dilimleme bıçağı Slicing knife
Ekmek bıçağı Bread knife

Santoku bıçağı Santoku knife
Şef bıçağı Chef's knife

Sarf malzemeleri çekmecesi
The supplies drawer

Bir hastanede yöneticilik yapıyor olmamdan kaynaklanıyor galiba, mutfağımda demirbaş ve sarf malzemesi, hatta sayılabilir ve ölçülür sarf malzemesi ayrımı yaptığımı kitabı hazırlarken fark ettim...

Buzdolabı poşeti: Cevizleri, poşetin içine koyup bir bardak veya kavanozla vurarak küçük parçalara ayırabilirsiniz. Et döverken kullanabilirsiniz. Meyvenizi, sebzenizi içine koyabilirsiniz. Yapması nispeten meşakkatli olan ve bir sürü yemeğimde kullandığım malzemeleri (kavrulmuş kıyma, köfte, sosa yatırılmış et, soyulmuş ve doğranmış soğan, kışlık tarhana vs.) önceden hazırlayıp küçük paketler içinde buzdolabına koyuyorum. Poşetin kenarına ufak delik açıp krema torbası gibi kullanmanız da mümkün.

Çöp şiş: Kebabın sağ kolu. Kokteyllerde, elma, nektarin, şeftali gibi meyvelerle süsleyerek dekoratif bir çubuk olarak da kullanabilirsiniz.

Fırın kağıdı: Sihirli bir kağıt ve her markette bulunabiliyor artık. Yağlı kağıt, aslen kurabiye veya kek gibi hamur işlerinin fırın tepsisine yapışmaması için kullanılır. Ama kağıt kebabı gibi suyunda pişirebileceğiniz yemekleri hazırlarken, kuşlar için pencerenin önüne ekmek koyarken veya yapışma ihtimaline karşı, normal hamur ya da şeker hamuru açarken de yardımınıza koşabilir. Kağıdı koni şeklinde sarıp içine humus ya da eritilmiş çikolata koyabilir ve istediğiniz gibi servis yapabilirsiniz.

Fırın torbası: Bir pişirme yönteminin temel aracı olan, tavukta özellikle iyi sonuç veren ve sıcaktan erimeyen ilginç bir plastik torba.

Folyo kağıdı: Çocukluk yıllarımda Türkiye'deki bakkallarda yoktu, biz de Kıbrıs'a gittiğimizde getirirdik. Bizim için altın değerindeydi, aynı kağıdı üç-dört kez, farklı yemekleri kapatmak için kullanmaya çalışırdık. Şimdi ise kolayca bulabildiğimiz, kullanmaya epey alışık olduğumuz bir ürün.

I think that because I am an administrator in a hospital, in my kitchen, I make distinctions between inventory stock and consumables, even between countables and measurables. I noticed this when I was writing the book...

Freezer bags: *You can put walnuts in these bags, pound them with a glass or a jar and break into little pieces. You can also use the bags while pounding meat. You can put fruits and vegetables in them. I put some mixtures and ingredients – commonly used in many recipes – which can be difficult to prepare in these bags (braised ground beef, meatballs, marinated meat, chopped onions, winter tarhana, etc) and place them in the fridge. You can also use them as an icing bag by making a hole on a side of the bag.*

Kebap skewers: *The right hand of kebap. You can use these in cocktails, too: as a decorative stick with fruits like apples, nectarines, peaches.*

Oven paper: *This "magic" paper can be found in any store now. Oiled paper is used when baking cookies or cakes, so that they do not stick to the oven tray. But it may also be of assistance when preparing dishes that are cooked in their own juice – for instance, paper kebap – putting out some bread for the birds in front of your window, or when rolling out normal dough or sugar dough. You can wrap the paper into a cone, put humus or melted chocolate and serve according to your preference.*

Oven bags: *An interesting, heatproof plastic bag, this basic tool for a certain method of cooking yields good results especially with chicken.*

Foil Paper: *In my childhood, foil paper was not available in Turkey. We used to bring it back from our Cyprus trips. It was as valuable as gold and we would use the same paper three or four times, for covering different kinds of food. Nowadays, we are very familiar with this very easily acquired product. For instance, I use it when I am cooking in the oven, to prevent the top of the dish from burning*

Örneğin ben fırında, yemeğin altı pişmeden üstü yanmasın diye kullanıyorum. Ayrıca mangal kullanırken yemeğinizi önce folyo kağıdı ile pişirip, sonra üstünü açarak közleyebilirsiniz. Bir yere götürülecek ya da eşe dosta gönderilecek keklerı veya yemekleri sarmak için de ideal.

Bone: Buzdolabına konulan tabak ve kaselerin üzerlerini kapamak için kullanılır. Yıkayıp defalarca kullanabilirsiniz.

Şeffaf streç film: Tabakların üzerini kapatmak için birebir. Yiyeceklerin sularını çekmemeleri gerekiyorsa, hayat kurtarır.

Kürdan: Burada ayrıca anlatıp sizi sıkmayacağım, bu küçük ama pek faydalı alet yemek pişirirken de sunarken de bir hayli faydalı.

before the bottom is cooked. Moreover, when barbecuing, you can first cook your dish with foil paper, and then uncover it and cook it on the embers. It is also an ideal tool for wrapping dishes or cakes to be taken to a friend, etc.

Food bonnet: *This is used to cover plates and bowls to be put in the fridge and resembles a plastic shower cap. You can wash and reuse it many times.*

Stretch film: *Dead-on for covering the top of plates. If it is necessary to prevent the dish from soaking up its juice, stretch film is a life saver.*

Toothpick: *I will not bore you while elaborating on toothpicks. This small but very practical tool is useful both when cooking and serving.*

8.30
MASA
Karides Sushi
Lady Grey Blend 25.10.08
TÜRK Kahvesi
Hellim
10.00

Mutfağa düzen getiren ikili
A couple of kitchen organizers

Kara tahta: Farkındaysanız her şeyi listelemek ve algoritma haline getirmek gibi bir alışkanlığım var. Biraz komik gözüküyor olabilir, ama hayatımı düzene sokuyor ve hayli kolaylaştırıyor; böylece aynı anda pek çok şeyle rahatça uğraşmak mümkün. Mutfağıma kara tahta koyma fikri aklıma ilk, zemin katta olduğum için nem alan ve devamlı kabaran mutfak duvarını kaplamak isteyince geldi. Okullara kara tahta yapan bir firmadan bir tahta istedim ve tahtayı bölerek pencerenin altını ve üstünü kapladım. Sonrasında mutfağımı gören bir mimar arkadaşım, mat yağlıboyayla da aynı etkiyi yaratabileceğimi söyleyince, sorunsuz diğer duvarımı da aynı koyu yeşile boyadım, şimdi keyifle kullanıyorum. Tahtaya yemek listelerini yazıp, hangi saatte neyin servis edileceğini belirtiyorum, listenin soluna da neyin ne zaman hazırlanması gerektiğini yazıyorum. Böylece tam konuklarınızla sofraya oturmuşken "Tüh! Şunu Unuttum!" diye canınız sıkılmıyor ya da yemeğin en güzel yerinde şaşkın şaşkın mutfağa gidip gelmenize gerek kalmıyor. Eşinize güzel notlar da bırakabilirsiniz. Sevdiğiniz şiirleri veya sözleri tahtaya ekleyebilir, mutfak ihtiyaçlarınızı unutmadan yazabilirsiniz.

Permanent kalem: Bir türlü anlayamadığım bir konu da şık şık kavanozlara dünyanın parasını vermek. Gördüğüm kadarıyla, ev alışverişinde alınan kavanozlar asla yeterli olmuyor. Oysa eksik tamamlamak için çarşıya çıktığımızda genellikle aynılarından bulamıyoruz. Ya da "şeker" kavanozuna birkaç sene sonra çay doluveriyor ve mutfak karışıyor. Bu kargaşanın önüne geçmek için benim başvurduğum yöntem, en ucuz kavanoz ve şişelerden almak. Sonra kaleminizle üzerlerine ne isterseniz yazabilirsiniz, gerekiyorsa tarih de atabilirsiniz.

Blackboard: *You'll have noticed that I have a tendency of listing everything and creating algorithms out of them. This may seem funny to some, but it really puts my life in order, smoothing many things so that I can deal with them simultaneously. I first thought of placing a blackboard in my kitchen when I decided to coat the kitchen wall of my basement flat which was bulging continuously due to damp. I ordered a blackboard from a firm producing boards for schools and covered the top and the bottom of the window by separating the board in two. Later, when a friend of mine, who was an architect, told me that I could have achieved the same effect with matt-finished oil based paint, I painted the hassle-free other in the same dark green. Since then, all is good and I love my blackboard. On it, I write the dish list, indicating when to serve which dish. To the left of the list, I write when to prepare what. This way, when I am just about to eat dinner with my guests, I do not say "Duh, I forgot about this!" or I do not have to go to the kitchen at the most enjoyable part of the meal. You can also leave nice, tiny notes for your partner. Or you can add the poems or lyrics of a song you like, you can make a list of what to buy for your kitchen.*

Permanent marker: *Another thing that I really do not understand is investing tons of money in those chic jars. In my experience, you never have enough jars. However, when you go to the market to restock, you are not usually able to find the same ones. Or, a couple of years later, tea fills the "sugar" jar all of a sudden and everything gets jumbled up. My method to prevent this complication is to buy the cheapest jars and bottles. You can label them as you like, if needed, you can add the date too.*

KADAYIF+

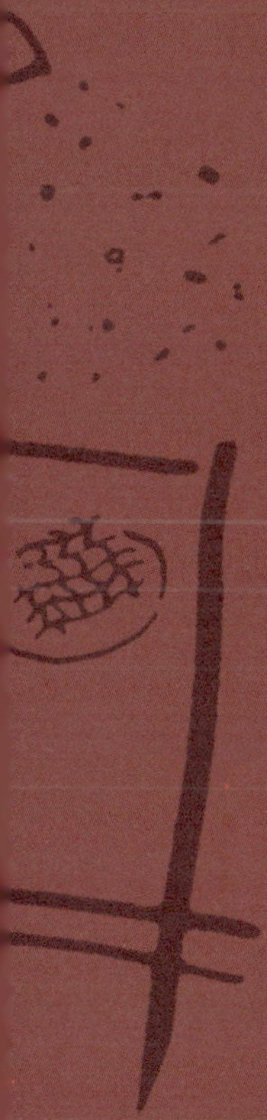

3

Tarifler

Recipes

Mercimek

Yemeğin vücudumuzu beslediği gibi,
hayallerimiz de ruhumuzu besler.
Arayışın ve serüvenin keyfi de hayallerimizi.

Dreams nourish the soul just as food nourishes the body. The pleasure of the search and of adventure feed our dreams.

Paulo Coelho,
HAC, *PILGRIMAGE*

Bardak
Glass
Çay Bardağı
Tea Glass
Çorba
Kaşığı
Tbsp
Bağ
Bunch
Parça
Strip
Tatlı
Kaşığı
Dsp

Ölçüler
Measures

Tüm tariflerde:

- Bardakları silme doldurun.
- Kaşıkları tepeleme doldurun.
- Taze ot bulamazsanız, tarifte geçen her 1 dala karşılık 1 tutam kurutulmuş malzeme kullanabilirsiniz.

For all the recipes:

- *Fill the glasses or cups up to the brim.*
- *Heap the spoons.*
- *If you cannot find fresh herbs, you can use the dried versions, replacing each "sprig" indicated in the recipe with 1 "pinch".*

Tariflerde kullanılan küçük işaretler
The small symbols used in the recipes

35

Hazırlama ve pişirme dahil yemekle ilgilenmeniz gereken süreyi gösterir (Marine etme süresi dahil değildir).

This sign indicates the total time required to prepare the dish, including ingredient preparation and cooking (Marination time is excluded).

+M

Marine etmek veya hazır malzeme kullanmak gerek.

Needs marination or extra ready made ingredients.

1 2 3 4 5

Kolaylık Seviyesi / *Easiness Rating*

1 Çok çok kolay / *Easy Peasy*

2 Epey Kolay / *Quite easy*

3 Ne zor, ne kolay / *Moderate*

4 Biraz el becerisi veya dikkat gerek / *Needs a bit of skill or care*

5 Hem el becerisi hem dikkat gerek / *Needs both skill & care*

HER ŞEYDEN ÇORBA YAPMAK
MAKING SOUPS OUT OF ANYTHING

Çok sevdiğiniz ama nasıl kullanacağınızı bilemediğiniz ya da kalmış birkaç sebzeniz olabilir. Veya bir parça tavuk, bir gün evvelden kalma bir tabak mercimek, pilav ya da aklınıza ne gelirse... Bunların hepsini içinizi ısıtacak bir çorba hazırlayarak değerlendirebilirsiniz.

Ben çorbayı en sevdiğim tatları katkısız almama imkan verdiği için çok seviyorum. Aynı, Patrick Süskind'in Koku adlı romanında anlatılan, güzel kokuları çıkarmak için yapılan işlem gibi, güzel yiyeceklerin tadını çıkarmanın nefis bir yöntemi çorba.

Temel mantık şu: Çorbasını yapmak istediğiniz malzemeyi (örneğin zencefil veya kereviz) ufak küplere ayırın ve ateşte biraz zeytinyağı ile çevirin. Sonra üzerine kaynar su ekleyin ve sebzelerin biraz kaynamasına izin verin. Çok sulu olacağını düşünüyorsanız, ayrı bir sos tavasına biraz yağ (2 çorba kaşığı diyelim) 1 kaşık da un koyun. Bu aşamada sebze sayısını istediğiniz kadar artırabilir, soğan veya sarımsak gibi katma değerli tatlar ekleyebilirsiniz. Baharat olarak, bu tip çorbalara en yakıştırdığım, kişniş ve muskat.

Sebzeleriniz haşlandığında, karışımı çorbanın içine atın. İçinde kalanları almak için 1 kaşık çorbayı tavaya boşaltın ve içine yapışmış unları da alıp el blender'ı ile püre haline getirin.

İsterseniz çorbanıza erişte, mantı, haşlanmış buğday veya pirinç atabilir ya da üzerine hellim kızartması veya karamelize soğan koyabilirsiniz. Tuzunu ekledikten sonra, kişniş veya roka gibi karakterli tatlara sahip yeşilliklerden de bolca koyabilirsiniz.

OH!

You may have some vegetables that you really like, or do not know what to do with or that are left in small amounts. Or, a piece of chicken, a plate of lentil from the day before, or rice; whatever comes to mind... You can use any of these in a warm soup.

I like soups because they give me the opportunity to enjoy my favorite delights without any artificial additions. Just like the process of extracting the beautiful smells in Patrick Suskind's novel, entitled Perfume, soup is a wonderful method to extract the tastes of beautiful food.

The basic is this: chop the ingredient (ginger or celeriac, for instance) you want to make the soup of into small cubes and saute them with a little olive oil. Then, cover with boiling water and let the vegetables boil a little. If you think it is going to be too,watery, in a separate saucepan, put some butter (2 tablespoons) and 1 tablespoon of flour. At this stage, you can increase the number of vegetables as much as you like, adding tastes with added values like onion or garlic. For me, tuzot (a Turkish mixed spice) or nutmeg work pretty well with these kinds of soups.

When the vegetables are boiled, add the mixture into the soup. To get the leftovers from the mixture, pour a spoonful of soup into the pan and get the flour stuck around the pan. Then, using a stick blender, puree the mixture.

If you prefer, you can add eriste, mantı, boiled wheat or rice, or put fried halloumi or caramelized onion over the soup. After adding the salt, you can use ample strong tasting herbs or vegetables including coriander or rocket.

YUMMY!

YARMALI & MANTILI YOĞURT ÇORBASI

YOGHURT SOUP WITH YARMA & MANTI

MALZEMELER INGREDIENTS

35 3 +M

Yoğurt, 2 bardak • *Yoghurt, 2 cups*
Yarma, 1 bardak • *Yarma, 1 cup*
Nohut* (haşlanmış), 1 bardak
Chickpeas (pre-cooked), 1 cup*
Mantı, 1 bardak • *Manti, 1 cup*
Un, 1 çorba kaşığı • *Flour, 1 tbsp*
Nane, 2 tutam • *Dried mint, 2 pinches*
Ayçiçek Yağı, 2 çorba kaşığı
Sunflower Oil, 2 tbsp
Pul Biber • *Flaked Red Pepper*
Tuz / *Salt*

Yarmayı (kırılmış aşurelik buğday) ya 1 gün evvelden suda bekletin ya da pişirmeden önce 2 saat sıcak suya koyun. Böylece 20 dakikada pişecektir. Yarmanın tipine göre bu süre değişebilir, ama taneler ağza gelecek sertlikte olsun. Yarma bulamazsanız, tarifi aşurelik buğdayla da yapabilirsiniz.

Bu sırada ayrı bir kapta yoğurdu un ile karıştırıp krema kıvamına gelinceye kadar çırpın. Sonra 3 bardak su ilave ederek ayran haline getirin. Karışımı, ocaktaki yarmaya yavaş yavaş ekleyin ve eklerken devamlı karıştırın. Böylece yoğurt kesilmeyecektir. Kaynayınca altını kısın ve haşlanmış nohutlarınızı ekleyin. Çorbanız 5 dakika sonra hazır olacaktır.

Haşlanması için mantıyı, servis edilmeden 5 dakika evvel kaynayan çorbaya atabilirsiniz. Bir taraftan da ufak bir sos kabında ayçiçek yağı/tereyağı, nane ve pul biberi yakmadan çevirebilir ve çorbanın üzerine dökebilirsiniz. İsterseniz naneleri sade olarak da serpebilirsiniz. Çok lezzetli bir çorba olacak...

Bu çorba Türk mutfağını bir anlamda özetlediği için kitabımızın ilk tarifi oldu. Ülkemizin kimi yöresinde soğuk içilen ve "ayran aşı" diye adlandırılan, kimi yörelerde ise bulgurla ya da pirinçle yapılan, nohutun, mantının girip çıktığı bir çorba. Ben pirinç, köfte ve mantılısını amcamın evinde yediğimde, başlangıçtan ana yemeğe her unsuru barındıran bu çorba ve Türkan Abla'nın emeği karşısında, her kaşıkta saygı ile eğildim. Bu kombinasyon da benim en sevdiğim kombinasyon. Umarım hoşunuza gider...

* Nohut için haşlanmış konserveleri kullanıyorum. Doğal nohut kullanmak isterseniz, ıslatıp haşladıktan sonra kabuklarını soyarak eklemelisiniz. **Fesleğenli Humus** tarifinde çok pratik bir kabuk soyma yöntemi mevcut.

Either soak the yarma (crushed wheat sold for Noah's pudding) in water a day before or soak it in hot water 2 hours before cooking, so that it will be cooked in 20 minutes. Depending on the type of the yarma, the duration may vary, but when eating, you should be able to taste the individual grains.

Meanwhile, in a separate bowl, combine the yoghurt and the flour, mixing until it reaches the consistency of cream. Then, adding 3 cups of water, keep stirring till it becomes ayran. Slowly add the mixture to the yarma on the cooker and keep stirring it continuously, so that the yoghurt will not lose its consistency. When it boils, reduce the heat and add the boiled chickpeas. Your soup will be ready in 5 minutes.

To boil the manti, add it to the boiling soup 5 minutes before serving. Meanwhile, in a small saucepan, slowly heat the sunflower oil/butter, mint and flaked red pepper and pour it over the soup. You can also sprinkle the mint on its own. The soup will be delicious.

This soup is our first recipe because it encapsulates Turkish cuisine. In some regions of the country, this soup, called "the ayran meal" is served cold; in others, it is made with bulghur or rice, or sometimes, with chickpeas and manti. Each time I taste my Aunt Turkan's efforts made with rice, meatball and manti, I bow down in admiration with each spoonful as this soup contains every component of a meal – from the starter to the main dish. This version is my favorite. I hope you like it.

I use boiled canned chickpeas. If you prefer to use dried chickpeas, after soaking in water and boiling, you should peel their skins before adding them to the mixture. In the* ***Humus with Basil* *recipe, you will see a very practical peeling method.*

KARAMELİZE SOĞANLI MERCİMEK ÇORBASI
LENTIL SOUP WITH CARAMELIZED ONIONS

30 2

MALZEMELER INGREDIENTS

Kırmızı Mercimek, 2 bardak
Red Lentils, 2 cups

Un, 3 tatlı kaşığı • *Flour, 3 dsp tbsp*

Ayçiçek Yağı, 2 çorba kaşığı
Sunflower Oil, 2 tbsp

Susam veya Dolmalık Fıstık, 2 tatlı kaşığı
Sesame Seeds or Pine Nuts, 2 dsp

Soğan, 2 adet orta boy
Onions, 2 medium

Zeytinyağı, 1 çorba kaşığı • *Olive Oil, 1 tbsp*

Balsamik Sirke, 1 çorba kaşığı
Balsamic Vinegar, 1 tbsp

Tuz • *Salt*

2 bardak mercimeği, 4 bardak kaynar suda iyice çözülünceye kadar pişirin. Bu aşamada mercimek benliğini kaybedip koyu bir bulamaç kıvamına gelecektir. Bu sırada soğanları doğrayın ve kısık ateşte 1 kaşık zeytinyağı ve 1 kaşık balsamik sirke ile çevirmeye başlayın. Soğanlar pembeleşip kenarları kahverengiye dönmeye başlayınca, 2 kaşık susam ekleyin ve biraz daha çevirip bırakın.

Ufak bir tencere veya sos kabında, 2 kaşık ayçiçek yağına 3 tatlı kaşığı un ilave edip nefis kokuncaya kadar karıştırın. Ya da doğrudan tereyağı ile yapın bu karışımı, herhangi bir kolesterol kaygınız yoksa... Sonra çorbanıza ekleyin. İçinde kalan en lezzetli bölümü almak için kaba bir kaşık çorba koyun ve biraz çevirdikten sonra tenceredeki yemeğinize ekleyin. Nefis bir köz kokusu olsun çorbanızda. Sonra el blender'ı ile çorbayı iyice pürüzsüz hale getirin. Ağız tadınıza göre tuzunu ekleyin.

Servis yapmanıza yakın soğanın altını tekrar açıp çıtır çıtır yapın ve çorbayla birlikte tabaklara koyun. Çorbanızı içerken, ağzınıza çıtır çıtır susamlar gelmesi sizi ne kadar mutlu edecek göreceksiniz.

Afiyet Olsun!

Cook the 2 cups of lentils in 4 cups of boiling water till they are tender. At this stage, the lentils will lose their shape and reach a slurry consistency. Meanwhile, chop the onions and on a low heat, slowly combine and mix with 1 spoonful of olive oil and 1 spoonful of balsamic vinegar. When the onions start to become translucent, add 2 spoons of sesame and stir a little more, then let it rest.

In a small pot or saucepan, add 3 dessertspoons of flour to the 2 spoons of sunflower oil and stir it till it smells yummy. If you do not have a cholesterol-related concern, do this with butter. Then, add the mixture to the soup. To get the most delicious part left in the saucepan, add a spoonful of soup to the pan and after stirring it a little, return it to the main pot. Your soup should have a delicious smoky smell. Then, using a stick blender, puree to a full flowing consistency. Add salt to taste.

When you are about to serve, heat the onion mixture till it crackles and pour it on the soup plates. You will see that it is a delightful experience to taste crispy sesame seeds while you enjoy your soup.

Enjoy!

KEREVİZ SEVGİSİYLE ZEHRA HANIM* ÇORBASI
ZEHRA HANIM'S* CELERIAC SOUP

MALZEMELER INGREDIENTS

30 2

Kereviz, 2 adet • *Celeriacs, 2*
Patates, 1 adet • *Potato, 1*
Kuru Soğan, 1 adet (veya Taze Soğan, 3 adet) • *Onion, 1 (or Scallions, 3)*
Havuç, 1 adet • *Carrot, 1*
Un, 1 çorba kaşığı • *Flour, 1 tbsp*
Limon, 1 adet • *Lemon, 1*
Zeytinyağı, 1 çorba kaşığı • *Olive Oil, 1 tbsp*
Tuz • *Salt*

Keyfinize Göre • *According to taste*
Roka, Taze Kişniş • *Rocket, Fresh Coriander*

Kereviz, patates, soğan ve havucu küçük küçük kesin ve ocaktaki kaynar suya atıp 20 dakika kadar kaynatın.

Bir tavada, unu yağ ile pembeleştirin. İçine, çorbanın kaynayan suyundan biraz koyun ve çırpın. Karışımı iyice pürüzsüzleştirdikten sonra, kaynayan çorbaya yavaş yavaş yedirin. Tuzunu ve sıktığınız bir limonu ekleyip altını kapatın.

Servis yaparken, kerevizin yapraklarını da üzerine atabilirsiniz, roka veya taze kişniş de ekleyebilirsiniz. Ben bazen içine soya sosu koyup daha heyecanlı hale getiriyorum. Bazense sadeliği insana farklı bir huzur veriyor.

Bu tarifin kitapta olmasının iki sebebi var. Birincisi, tam kıvamlarını tutturuncaya dek kitaptaki tarifleri defalarca yaptık ve bu sırada Zehra Hanım'ın büyük desteği oldu. Bir diğer sebep de, başka bir çeşit çorba yapma stilini gösteriyor olması.

* Zehra Hanım'ı görmek için, bkz. **Teşekkürler.**

Chop the celeriacs, potato, onion and carrot into small pieces and put them in boiling water on heat, boiling them for 20 minutes.

In a pan, saute the flour with oil. Pour a little of the boiling water of the soup into the pan and stir it. As the mixture becomes smooth, add it slowly to the boiling soup. After adding the salt and squeezing a lemon in it, turn off the heat.

When serving, you can sprinkle celeriac leaves on your dish, or add rocket or fresh coriander. I sometimes add soy sauce to make the dish more exciting. But sometimes, keeping it simple provides a different kind of comfort.

There are two reasons for including this recipe. At times I have cooked for hours and hours for the recipes in this book to be precise, and Zehra Hanim was there for me all the time. Secondly, this recipe shows a different style of soup-making.

* *To see Zehra Hanim, please see* ***Thanks.***

KATMAN KATMAN ISPANAK ÇORBASI
LAYERS OF SOUP WITH SPINACH

MALZEMELER INGREDIENTS

30 2 +M

Ispanak, ½ kilo • *Spinach, ½ kilo*
Soğan, 1 adet • *Onion, 1*
Sarımsak, 4 diş • *Garlic, 4 cloves*
Un, 2 çorba kaşığı • *Flour, 2 tbsp*
Tablet Bulyon, 1 (veya Tavuk Suyu, 1 bardak) • *Bouillon Cube, 1 (or Chicken Stock, 1 cup)*
Karabiber, 1 çay kaşığı • *Black Pepper, 1 tsp*
Tuz • *Salt*
Nohut, 1 kutu (400 gr.) • *Chickpeas, 1 can (400 gr.)*
Hellim Peyniri • *Halloumi Cheese*
Tatlı Biber Sosu • *Sweet Chili Sauce*
Tereyağı veya Riviera Zeytinyağı, 2 çorba kaşığı • *Butter or Riviera Olive Oil, 2 tbsp*

Tencereye tabanını yağlayacak kadar zeytinyağı dökün. İnce kıydığınız soğanları ve 2-3 iri parçaya böldüğünüz sarımsakları içine atın ve biraz öldürün. Soğan ve sarımsaklar hafifçe renk değiştirmeye başlayınca iyice yıkadığınız ıspanakların tamamını elinizle 2-3 parçaya bölerek tencereye koyun. Ispanakların renkleri koyulaştıkça ve tencereyi dolduran havalı halleri hafifçe sönünce, ısıtıcıda kaynattığınız 6 bardak suyu üzerine dökün. Tavuk suyunuz varsa, bir bardak eksik su döküp yerine tavuk suyu koyabilirsiniz. Yoksa bir adet tavuk suyu tabletini ufalayarak tencereye atın ve 10 dakika kaynatın.

Ispanaklar haşlanırken siz de bir tavada 2 kaşık tereyağı veya Riviera zeytinyağı ile (Sızma zeytinyağı kullanmayın, tadını bozacaktır) 2 kaşık unu çevirerek hafif yakın. Nefis bir koku çıkacak ve un kahverengileşecektir. Karışımı tencereye boşaltın. Karışımın dibini de tencereye aktarabilmek için, çorbanın suyundan bir kaşık alıp tavaya koyun ve tencereye geri dökün. 2-3 dakika kadar kaynatın.

Add enough olive oil to oil the pot. Add the finely chopped onions and garlic (divided into 2-3 portions) and saute a little. As they start to change color, add the washed spinach leaves (divided into 2-3 portions with your hands) into the pot. Add 6 cups of boiling water as the spinach leaves start to turn dark green. If you have chicken stock, you can add 5 cups of water and 1 cup of chicken stock instead of 6 cups of water. Or, drop a bouillon cube into the water and boil for 10 minutes.

Meanwhile, in a pan, saute 2 spoonfuls of flour with 2 spoonfuls of butter or Riviera olive oil (do not use virgin olive oil as it will spoil the taste). Slightly burn the flour. There will be a delicious smell and the flour will turn brown. Pour the mixture into the pot. In order to get the remains of the mixture, add a spoonful of water from the soup into the pan and then pour it back into the pot. Boil for 2-3 minutes.

Using a hand blender, mix the soup till totally liquified. Peel the skins of the chickpeas (you can refer to the ***Humus with Basil*** *recipe for a short-*

El blender'ı ile çorbayı tanesiz hale getirin. Sonra **Fesleğenli Humus** tarifindeki gibi derilerini soyduğunuz nohutları çorbanıza atın. Son olarak, karabiber (tercihen çekme) ve gerektiği kadar tuz ekleyin.

Servis yapacağınız zaman, bir tavada bir çorba kaşığı yağı kızdırın ve küp küp kestiğiniz hellimleri içine atıp kızartın. Tabaklara koyduğunuz çorbanın üzerince önce hellim, sonra da bir çay kaşığı tatlı biber sosu ekleyerek afiyetle yiyin.

cut) and add them into the soup. Finally, add black pepper (preferably, ground pepper) and salt.

When serving, heat a spoonful of butter in a pan and add halloumi pieces chopped in cubic shapes. After pouring the soup into the bowls, first add the halloumi and then a teaspoon of sweet chili sauce. Enjoy!

Tarhana yapmanın birinci aşaması
First step in preparing tarhana

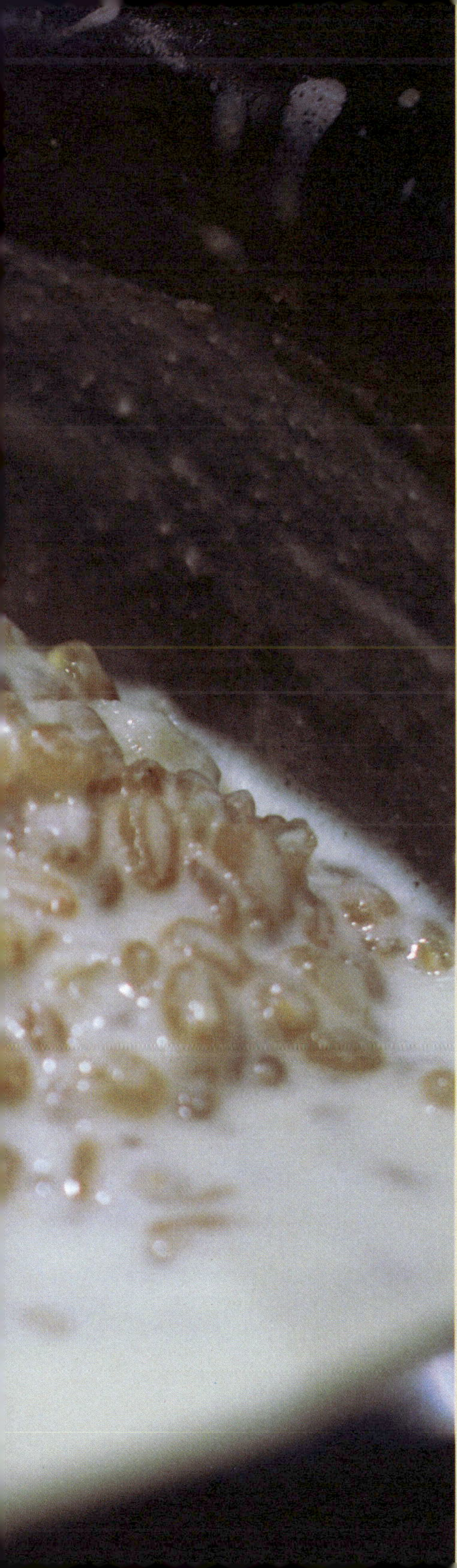

EVDE EV TARHANASI YAPMAK

CHILDHOOD'S BLISS: TARHANA SOUP

Bu çorba, içebileceğiniz en lezzetli çorbadır. Ayağınızı yere bastırır, ama zamansız bir yolculuğa da çıkarır insanı...

Teyzem biz küçükken Kıbrıs'tan elleri kolları dopdolu gelirdi. Çakıstesler (yarılmış yeşil zeytin), limonatalar, mandalinatalar, kara yağ (bir çeşit zeytinyağı), peksimetler, Kıbrıs çörekleri, Budak Pastanesi'nin bademli kayık pastası ve katmeri, muhakkak bir kahve veya çay takımı, kot pantolon veya şort ve dünyanın en rahat pijamaları olan 'Şevson'ları getirirdi. 80'lerde Türkiye'de bu saydıklarımın çoğu yoktu ve Noel Baba gibi gelirdi teyzem. Tabii o zaman çocuk aklıyla hellimin, zeytinin kıymeti bir yere kadar, pijama, kot pantolon ve porselenlerin yeri ise bambaşkaydı. Aslında çok değil, aradan 20-25 yıl geçince dünyanın en çok kot pantolon üreten ülkelerinden biri oldu Türkiye. Yurt dışındakileri beğenmez hale getirecek güzellikte kotlar üretmeye başladık.

Porselen deyince, İngiltere'nin yüzyıllık porselen fabrikaları kapanır, dünyanın büyük bir çoğunluğu "aynı" zamanda "aynı" Çin porselenlerini kullanır, dünyanın tüm dükkanlarında "aynı" şeyler satılır oldu.

This soup is the most delicious soup you will ever taste. It brings you down to earth but also transports you.

When I was a child, my aunt would come from Cyprus with her hands full of packages: cakistes (cracked green olives), lemonades, tangerinades, black oil (a kind of olive oil), hard biscuits, Cyprus bagels, that famous boat-shaped almond cake and katmer of Budak Patisserie, definitely a new tea or a coffee set, jeans or shorts and "Sevsons" the most comfortable pyjamas in the world. In the '80s, these things were not available in Turkey and my aunt would look like Santa Claus to us. Naturally, child that I was, I cared less about the halloumis or the olives than I did about the pyjamas, jeans and the porcelain sets. Now, 20-25 years later, Turkey has become one of the leading jean producing countries in the world.

Speaking of porcelain, now, hundred-year-old porcelain factories in England are closing one after another. All round the world, most people are using the "same" China porcelains at the "same" time; in every shop, the "same" things are being sold now.

Kurutmak için serilmiş tarhana
Tarhana left to dry

Buzdolabına girmeye hazır tarhana
Tarhana packed to go in the fridge

Bu yeni dünya düzeninde, "değerli" olan bu sefer limonatadaki limon kokusu, katkısız hellim, işlenmemiş zeytinyağı oldu. Belki de elimizdekilerin kıymetini anlamamız için geçirmemiz gereken bir süreçti...

Teyzemde senelerdir yemek yapmanın vermiş olduğu bir olgunluk, doğallık var; tam bir zanaatkar gibi çalışıyor. Hatta senelerin tecrübesiyle yemekleri gözü kapalı yapabilecek hale gelmiş. Ona çok doğal geldiği için anlatırken bazı şeyleri atlıyor. Sorunca da, "e tabii ki öyle," veya "hiç olur mu canım,'" diye ayıplanıyor insan... Kitaptaki tarhana, Mücandara Pilavı, Çiçek Dolması ve Kıbrıs Limonatası onun tarifleri, anlatırken arada da "annem böyle yapardı," diyor. Annesi, benim göremediğim anneannem Refika Hanım. Halen bir efsane gibi anlatılan çok iyi aşçı, yoktan var etmiş, savaşlar yokluklar geçirmiş, ama elinde ne varsa paylaşmış, üretmiş bir kadın. Beni övmek istediklerinde "adı sahibine çekmiş," derler, övgülerin en güzelidir. Ondan bana armağan bu tatlar öyle güzel ki, sizlere ulaşmasına "vesile" olayım istedim...

In our new world order, the "valuable" ones have become the lemon smell in the lemonade, pure halloumi, unprocessed olive oil. Perhaps, this was a period we had to go through so that we would know the value of what was in our hands...

My aunt has the maturity, the ease that comes from years of cooking; she works like an artisan. With years of experience, she can cook blindfolded. As she sees some things as very natural, she skips over these when explaining a recipo. And whon askod, sho says ridiculing things liko "oh, naturally dear," or "how else?" In this book, the recipes for Crispy Mucandara, Stuffed Zucchini Blossoms and Cypriot Lemonade belong to her. While she talks about these recipes, she sometimes says "that's how my mother used to do it." Her mother was Refika Hanim, my grandmother whom I never met. She was a legendary cook, a woman who lived through wars and poverty, shared whatever she had with others, produced whatever she could. When someone who knows me wants to compliment me, they tell me that I am a worthy owner of my name – the best compliment I can ever get. These delightful gifts of hers to me are so tasty; I wanted to be the "conveyor."

120 4 +M

Gelelim Kıbrıs Tarhanası'na

Ekşi Yoğurt, 3 kilo

Doğal/Günlük Süt, 1 litre

Yarma* (kırılmış aşurelik buğday), 1 kilo

Sarımsak, 8 diş

Tuz

15 yemeklik Kıbrıs Tarhanası

Tercihen kendi yaptığınız yoğurdu veya aldığınız köy yoğurdunu 1 gün boyunca tezgah üzerinde ekşitin. Sonra topaklarını yok etmek için bir tencere içinde tahta kaşıkla karıştırın. Ateşe koyun ve kaynamaya başlayıncaya kadar yine tahta kaşıkla karıştırın. Fokurdamaya başlayınca, yarmaları yavaş yavaş ekleyin ve sarımsakları ortalarından bölerek içine atın. Sonra sütü, yine yavaş yavaş ekleyin ve cıvık hamur kıvamına gelinceye kadar karıştırın. (Arzu ederseniz, karışıma haşlanmış nohut da ekleyebilirsiniz.) Soğuyunca iyice hamur kıvamını alacaktır. Her seferinde 2 büyük avuç alarak, buzdolabı poşetlerine koyun ve derin dondurucuya yerleştirin.

Tarhanayı pişirirken

Hellim, ½ kalıp

Susam, 1 çorba kaşığı

Zeytinyağı, 1 çorba kaşığı

Bir poşet tarhanayı, 1 litre kaynayan suya atın ve kısık ateşte yavaş yavaş çözülmesini sağlayın. Sonra altını açarak 35-40 dakika pişirin; tarhana koyu ayran kıvamında olmalıdır. Bir taraftan hellimleri küçük parçalara bölün ve tavada susam ve zeytinyağında çevirip, tam servis yaparken ekleyin. Böylece koyduğunuz yağ ve hellimler fokur fokur kaynayacak ve çorbanız cızırdayarak hem göze, hem burna, hem de kulağa hitap edecek.

* Tarhana en güzel yarma ile yapılır. Fakat bulamaz ve yerine aşurelik buğday kullanacak olursanız, buğdayınızı bir gece önceden suda bekletin ve ertesi gün 20 dakika haşladıktan sonra mutfak robotundan geçirin. Kıvamına göre, hazırlarken daha az süt kullanmanız gerekebilir.

Now, the Cypriot Tarhana

Sour Yoghurt, 3 kilos

Fresh Milk, 1 liter

Yarma (crushed wheat), 1 kilo*

Garlic, 8 cloves

Salt

Cypriot Tarhana for 15 meals

Depending on your preference, sour your homemade yoghurt or village yoghurt you bought on the counter for 1 whole day. Then, to get rid of the lumps, put it in a pot and stir with a wooden spoon. Place the pot on the cooker and when it starts to boil, stir it again with the wooden spoon. When it starts to bubble up, add the yarmas slowly and the garlic dividing them in two. Then, add the milk – still slowly – and stir the mixture till it reaches the consistency of sloppy dough. (If you want, you can add boiled chickpeas into the mixture.) When this cools down, it should have the consistency of dough. Take 2 big handfuls each, put them in fridge bags and place them in the deep freeze.

Cooking the tarhana

Halloumi, ½ bar

Sesame Seeds, 1 tbsp

Olive Oil, 1 tbsp

Empty a packet of tarhana into a pot with 1 liter boiling water in it and cook gently on a low heat till the tarhana is tender. Then, increase the heat and cook for 35-40 minutes; the tarhana should be as thick as ayran (Turkish buttermilk). Meanwhile, chop the halloumi into small pieces and saute it in a pan with olive oil and sesame seeds. Add this as you are about to serve so that the oil and the halloumi you pour on the soup will sizzle and your soup will be a treat for the eye, nose and ear.

** Tarhana is best done with yarma. However, if you cannot find it and decide to use wheat for Noah's pudding, soak the wheat in water a day before cooking and the next day, after 20 minutes of scalding, put it through a food processor. According to its consistency, when preparing the meal, you may have to use less milk.*

KURUYEMİŞ MANTI
SNACK MANTI

MALZEMELER INGREDIENTS

30 3 +M

Mantı • ***Manti***
Un, 1 bardak • *Flour, 1 cup*
Yumurta, 1 adet • *Egg, 1*
Su, ½ bardak • *Water, ½ cup*
Tuz, ½ çay kaşığı • *Salt, ½ tsp*

İç • ***Stuffing***
Beyaz Peynir, 100 gr. • *White Cheese, 100 gr.*
Yumurta, 1 adet • *Egg, 1*
Taze Kekik, 2 tutam • *Fresh Thyme, 2 sprigs*
Kuş Üzümü, 8-10 adet • *Currants, 8-10*
Karabiber, 20 çekimlik • *Black Pepper, 20 grinds*
Zeytinyağı, 4 çorba kaşığı • *Olive Oil, 4 tbsp*
Sarımsak (dövülmüş), 4 diş • *Garlic (crushed), 4 cloves*

Unu çukur bir kaba boşaltın, içine 1 yumurta kırın ve yoğurmaya başlayın, bu sırada içine yavaş yavaş su ekleyin. Klasik "kulak memesi" kıvamından biraz daha sert olmalıdır. Tuz ve gerekirse biraz daha su ekleyin. Suyu abarttığınızı duşunurseniz, biraz un ekleyerek kıvamı tutturabilirsiniz. İstenilen kıvama gelince, üstünü nemli bir bez örterek kuytu bir yerde 15 dakika bekletin. Bu sırada siz de mantının içini hazırlayabilirsiniz.

Çukur bir kapta peynir ve yumurtayı ezin, içerisine önce kekik ve zeytinyağını, sonra da sarımsak, karabiber ve üzümü ekleyin.

Put the flour in a deep bowl. Break in 1 egg and start, stirring adding water slowly. The consistency should be a little bit firmer than your earlobe. Add salt, and if needed, more water. By now you will be kneading the mixture as it will be too too stiff to stir. If you think you put too much water, you can balance the consistency by adding more flour. When you reach the right consistency, put a damp cloth over the bowl and rest it for 15 minutes in a shady place. Meanwhile, prepare the stuffing.

In a deep bowl, crumble the cheese and mix in the egg. First add thyme and olive oil, then garlic, black pepper and the currants.

Beklettiğiniz hamuru 2 bezeye bölün ve bezeleri önce kalın sonra da ince bir oklava ile açın. Sonra 1,5-2 cmlik kareler halinde kesin ve her birine, hazırladığınız içten yarım çay kaşığı kadar koyun. Kareleri çapraz köşelerinden birleştirin ve uçlarını iyice bastırarak kapatın.

Fırın tepsisine fırın kağıdı serin ve mantıları yerleştirin. Daha güzel kızarsın diye fırçayla üzerine eritilmiş tereyağı veya zeytinyağı sürebilirsiniz. Fırının ızgarasında renkleri dönünceye kadar pişirin. Yemek öncesinde atıştırmalık olarak da sunabilirsiniz.

Divide the rested dough in half. Roll the pieces out first with a thick rolling pin, then with a thin one. Cut the dough into 1.5-2 cm squares and put half a teaspoon of the stuffing you prepared on each one. Join each diagonal corner of the squares together, pinch firmly and seal closed.

Line an oven tray with oven paper and place the manti in a single layer on it. To get that golden color, you can brush them with butter or olive oil. Bake under the oven grill till the color starts to change. You can also serve this dish as an appetizer before the main course.

SÜRPRİZLİ LOKMA
SURPRISING LOKMA

MALZEMELER INGREDIENTS

15 2 +M

1 Ekmeklik Hamur • *1 Bread Dough*
Dil Peyniri, 2 büyük parça • *Turkish String Cheese, 2 large strips*
Muskat, ½ adet • *Nutmeg, ½ a whole one*
Akçaağaç Şurubu • *Maple Syrup*
Ayçiçek Yağı • *Sunflower Oil*

İçinizden yaramazlık yapmak geliyorsa, şimdi kendinizi rahat bırakmak için nefis bir fırsat var elinizde...

Ekmek fırınından aldığınız ya da hazırladığınız* ekmek hamurunu biraz su, biraz da ayçiçek yağı ile daha kaygan hale getirin ve içine muskat rendeleyin.

2 şekilde lokma yapabilirsiniz, top şeklinde veya uzun ince parçalar halinde. Top şeklinde yapacaksanız fındıktan biraz daha büyük parçalar halinde kestiğiniz dil peynirini hamura 2,5 cm. kalınlığında sarın. Kızgın yağa attığınızda lokmaların 2 kat büyüyeceğini muhakkak hesaba katın. Peynirin, hamurun tam ortasında ve eşit şekilde dağılmış olması çok önemli. İkinci şekilde, yani uzun ince lokmalar yapmak için, dil peynirini elinizle koparıp aynı şekilde hamura yerleştirin.

Derin bir kapta ayçiçek yağını kızdırın, yağın iyice kızdığına emin olduktan sonra lokmalarınızı içine atın. Aksi takdirde lokmalar çok fazla yağ çeker ve yeterince çıtır çıtır olmaz.

Lokmaları akçaağaç şurubu ile servis yapın. İster tatlı ister meze gibi sunabilirsiniz, hem soğuk, hem sıcak. Ben oldukça geleneksel aile yemeklerinde bile yaptım ve çok güzel yorumlar geldi. Afiyet şeker bal olsun.

* Bkz. **Evde Ekmek Hamuru Yapmak**

If you have kids or you are still a kid inside and want to make a little mischief, you have a delicious opportunity to let yourself go...

Add some water and sunflower oil to the bread dough (bought from a bakery or one you yourself prepared) to make it more greasy. Grate the nutmeg onto it.*

There are two ways to prepare lokmas: ball-shaped or in long, thin strips. If you prefer the ball shape, slice the string cheese into pieces just a little bigger than a hazelnut then wrap each one in the dough. The thickness should be 2.5cm. Remember that the lokma will double its size when put into the sizzling oil. It is very important that the cheese should be right in the middle of the dough and spread equally. To prepare the long lokma, peel off lengthwise strips of string cheese and place in the dough that way.

Heat some sunflower oil in a deep pan. Make sure the oil is sizzling before adding the lokma, otherwise the lokmas will soak up an unnecessary amount of oil and be soggy.

Serve the lokma with maple syrup. You can serve them as a dessert or a side dish, hot or cold. I have even made these at more traditional family gatherings and been approved! A sugary bon appétit!

* *See.* ***Preparing Your Own Bread Dough***

PANCAR, TURP VE KEREVİZ CİPSLERİ
BEETROOT, TURNIP AND CELERIAC CHIPS

MALZEMELER INGREDIENTS

Pancar Cipsi • *Beetroot Chips*
Pancar, 2 adet • *Beetroots, 2*
Sarımsak, 2 diş • *Garlic, 2 cloves*
Zeytinyağı, 2 çorba kaşığı • *Olive Oil, 2 tbsp*
Karabiber, 30 çekimlik • *Black Pepper, 30 grinds*

Turp Cipsi • *Turnip Chips*
Turp, 2 adet • *Turnips, 2*
Zeytinyağı, 2 çorba kaşığı • *Olive Oil, 2 tbsp*

Kereviz Cipsi • *Celeriac Chips*
Kereviz, 1 adet • *Celeriac, 1*
Muskat (rendelenmiş), ⅓ adet • *Nutmeg (grated), ⅓ of a whole one*
Sarımsak, 2 diş • *Garlic, 2 cloves*
Zeytinyağı, 2 çorba kaşığı • *Olive Oil, 2 tbsp*
Mandalina Suyu, ½ bardak • *Tangerine Juice, ½ cup*

Sebzeleri, mutfak robotunda cips bıçağı ile rendeleyin ya da uzun bir bıçakla ince ince dilin. İstediğiniz cipsin diğer malzemelerini bir kapta karıştırın. Sonra karışımı sebze dilimlerine yedirin ve dilimleri kızartmaya başlayın. Kızarırken birbirlerine yapışmamaları için, tüm dilimlerin iyice yağlandığına emin olun. Sonra yüksek ateşte ve 3 parmak yağda kızartın. Tavada kızartmak yerine fırında yapmak isterseniz, dilimleri tane tane ayırıp fırın kağıdı serdiğiniz fırın tepsisine yerleştirin, ızgarayı açın ve 10 dakika boyunca çevire çevire közleyin. Unutmayın ki yağda kızarttığınız cipsler gibi çıtır olmayacaktır. Sade olarak veya sarımsaklı mayonezle birlikte yiyebilirsiniz. Etin veya balığın yanında da güzel olur.

Shred the vegetables in the food processor, using the chips blade. Or thinly slice them using a long blade. Mix the rest of the ingredients for the chips of your choice in a bowl. Soak the vegetable slices in the mixture and start frying them. Make sure that all the slices are well oiled, so that they do not stick to each other. Fry on high heat, in about 3 fingers of oil. If you prefer to bake in the oven instead of frying in a pan, separate the slices one by one and place them on an oven tray lined with oven paper. Turn the grill on and grill for 10 minutes, occasionally turning the slices over. Be aware that the chips will not be as stiff as fried ones. You can eat these plain or with garlic mayonnaise. They are also a good companion to meat or fish dishes.

KURUTULMUŞ ETLİ KAVUN
MELON WITH DRIED MEAT

MALZEMELER INGREDIENTS

5 1

Erzincan Kurutulmuş Et, 8 dilim • *Erzincan Dried Meat, 8 slices*

Kavun, 8 parça • *Melon, 8 pieces*

Kapari, 8 adet • *Capers, 8*

Önce dostlarınızı enteresan bir yemek yiyeceklerine hazırlamanız gerekecek. Unutmamak lazım ki, insanın beklentisi yaşayacağı tecrübeyi en az yüzde 50 etkiler. "Aaa! Etle kavun olur mu?" dedikten sonra bu sürprizden memnun kalan birinin masaya gelecek diğer yemeklere dair kaygısı olmayacaktır. Yurtdışında bazı yiyecekler, örneğin prosciutto son derece ön planda kullanılır iken, biz pastırma haricindeki bazı lezzetlerimizi nedense biraz arka plana atıyor gibiyiz. Kurutulmuş et, Boşnak mutfağında da Doğu Anadolu mutfaklarında da kullanılan bir mezedir, çok lezzetli bir isli et türüdür. Pastırma ise etin asılıp en az bir hafta iste kurutulmuş halidir. İstanbul'da Kadıköy'de ya da Mısır Çarşısı'nın hemen yanındaki iyi şarküterilerde bulabilirsiniz. Bu etin makbulü içi de dışı da siyaha çalanıdır. Dikkat edin, içi mutfak'ta yapılan ete benzeyenler hakkıyla kurutulmuş değildir. Bu tarifi de lütfen deneyin, kavunla yemem derseniz, peynir ekmekle deneyin.

Kavunları ufak ufak kesin ve etleri tabak gibi kullanıp kavunları üzerine koyun. Sonra etleri kavunların etrafına sarın ve kapariye tutturduğunuz kürdanı et ve kavuna geçirin. Korkmadan tadına varın, afiyet olsun!

First of all, prepare your friends for an interesting treat. Don't forget: one's expectation affects one's experience at least 50%. If someone says "Oh! How can a dish consist of meat and melon?" first, and then later on, is satisfied with this surprise, that someone will not have any other worries about the other dishes to be served afterwards. Abroad, some food, like prosciutto, are really emphasized. However, we tend to ignore some of our own tastes apart from pastirma (pastrami). Dried meat is a common side dish both in Bosnian cuisine and Eastern Anatolian cuisine. It is a delicious kind of smoked meat. Pastirma is the same meat hung and cured for at least a week. In Istanbul, you can find good pastirma in Kadikoy or in delicatessens next to the Spice Bazaar in Eminonu. You can tell the quality of the dried meat from its color both in and outside: it should be blackish. Notice that if the insides look like meat cooked at home, it means that it has not been dried properly. Do try this recipe; if you do not want to eat it with melon, try it with white cheese and bread.

Chop the melons into small pieces, and using the meat slices as plates, place the melon bits on top. Spear the capers with the toothpicks and then through the meat and melon. Enjoy!

İŞTAH AÇAN DÜRÜMLER
WONDERFUL WRAPS

MALZEMELER INGREDIENTS

20 3

Organik Biber Salçası, 5 çorba kaşığı • *Organic Red Pepper Paste, 5 tbsp*

İç • ***Stuffing***

Ceviz, 2 avuç • *Walnuts, 2 handfuls*
Parmesan Peyniri, 100 gr. • *Parmesan Cheese, 100 gr.*
Karabiber, 20 çekimlik • *Black Pepper, 20 grinds*
Zeytinyağı, ½ çay bardağı • *Olive Oil, ½ tea glass*
Sarımsak, 8 diş • *Garlic, 8 cloves*
Taze Kekik, 2 dal • *Fresh Thyme, 2 sprigs*

Dürüm • ***Wrap***

Lavaş, 2 adet • *Lavash*, 2*
Taze Fesleğen, 20 adet büyük yaprak • *Fresh Basil, 20 large leaves*
Kırmızı Dolmalık Biber, 1 adet • *Red Bell Pepper, 1*
Ufak Domates, 10 adet • *Cherry Tomatoes, 10*
Kürdan, 20 adet • *Toothpicks, 20*
Kapari, 1 tatlı kaşığı • *Capers, 1 dsp*

Öncelikle, iyi yapılmış ve az tuzlu biber salçası bu tarif için çok önemli.

Biber salçası, zeytinyağı, dövülmüş sarımsak ve karabiberi çukur bir kapta karıştırın. İçine kekik ve ceviz de ekleyip bir kere daha karıştırın ve 1 saat bekletin. Tatlar iyice birbirine karışsın. Bu sırada lavaşları 8 eşit üçgene ayırın. Parmesanı, bazı parçaları biraz daha iri bırakarak rendeleyin. Biberleri ince şeritler halinde kesin. Fesleğenin iri yapraklarını ayırın. Kapari ve kürdanınızı hazırlayın.

Ufak pizza dilimleri gibi açık olan lavaşlara, parmesan eklediğiniz karışımdan bolca sürün, yalnız üçgenin tepesine biraz daha az karışım koyun ki taşmasın. Bir parça biber ve fesleğen ekleyip sarın ve isterseniz, fotoğraftaki gibi tepesine kapari ve domates yerleştirebilirsiniz.

A well-made, not-too-salty red pepper paste is crucial for this recipe.

Combine and stir red pepper paste, olive oil, crushed garlic and black pepper in a deep bowl. Then, add thyme and walnuts into the mixture and stir again. Let it sit for 1 hour so that the tastes mingle with each other. Meanwhile, divide the lavashes in 8 equal triangles. Roughly grate the parmesan cheese. Cut the peppers in long, thin strips. Set aside the basil leaves.l. Prepare the capers and the toothpicks.

Generously apply the mixture with parmesan cheese onto the lavashes like small pizza slices. However, the mixture should be a little bit thinner on the tip of the triangle so that it will not spill out. Add some of the red pepper and the basil, then wrap it. If you want, you can decorate with capers and tomatoes, as shown in the photograph.

**a flat bread resembling pide, only wider.*

ŞIK LAKERDA
HANDSOME LAKERDA

MALZEMELER INGREDIENTS

Lakerda*, 8 parça • *Lakerda*, 8 slices*
Kırmızı Soğan, 1 adet ufak • *Red Onion, 1 small*
Maydanoz, ⅓ bağ • *Parsley, ⅓ bunch*
Sarımsak, 4 diş • *Garlic, 4 cloves*
Zeytinyağı, ½ çay bardağı • *Olive Oil, ½ tea glass*
Soya Sosu, 4 çorba kaşığı • *Soy Sauce, 4 tbsp*
Kişniş Tohumu 4-5 adet • *Coriander Seeds, 4-5*
Bal, 2 çorba kaşığı • *Honey, 2 tbsp*
Acı Biber, 1 adet (veya Pul Biber, 1 tutam) • *Chili Pepper, 1 (or Red Flaked Pepper, 1 pinch)*
Tatlı Biber Sosu • *Sweet Chili Sauce*

Kırmızı soğan, sarımsak ve maydanozu kıyabildiğiniz en ince şekilde kıyın. Zeytinyağı, kırmızı biber, az dövülmüş kişniş tohumları ve soya sosunu karışıma ekleyin. Sonra karışımın kıvamını bulması için birkaç dakika bekleyin.

Lakerdalarınızı tabağa dizin ve hazırladığınız karışımı üzerlerine dökün. Tabağı bal ve tatlı biber sosu ile süsleyebilirsiniz.

Lakerda bu haliyle biraz bekleyince sosu çekip nefis bir hal alıyor, tadındaki değişime çok şaşıracaksınız.

* Lakerdanın iyi olması çok önemli, alırken dikkat etmenizi, mümkünse denemenizi tavsiye ederim. Ayrıca, balıkçınıza rica edip normalden daha ince parçalar halinde kestirebilirseniz iyi olur.

Chop the red onion, garlic and parsley as finely as you can. Add olive oil, chili pepper, slightly ground coriander seeds and soy sauce to the mixture. Then wait a few minutes for the mixture to reach a suitable consistency.

Lay the lakerda on a plate and pour the mixture over it. You can decorate the plate with honey and sweet chili sauce.

You will be surprised at how the taste of the lakerda changes and becomes quite delicious after absorbing the sauce.

** It is very important that the lakerda is of good quality. Choose carefully and ask to try first, if possible. This dish works best if you ask the fishmonger to cut it into thinner pieces than usual.*

DÖRT DÖRTLÜK PİDELER!

4 KINDS OF LAHMACUN: A TOUCH OF PIZZAZZ

MALZEMELER* INGREDIENTS*

20 3 +M

Klasik lahmacun • *Classic lahmacun*

Çiğ Kıyma, 125 gr. • *Raw Ground Beef, 125 gr.*
Soğan, 1 adet • *Onion, 1*
Domates (rendelenmiş), 1,5 adet • *Tomatoes (grated), 1.5*
Biber Salçası, 1 çay kaşığı • *Red Pepper Paste, 1 tsp*
Domates Salçası, 1 çay kaşığı • *Tomato Paste, 1 tsp*
Pul Biber, 1 çay kaşığı • *Red Flaked Pepper, 1 tsp*
Karabiber, 1 çay kaşığı • *Black Pepper, 1 tsp*
Maydanoz (ince kıyılmış), ⅓ bağ
Parsley (finely chopped), ⅓ bunch
Zeytinyağı, 2 çorba kaşığı • *Olive Oil, 2 tbsp*
İstenirse, Ceviz ve Kişniş Tohumu
Optionally, Walnuts and Coriander Seeds

Beyaz peynirli & pastırmalı
With white cheese & pastrami

Beyaz Peynir , 150 gr. • *White Cheese, 150 gr.*
Yumurta, 1 adet • *Egg, 1*
Kekik, 3 dal • *Thyme, 3 sprigs*
Pastırma, 4 dilim • *Pastrami, 4 slices*
Zeytinyağı , 4 çorba kaşığı • *Olive Oil , 4 tbsp*

Tulum peynirli & cevizli
With tulum cheese & walnuts

Tulum Peyniri, 150 gr. • *Tulum Cheese, 150 gr.*
Ceviz (iri dövülmüş), 2 avuç
Walnuts (chopped), 2 handfuls
Biberiye, 2 dal • *Rosemary, 2 sprigs*
Sarımsak (ince doğranmış), 1 diş
Garlic (finely chopped), 1 clove
Karabiber, 1 çay kaşığı • *Black Pepper, 1 tsp*
Zeytinyağı, 2 çorba kaşığı • *Olive Oil, 1 tbsp*

Dil peynirli & domatesli
With string cheese & tomatoes

Domates Püresi, 150 gr. • *Tomato Puree, 150 gr.*
Dil Peyniri, 2 parça • *Turkish String Cheese, 2 strips*
Sarımsak (ince doğranmış), 3 diş
Garlic (finely chopped), 3 cloves
Karabiber, ½ çay kaşığı • *Black Pepper, ½ tsp*
Tuz, ½ çay kaşığı • *Salt, ½ tsp*
Zeytinyağı, 2 çorba kaşığı • *Olive Oil, 1 tbsp*

Pidenin temel mantığı şu: Hazırladığınız veya fırından aldığınız ekmek hamurunu bezelere bölün, ellerinizle açın, hazırladığınız içi parmaklarınızla hamurun üzerine dağıtın ve pideleri sıcak fırına koyun. Pideleri ana yemek olarak sunacaksanız ekmek hamurunu büyük bezelere bölüp 20-30 cm. çapında açabilirsiniz, yemek öncesi atıştırmalık olarak da 5 cm. çapında pideler hazırlayabilirsiniz.

Açtığınız hamurlara farklı farklı içler hazırlayabilirsiniz, yukarıdakiler favorilerim. Klasik Lahmacun adı üstünde klasik, diğerleri ise benim icadım. İç hazırlamanın temel mantığı malzemenin sulu olması, çünkü sonrasında fırında kuruyacak. Kıyma gibi malzemeleri soğan ve domates suyu ile sulandırabilirsiniz. İlk bakışta susuz gibi gözüken peynir eriyecek, mantar da su bırakacaktır, aklınızda bulunsun.

Pidelerin hamurunu hazırlamak için, 1 ekmek hamuru ile 1 bardak unu karıştırıp çoğaltın (Vaktiniz

Let me tell you the basics of preparing "Pide", a traditional Turkish taste which somehow is regarded as a hard-to-make dish. First, you split the bread dough into pieces. Then you stretch the pieces with your hands, spread pide mixture over the sheets you stretched, and bake them in the oven. You can prepare pide in different sizes; a 20-30cm pide works well as a main course and 5cm ones can be stunning starters.

*As for the mixture to be spread over the pide, I suggest you let your imagination roam. The 4 above are my favorites. The first one, lahmacun**, is a classic, while the others are inventions of my own. The main idea is that the pide mixture should be a bit juicy since it dries up in the oven. You can juice the mixture up by adding tomato, onion, cheese or mushroom.*

*To prepare pide dough, mix 1 glass of flour and 1 bread dough*** in a bowl, and slowly add water into the mix*

Ekmek Teknesin'de Usta ile Pide Yaparken
Prepairing pide with the master.

yoksa, ekmek hamurunu biraz ince açarak kullanın)**. Kıvamı tutturmak için gereken suyu, çorba kaşığı ile yavaş yavaş hamura ekleyin. Hamuru çukur bir kapta eli bırakıncaya kadar karıştırın. (Bkz. **Evde Ekmek Hamuru Yapmak**). Hamuru, un serpmiş olduğunuz tezgahta yoğurarak uzun kalın bir silindir haline getirin ve silindiri 8 eşit parçaya bölerek ufak bezeler yapın.

Bezeleri, varsa bir oklava, yoksa silindir bir şişe ile 10-15 cm. çapında açın. Bu sırada fırını ve ızgarasını 175 dereceye ayarlayın ki fırın da fırın tepsisi de ısınsın. Açtığınız hamurları un serpmiş olduğunuz tezgahta 5 dakika kadar beklemeye bırakın ve pide içlerini hazırlamaya geçin.

Klasik Lahmacun yapmak isterseniz, çiğ kıymayı, rendelediğiniz soğan ve domatesi, biber ve domates salçalarını, pul biber ve karabiberi, zeytinyağını ve ince kıydığınız maydanozu bir kaba koyup karıştırın. Karışımı 1-2 dakika kadar bekletip tatların birbirlerine geçmesini sağlayın, sonra kenarlarda boşluk kalmayacak şekilde hamurların üzerine yayın. İsterseniz ceviz ve kişniş tohumu da katıp daha orijinal bir tat elde edebilirsiniz.

Isınmış fırından sıcak tepsiyi çıkarıp unlayın (Fırınınız temiz kalsın istiyorsanız, öncesinde tepsiye fırın kağıdı serebilirsiniz). Lahmacunları dizdikten sonra tepsiyi yeniden fırına koyun, lahmacunlarınız 10 dakika içinde hazır olacaklar. ***

Diğer 3 pide tarifinde de mantık aynı, sadece iç olarak koyduğumuz malzemeler değişiyor. Lahmacun hazırlarken olduğu gibi, malzemeleri çukur bir kapta karıştırıyoruz. Yalnız bir iki ipucu vermek lazım; Tulum Peynirli & Cevizli Pide hazırlarken, biberiyeleri küçük parçalara ayırmayın, yaprakları kalsın. Beyaz Peynirli & Pastırmalı Pide'de ise pastırmaları peynirler erimeye başladıktan sonra ekleyin.

*Belirtilen miktarlar 1 ekmek hamuru içindir.

** Pide hamuru ekmek hamuruna göre daha az mayalıdır. Ben kolayca bulunabildiği için ekmek hamuru kullanıyorum ve maya miktarını un ilave ederek azaltıyorum.

***Fırınınız yoksa, tarifleri yanmaz bir tavayla da yapabilirsiniz. Tavayı da aynı fırın gibi önceden ısıtın ve pideleri yerleştirdikten sonra üstünü kapatarak pişirmeye devam edin.

ture until it reaches the right consistency (See. ***Preparing Your Own Bread Dough****). Remove it from the bowl and roll it with your hands to make a thick, long cylinder. Divide the cylinder into 8 equal pieces, and roll them into 10-15 cm circles using a rolling pin or a wine bottle. Let the dough circles rest on the counter for 5 minutes. In the meantime, heat the oven to 175 degrees, with the grill on. As the oven tray gets heated, start preparing the lahmacun mixture.*

To make Classic Lahmacun, mix ground beef, grated onion and tomato, pepper paste, tomato paste, red flaked pepper, black pepper, olive oil and finely chopped parsley in a bowl. Let the mixture rest for 1-2 minutes so that tastes intermingle. Then, spread the mixture all over the dough circles. To get an original flavor, you can also add walnuts or coriander seeds.

*Take the hot oven tray from the heated oven, sprinkle some flour over it, and line the lahmacuns up. Then place the tray back in the oven. The lahmacuns will be ready in 10 minutes.*****

You can use this method to prepare the other pide mixtures too. You just have to mix the ingredients in a bowl and spread it over the dough you stretched. When you are making Tulum Cheese and Walnut Pide, be careful not to chop the rosemary, and when you are preparing White Cheese and Pastrami Pide, add the pastrami as the cheese starts to melt. Chop the red onion, garlic and parsley as finely as you can. Add olive oil, chili pepper, slightly ground coriander seeds and soy sauce to the mixture. Then, wait a couple of minutes for the mixture to reach a suitable consistency.

** For 1 bread dough.*

***I'm sure you have noticed that I'm using the words "pide" and "lahmacun" interchangeably. However, lahmacun is prepared of thinner dough sheets.*

**** In pide dough you use half of the yeast used in normal bread dough. I often use bread dough since it's readily available from the bakery and add flour to reduce the amount of yeast.*

*****If you do not have an oven you can also use a non-stick pan. You can preheat the pan, put the lahmacun or pide in, and keep heating after you cover it with the lid.*

TÜRK SUŞİLERİ
TURKISH SUSHI

23 yaşımda, henüz bir senedir çalışıyorken, o zamanki patronum (!f İstanbul Film Festivali ve Yaya Sergileri'ni memleketimize kazandıran) Pelin Turgut ile bir restoran açma hayalimiz vardı. 65 sayfalık bir iş planı hazırlamış, okuduğum üniversitenin kantinlerini işleten Naim Abi'den bütçe bile bulmuştuk. Ancak bu işin ısırabileceğimizden daha büyük bir lokma olduğunu son anda fark ettik.

Ben de projeyi biraz küçülttüm ve Beyoğlu'nda 6 metrekarelik bir dükkana sığdırmaya niyetlendim. Çorba ve o zamanlar yapmaya yeni başladığım (şimdi Türk Suşileri dediğim) ufak yufka sarmalardan satan bir dükkan hayal ediyordum. İş çıkışlarında, arkadaşınızla yemek randevunuza bir saat kalmışken mideniz kazındığında veya gece eğlencelerinden dönüşte uğranacak, mis gibi çorba kokan ve sağlıklı atıştırmalıklar sunan bir yer. Biz büyüdükçe hayallerimiz de gerçekleştirilebilir olmak adına küçülüyor herhalde. Ama içimden bir ses bu hayalin bir gün gerçek olacağını söylüyor...

When I was 23 years old and had been working for just one year, I and my then boss, Pelin Turgut (the co-founder of !f Istanbul Film Festival and Pedestrian Exhibitions) dreamt of opening a restaurant. We prepared a 65-page business plan and got budget help from Naim Abi who ran the canteens of the university I attended. But the project ended up on the back burners.

Then I shrank the project and tried to fit it into a 6m2 shop in the Beyoglu district of Istanbul. My dream was a restaurant which served soup and the little yufka (phyllo) wraps (which I now call Turkish Sushi) I had started preparing then. A place smelling deliciously of soup, serving healthy snacks, a place to stop by during rush hour, or when there is still one hour before your dinner appointment but you are starving, a place to stop by after a night out... As we grow older, our dreams shrink to make them more feasible. Still, I believe that one day these dreams will come true...

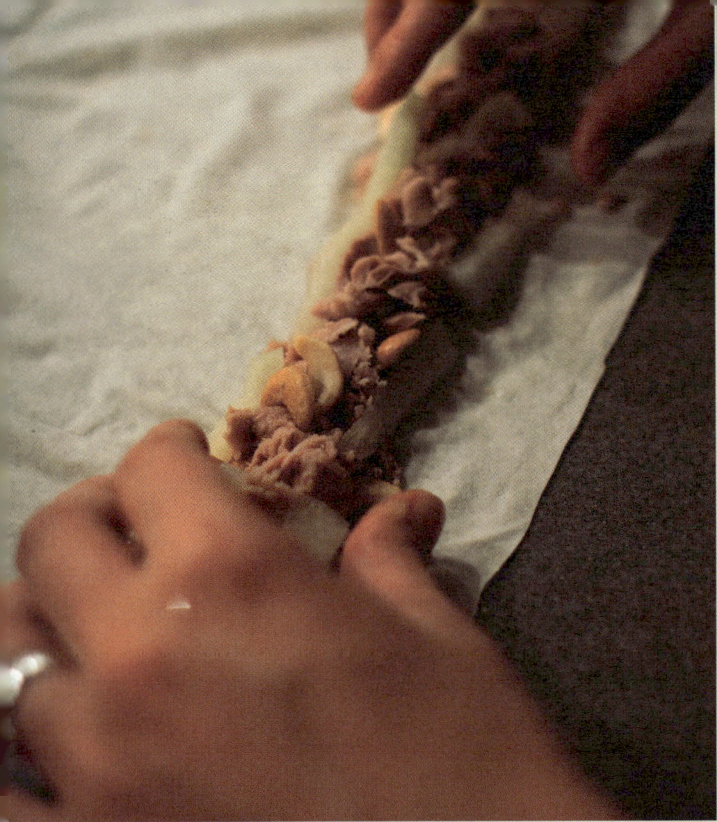

TS yapmanın en temel prensibi, çok ama çok taze yufka kullanmaktır. Taze ve iyi açılmış yufka, ancak yufka dükkanlarında, bazen de bakkallarda bulunabiliyor. Süpermarketlerden aldığınız ve 1-2 gün evvel naylon paketlere girmiş yufkaları lütfen tercih etmeyin.

Yufkayı geniş bir tezgaha açın ve kenarlarını keserek büyük bir kare haline getirin ve kareyi ortasından iki parçaya ayırın. En düz kestiğiniz kenarlardan itibaren, 2 cm'lik boşluk bırakarak malzemeleri eşit dağılacak şekilde yerleştirin ve en az 6 tur sıkıca sarın. Kalan yufkayı kesin ve kestikten sonra hafif yağlayarak sarın, böylece kocaman bir sigara gibi olacak. Sonra çok keskin ve tırtıksız bir bıçakla 4-5 cm kalınlığında bir parça kesin ve bu parçayı model olarak kullanarak diğer parçaları da aynı ölçülerde kesin.

The most basic principle of preparing TS is to use very fresh yufka. Properly rolled-out fresh yufka can only be found in yufka shops or sometimes in small corner stores. Please do not opt for yufka from supermarkets that were packaged 1-2 days ago.

Spread the yufka on a spacious counter, and by cutting the round edges off, shape it into a large square. Divide the square into two pieces. Place the ingredients in a row, spreading them equally and leaving a border of 2 centimeters around the edges. Roll it tightly at least 6 times. After rolling, trim the yufka at either end and roll it again, brushing with a little oil. The shape should be that of a large cigarette. Then, with a really sharp but not serrated knife, cut a 4-5cm thick piece, and using this piece as a model, cut the rest the same size.

Kavun & Balık Suşi

Ton Balığı, 1 kutu	Soya Sosu, 15 damla
Kavun, 1 dilim	Tatlı Biber Sosu, 10 damla
Kaju Fıstığı, 1 avuç	Bal

Ton balığını sarma tütün gibi, 1 cm. çapında yerleştirin. Sonra küçük küçük parçaladığınız fıstıkları boydan boya dizin. Ardından serçe parmağı uzunluğunda ve ince kesilmiş kavunları aynı şekilde yerleştirin.

Suşilerinizi düz bir tabağa sıralayın. Servis yapmadan hemen önce, biraz soya ve tatlı biber sosunu suşilerin içine sızacak şekilde koyun tabağa. İnce dilimlenmiş kavunları da kenarına koyun. Tüm suşi tabaklarına balla şekiller ve süslemeler yapabilirsiniz.

Suşi 29

Tulum Peyniri, 100 gr.	Ceviz, 1 avuç
Kuru Kayısı, 5 adet	Bal
Salatalık, 1 adet	Soya Sosu

Önce tulum peynirini, sonra dörde kesilmiş kuru kayısıları yerleştirin. Sekize bölünmüş salatalıkları ve dövülmüş cevizleri ekleyin. Üzerine bal dökün ve soya sosu ile servis yapın.

"Oh My God!" Suşi

Karides, 100 gr.	Karabiber, 15 çekimlik
Parmesan, 20 gr.	Zeytinyağı, 2,5 çorba kaşığı
Sarımsak, 1 diş	Soya Sosu
Taze Kişniş, 5 dal	Tatlı Biber Sosu veya Kapari
Süs Biberi, 2 adet	

Bu suşiyi Nil Karaibrahimgil'e ithaf etmek istiyorum. Onun güzel ruhu, bulunduğu her yere tat, hareket ve heyecan katıyor. Bu suşiyi ilk tattığında "Oh My God!" demişti, tarifin adı da böyle kaldı...

Karidesleri soyun, sudan geçirdikten sonra kaynayan suya atın; 3-4 dakikada haşlanacaklardır. Sonra tam ortalarından bölün. Dövülmüş sarımsakları, karidesler, zeytinyağı, karabiber ve kişniş yapraklarıyla karıştırın. Son olarak, üzerine parmesan rendeleyin ve hazırladığınız içi yufkaya sarın. Soya ve tatlı biber sosu veya kapari ile servis yapabilirsiniz.

Melon & Fish Sushi

Tuna Fish, 1 can	*Soy Sauce, 15 drops*
Melon, 1 slice	*Sweet Chili Sauce, 10 drops*
Cashew Nuts, 1 handful	*Honey*

Place the tuna fish as if it were tobacco and you were going to roll a cigarette, with a 1-cm. diameter. Then, align the little pieces of cashew along the tuna fish. After this, align the thinly-sliced melon (the length of a pinky finger) the same way.

Place the sushi on a platter. Before serving, add some soy and sweet chili sauce to the platter for the sushi to absorb. Place thinly sliced melon alongside. You can drizzle the platters with honey.

Sushi 29

Tulum Cheese, 100 gr.	*Walnuts, 1 handful*
Dried Apricots, 5	*Honey*
Cucumber, 1	*Soy Sauce*

Place the tulum cheese, then the dried apricots cut into four pieces. Then add the cucumbers cut into 8 strips and the chopped walnuts. Drizzle honey over the sushi and serve with soy sauce.

"Oh My God!" Sushi

Shrimps, 100 gr.	*Black Pepper, 15 grinds*
Parmesan Cheese, 20 gr.	*Olive Oil, 2.5 tbsp*
Garlic, 1 clove	*Soy Sauce*
Fresh Coriander, 5 sprigs	*Sweet Chili Sauce or Capers*
Ornamental Pepper, 2	

I would like to dedicate this sushi to Nil Karaibrahimgil. Her graceful soul brings taste, motion and excitement to wherever she goes. When she first tasted this sushi, she said "Oh my God!" Hence, the name of the recipe...

Peel the shrimps. After washing, throw them in boiling water for 3-4 minutes. Then, split them right down the middle. Combine the crushed garlic with shrimps, olive oil, black pepper and coriander leaves. Finally, grate parmesan cheese over and place the stuffing on the yufka, then roll it. You may serve these with soy sauce, sweet chili sauce or with capers.

KENDİNİ DÖNER SANAN KIYMA KAVURMA

Kıyma, 1 kilo • Soğan, 5 adet • Maydanoz, ½ bağ • Karabiber, 2 tatlı kaşığı • Tuz

İyi kıyma kavurmak, çok konuşulan bir dili bilmek gibi işe yarayan bir şey. Çok basit hareketlerle çok lezzetli yemekler yapma imkanı veriyor insana. Ben her zaman az yağlı dana etinden yapıyorum kıymamı, ama yüzde 50 kuzu - yüzde 50 dana eti de kullanabilirsiniz. Esas olan, kıymayı devamlı başında bekleyerek ve çevirerek iyice kavurmak. Kıymayı, yüksek ile orta arası bir ateşte, kendi yağıyla kavurmaya başlayın; pişerken su bırakacaktır. Suyunu çekmeye başladığında soğanı ekleyin. (Soğanları robotla değil, bıçakla kıymanız çok önemli. Robotta kıyılan soğan, suyunu o anda bırakıyor ve kattığı tat çok değişiyor) Soğanlar renk değiştirdiğinde ve et kokusu kebap kokusuna dönüştüğünde, yani 30-35 dakika içinde kıymanız olmuş demektir. Maydanoz, karabiber ve tuzunu artık ekleyebilirsiniz.

Yemek yapma sürelerime kıyasla uzun bir süreç, o yüzden ben bol kıyma yapıp (maydanoz eklemeden) ufak buzdolabı poşetlerine koyuyorum ve derin dondurucuya atıyorum. Kitabımızda göreceğiniz birçok yemek için de hayat kurtarıcı oluyor.

GROUND BEEF WHICH SEES ITSELF AS DONER KEBAP

Ground Beef, 1 kilo • Onions, 5 • Parsley, ½ bunch • Black Pepper, 2 dsp • Salt

Braising ground beef well is a useful skill like knowing a widely-spoken language. It provides one with many possibilities to cook very delicious meals. I always make my ground beef out of low-fat veal. But if you prefer, you can use 50% lamb – 50% veal, too. The important thing is that you should always be by the pan, waiting and braising it thoroughly. Start braising the ground beef over medium heat without any added fat; while it is cooking, it will release its own. When this starts to happen, add the onion. (It is imperative that you chop the onions with a blade, not with a food processor. Onion chopped in the food processor releases its juice immediately, drastically changing the taste it will give to the food) When the onions start to turn golden brown and the meat starts to smell like a kebap – meaning, in 30-35 minutes – it means that your ground meat is now braised. Now, you can add parsley, black pepper and salt.

This is a long process compared to other cooking times you will see here. Therefore, I braise a lot of ground beef and (without adding parsley), put it into small freezer bags and then into the deep freeze. They will act as lifesavers for a lot of recipes you will come across in this book.

EN NEFİS EKMEK ARASI
THE MOST DELICIOUS BREAD STUFFING

MALZEMELER INGREDIENTS

Domates, 3 adet orta boy • *Tomatoes, 3 medium*
Köy Ekmeği veya Pide, 8 dilim* • *Village Bread or Pide, 8 slices**
Taze Fesleğen, ½ bağ • *Fresh Basil, ½ bunch*
Sarımsak, 4 diş • *Garlic, 4 cloves*
Zeytinyağı, 5 çorba kaşığı • *Olive Oil, 5 tbsp*
Parmesan Peynir • *Parmesan Cheese*
Balsamik Sirke, 1 çorba kaşığı • *Balsamic Vinegar, 1 tbsp*
Muskat, ½ adet • *Nutmeg, ½ of one whole*
Kıyma • *Ground Beef*
Soya Sosu • *Soy Sauce*
Tuz • *Salt*

Köy ekmeğini parmak kalınlığında dilimleyin. Ellerinizi suya batırıp suyu dilimlerin üzerlerine yayın. Bu işlemi birkaç kere yapın. Önceden ısıtılmış fırında 4-5 dk. tutun. Islanan köy ekmeği fırından çıktığında, mahalle fırınından yeni çıkmış gibi yumuşak ve çıtır çıtır olacaktır. Ekmekleriniz biraz kızardıktan sonra üzerlerine evinizdeki en iyi zeytinyağından bir iki damla koyun ve 2 diş sarımsağı ortalarından kesip dilimlere bolca sürün.

Bu sırada domatesleri küp küp doğrayıp, 2 diş sarımsak ve 3-4 dal kesilmiş fesleğen yaprağıyla karıştırın. Karışıma 3 kaşık zeytinyağı, 1 kaşık balsamik sirke ve biraz tuz ekleyin. Biraz kıyma ve soya sosu ilave edin ve yarım muskatı üzerine rendeleyin. Tatların birbirlerini çekmesi için karışımı 5-10 dakika bekletin. Sonra ince parçalar halinde kestiğiniz parmesan peynirleri üzerine ekleyin ve karışımınızı ekmeklerin arasına yerleştirin.

Afiyet olsun!

*4 kişilik

Slice the village bread to the thickness of a finger. Soak your hand in water and spread the water on the slices. Repeat this process a couple of times. When taken out of the oven, the soaked village bread will be soft and crusty, just like from the neighborhood bakery. Lightly fry the bread and then drizzle with a few drops of the best olive oil you have. Cut the two cloves of garlic in half and rub them vigorously on the slices.

Meanwhile, chop the tomatoes into little cubes and mix with 2 cloves of garlic and 3-4 basil leaves. To this mixture, add 3 spoons of olive oil, 1 spoon of balsamic vinegar and some salt. Then, add a little ground beef and soy sauce and grate the half of the nutmeg on it. Wait 10 minutes for the tastes to mingle with each other. Then add the parmesan shave to the mixture; finally, stuff the mixture in between the bread slices.

Bon Appétit!

*serves 4

HER ŞEYDEN SALATA YAPMAK

MAKING SALADS OUT OF ANYTHING

Salatayı yemek yanında yenen soğuklardan görüyorsanız, yeterince zengin bir lezzete sahip olduğunu düşünmüyorsanız, salata yıkamak ve hazırlamak için vaktiniz olmuyorsa, salatalı bir hayata geçme kararı alıp bir türlü uygulayamıyor veya salatayla bir türlü doyamıyorsanız, umarım bu bölümde yazanlar fikrinizi biraz olsun değiştirebilir. O halde salata ile ilgili dertlerimize bir bakalım.

Salata soğuk!: Salatayı soğuk olarak nitelendirenler, sıcak proteinlerle rahatlıkla birleştirebilirler. Örneğin mercimekle, barbunyayla, etle veya tavukla.

Yeterince lezzetli değil! Salataları yeterince lezzetli bulmuyorsanız, doğru soslarla yemiyorsunuz demektir. Sosları salataya iyice yediremiyor da olabilirsiniz. Hazırladığınız sosu, bol bol karıştırarak, gerekirse parmaklarınızı kullanarak yedirmelisiniz salatanıza. Ama sosu, salatanızı yemeden hemen önce karıştırmanız da çok önemli, aksi takdirde içi geçmiş bir salata sunarsınız.

If you tend to regard salad as a cold side dish to be consumed with a main dish, or if you do not think that salad is delicious enough by itself, or if you do not have enough time to wash salad greens and prepare salad, or if you decide to change to a salad-based life and somehow cannot do it, or if you are never full with a salad, I hope this part may change your mind at least a little.

So, let us review our issues with salads.

Salad is cold! *Salads can easily be combined with warm proteins like lentils, borlotti beans, meat or chicken.*

Not delicious enough! *If you do not find salads tasty enough, it means that you are not preparing them with the right dressings. Or you may not be mixing the dressing enough in the salad. You must mix the dressing you prepared by stirring it a lot, if needed, with your fingers. But*

Salatayla doymuyorum! Bazı insanlar protein, bazıları ise karbonhidrat yediklerinde doyduklarını hissederler. Ne dersiniz, sizce salatanıza protein mi, karbonhidrat mı gerek?

Her gün salata yıkamak meşakkatli geliyor! Temizlik günlerinde veya kafa dağıtmak istediğiniz bir sırada, 10 dakika ayırdığınız takdirde, en az 3-4 gün yetecek kadar salata yıkayabilirsiniz. Salataların sularını almanıza yardımcı olacak sebze kurutucular çıktı, her yerde satılıyor. Kağıt havluyla da yapabilirsiniz bu işlemi. Suyunu süzdüğünüz salataları kağıt havlu koyduğunuz plastik kaplara yerleştirebilirsiniz. Böylece canınız çektiğinde, 30 saniyede salata hazırlayabilirsiniz. Kapağı açar, yeşillikleri ellerinizle 5 saniyede parçalayarak tabağınıza koyar ve sosunu eklersiniz.

Salatalık, domates, marul... Nereye kadar?! Salata demek, salatalık, marul ve domates demek değil yalnızca. Roka, fesleğen, lahana, kereviz sapı ya da tüm mevsim yeşillikleri salatanız için enfes malzemeler. Hepsini birleştirerek veya sevdiğiniz, karakterli bir yeşilliği ekleyerek nefis salatalar yapabilirsiniz.

Hangi mevsim hangi salata daha lezzetlidir? En sıcak yaz günlerinde ve sonbaharın ilk yarısında domatesler, salatalıklar ve biberler nefis olur. İlkbahar ve sonbahar ise her tür marulun, rokanın coştuğu zamanlar. Artık her mevsim her şeyi bulabiliyor olsak da, benim tavsiyem salatanızı mevsimlere göre seçmeniz.

Nelerden salata yapsam? Çok basit! Her şeyden... Sevdiğiniz her şeyden salata yapabilirsiniz. Zencefilden, bulgurdan, köfteden, balıktan, herşeyden salata yapabilirsiniz. Çok sevdiğim şeflerden Peter Gordon'un "Salads: The New Main Course" adlı bir kitabı var, salataların yeni ana yemek olması üzerine. Yemeğinizin nasıl olacağı hayal gücünüze kalıyor. Rokayla naneyi, marulla böğürtleni, kavunla kişnişi, fesleğenle mantıyı, incirle tulum peyniri ve rokayı buluşturmaktan korkmayın.

it is vital that you mix the dressing with your salad right before eating it, or, you will just be serving a salad that is wilted.

Salads don't fill me up! *Some people feel they are full when they consume proteins; some are full when they consume carbohydrates. What do you think? Does your salad need proteins or carbohydrates?*

It is an effort to wash lettuces! *On cleaning days or in a moment when you want to empty your head, if you just spare 10 minutes, you can wash lettuce leaves to last at least 3-4 days. There are salad spinners everywhere now, you can buy one anywhere. You can also do this procedure with a paper towel. After shaking off the excess water, you can put the lettuce leaves in plastic containers lined with paper towelling. So when you want to make a salad, you can prepare it in 30 seconds. You remove the lid, tear the leaves into small pieces and put them on your plate in 5 seconds and then add the dressing.*

Cucumbers, tomatoes, lettuce... enough already! *A salad does not mean only cucumbers, lettuce and tomatoes. Rocket, basil, cabbage, celery or all the seasonal greens are delicious ingredients for your salad. Either you can combine them all, or you can pick a favorite to prepare tasty salads.*

Which salad is tastier in which season? *On the hottest of summer days and in the first part of autumn, tomatoes, cucumbers and peppers are delightful. Spring and autumn are seasons when every kind of lettuce and rocket's taste soar. Even though we can find anything in any season nowadays, my advice would be to pick your salad according to the seasons.*

What ingredient should I pick for my salad? *Really simple! Pick everything... You can make salad out of anything you like. You can use ginger, bulgur, meatballs, fish, anything. One my favorite chefs, Peter Gordon has a book about how salad became the new main dish: "Salads: The New Main Course". It is up to your imagination. Do not be afraid to combine rocket with mint, lettuce with blackberries, melon with coriander, figs with tulum cheese and rocket...*

Salata Sosları

Klasik sos
Limon Suyu, 2 çorba kaşığı
Sızma Zeytinyağı, 6 çorba kaşığı
Tuz

Klasik balsamik
Balsamik Sirke, 2 çorba kaşığı
Zeytinyağı, 6 çorba kaşığı
Tuz ve Karabiber

Akdeniz usulü
Portakal, ½ adet
Sızma Zeytinyağı, 2 çorba kaşığı
Tuz

Soyalı Sos
Riviera Zeytinyağı, 3 çorba kaşığı
Pirinç Sirkesi, 2 çorba kaşığı
Soya Soyu, 5 çorba kaşığı
Karabiber, 10 çekimlik

Hardal sos
Taneli Hardal, 1 tatlı kaşığı
Karabiber, 1 çay kaşığı
Limon
Zeytinyağı
Sarımsak
Tuz ve Karabiber

Tatlı hardal
Hardal,1 tatlı kaşığı
Bal, 1 çay kaşığı
Kaju Fıstık, 1 avuç
Zeytinyağı, 3 çorba kaşığı
Limon, ½ adet
Karabiber, 5 çekimlik

Baharatlı sos
Nar Ekşisi, 4 çorba kaşığı
Soğan (küçük), ½ adet
Ceviz, 1 avuç
Pul Biber, 1 tatlı kaşığı
Kimyon, ½ çay kaşığı
Zeytinyağı, 4 çorba kaşığı

Beyaz sos
Krema, 2 çorba kaşığı
Zeytinyağı, 2 çorba kaşığı
Hardal, 1 çay kaşığı
Kekik, 1 tutam
Limon, ½ adet
Karabiber, 5 çekimlik

Nohutlu tahıllı salatalara
Yoğurt, 2 çorba kaşığı
Tatlı Biber Sosu, 1 çorba kaşığı
Kimyon, ½ çay kaşığı

Sıcak salatalara sofistike sos
Sarımsak, 2 diş
Mayonez, 2 tatlı kaşığı
Sirke, 1 çorba kaşığı
Kornişon, 4 adet
Kekik, 1 çay kaşığı
Zeytinyağı, 1 çay kaşığı
Balsamik Sirke, 1 çorba kaşığı
Karabiber, 5 çekimlik

Salad Dressings

Classic dressing
Lemon Juice, 2 tbsp
Extra Virgin Olive Oil, 6 tbsp
Salt

Classic balsamico
Balsamic Vinegar, 2 tbsp
Olive Oil, 6 tbsp
Salt and Black Pepper

Mediterranean style
Orange, ½
Virgin Olive Oil, 2 tbsp
Salt

Soy dressing
Riviera Olive Oil, 3 tbsp
Rice Vinegar, 2 tbsp
Soy Sauce, 5 tbsp
Black Pepper, 10 grinds

Mustard dressing
Wholegrain Mustard, 1 dsp
Black Pepper, 1 tsp
Lemon
Olive Oil
Garlic
Salt and Black Pepper

Honey mustard
Mustard, 1 dsp
Honey, 1 tsp
Cashew Nuts, 1 handful
Olive Oil, 3 tbsp
Lemon, ½
Black Pepper, 5 grinds

Spicy dressing
Pomegranate Syrup, 4 tbsp
Onion (small), ½
Walnuts, 1 handful
Flaked Red Pepper, 1 dsp
Cumin, ½ tsp
Olive Oil, 4 tbsp

White dressing
Cream, 2 tbsp
Olive Oil, 2 tbsp
Mustard, 1 tsp
Thyme, 1 pinch
Lemon, ½
Black Pepper, 5 grinds

For salads with chickpeas or grains
Yoghurt, 2 tbsp
Sweet Chili Sauce, 1 tbsp
Cumin, ½ tsp

Sophisticated dressing for warm salads
Garlic, 2 cloves
Mayonnaise, 2 dsp
Vinegar, 1 tbsp
Pickles, 4
Thyme, 1 tsp
Olive Oil, 1 tsp
Balsamic Vinegar, 1 tbsp
Black Pepper, 5 grinds

BAŞTAN ÇIKARANLARIN SALATASI: ROKA, PARMESAN, İNCİR

SEDUCERS' SALAD: ROCKET, PARMESAN, FIG

MALZEMELER INGREDIENTS

10 2

Roka, 1 bağ • *Rocket, 1 bunch*

Parmesan Peyniri, 50 gr. • *Parmesan Cheese, 50 gr.*

Kuru İncir, 5 adet • *Dried Figs, 5*

Ceviz, 1 avuç • *Walnuts, 1 handful*

Kahverengi Şeker, 2 çorba kaşığı • *Brown Sugar, 2 tbsp*

Bal, 1 çorba kaşığı • *Honey, 1 tbsp*

Sızma Zeytinyağı, 2 çorba kaşığı • *Virgin Olive Oil, 2 tbsp*

Balsamik Sirke, 1 çorba kaşığı • *Balsamic Vinegar, 1 tbsp*

Rokayı yıkayıp suyunu iyice süzdükten sonra, elinizle 2-3 parçaya bölün. Salata parçalarını zeytinyağı ile çevirin. Tüm roka yapraklarının yağlandığından emin olun. Temel olmakla birlikte, salatanızın lezzetini en çok belirleyecek aşama budur, sakın atlamayın. Daha sonra balı ekleyin ve salatanıza yayın. Parmesanları fasulye soyucu ile salatanızın içine ince ince dilimleyin. İncirleri de 6 parçaya ayırarak ekleyin.

Bir taraftan tavada 2 kaşık şekeri 1 kaşık su ile eritin. Cevizleri tavanın içinde bir kez çevirin ve sonra soğumaya bırakın; soğuduklarında, kırılıp salataya konulabilecek kıvama gelecekler.

Servis yaparken balsamik sirke ekleyin ve salatanızı bir güzel karıştırın.

After washing the rocket and shaking off the excess water thoroughly, divide it into 2-3. Sprinkle some olive oil over the rocket leaves and stir them. Make sure that all the leaves are lightly coated Though basic, this is the part that will determine the taste of your salad, so do not skip it. Then drizzle the honey over the salad. Thinly grate the parmesan cheese over the salad using a vegetable peeler. Slice each of the dried figs into 6 pieces and add them in.

Meanwhile, melt 2 spoons of sugar with 1 spoonful of water in a pan. Saute the walnuts in the pan once, and then leave to cool; when cool, they can be broken up and added to the salad.

When serving, add balsamic vinegar and toss your salad thoroughly.

BANDIRARAK YENEN BALIK SALATASI
FISH SALAD TO DIP

MALZEMELER INGREDIENTS

20 2

Kılıç Balığı veya Mezgit, 500 gr. • *Sword Fish or Whiting, 500 gr.*
Domates, 3 adet • *Tomatoes, 3*
Soğan, 1 adet • *Onion, 1*
Sarımsak, 3 diş • *Garlic, 3 cloves*
Fesleğen veya Maydanoz, 5 dal • *Basil or Parsley, 5 sprigs*
Dolmalık Fıstık, 1 çorba kaşığı • *Pine Nuts, 1 tbsp*
Limon, 1,5 adet • *Lemon, 1.5*
Zeytinyağı, 15+4 çorba kaşığı • *Olive Oil, 15+4 tbsp*
Balsamik Sirke, 4 çorba kaşığı • *Balsamic Vinegar, 4 tbsp*
Tuz, 1 çay kaşığı • *Salt, 1 tsp*
Karabiber, 20 çekimlik • *Black Pepper, 20 grinds*
Toz Kırmızı Biber, 1 çay kaşığı • *Paprika, 1 tsp*
Zahter, 1 çorba kaşığı • *Zahtar, 1 tbsp*

Bu salata, kış ayında hazırlandığı için mezgit ile yapılmıştır, ancak kılıç veya dil balığı ile de çok lezzetli olur, hangisini bulabiliyorsanız onunla yapabilirsiniz. Önemli olan, tadı ve deniz kokusuyla fazla öne geçmeyen lop etli bir balık kullanmak.

Soğanı, halkaları bozulmayacak şekilde ve yarım santimetre kalınlığında kesin, sonra elinizle açarak bir sürü halka haline getirin. Domatesleri de yarım santimetre kalınlığında halka dilimlerine bölün, sonra ortadan ikiye kesin.

Sarımsakları havanda tuz ile dövün, zeytinyağını içine dökün ve tatların karışması için kaşıkla karıştırın. Sıktığınız limon suyunu, balsamik sirkeyi ve karabiberi havanın içine ekleyin. Domatesleri ve soğanları çukur bir kaba alın ve sarımsak karışımını kabın içine ekleyin. Toz kırmızı biber ve zahteri de kaba katın. Fesleğen veya maydanozları elinizle yaprak yaprak ayırarak ekleyin. Bu şekilde en az yarım saat serin bir yerde bekletin. Hava çok sıcak ise bu süreyi kısaltabilirsiniz, ancak buzdolabına koymayın.

This salad, because it was prepared during winter, was made with whiting; however, it is delicious with swordfish or sole, too. The important thing is to have a soft, filletted fish without a strong sea smell.

Chop the onion keeping the circles intact, with a width of half a centimeter. Then, loosen the circles, taking them out from inside one another. You will have many circles. And chop the tomatoes into circular slices, with a width of half a centimeter. Then, cut the slices in half.

Crush the garlic with salt using a mortar and pestle, add olive oil and stir with a spoon so that the tastes mingle with each other. Add the squeezed lemon juice, balsamic vinegar and black pepper to the mortar. Pour the tomatoes and onions into a bowl and add the garlic mixture. Then, add the paprika powder and zahtar too. Select some basil and parsley leaves with your hands and add them. Let this mixture sit in a cool place for at least half an hour. If the weather is hot, you can rest it for a shorter period of time; however, do not place it in the fridge.

Servis yapmadan hemen önce balıklarınızı 3 cm.'lik küplere ayırın, üzerlerine biraz karabiber, biraz da tuz çekin ve 4 kaşık zeytinyağında kızartın.* Kızarmaya yakın dolmalık fıstıkları da atın, birlikte pişsinler. Hazır olunca balıkları salatanız ile karıştırıp afiyetle yiyin. Mevsimi ise, 2 çorba kaşığı nar eklerseniz yemeğinizin tadına tat katacaktır. Kaşıkla ve güzel su çeken sıcak bir ekmekle yemenizi öneririm. Bulabilirseniz mısır ekmeğini de ısıtabilir ve salatanıza bandıra bandıra yiyebilirsiniz.

* Ben bazen biraz bal döküp karabiber ve tuzu öyle koyuyorum kızartırken, hem rengi hem de çıtırlığı çok güzel oluyor. Yoğun ve karmaşık bir tat istediğiniz zamanlarda bu şekilde yapabilirsiniz.

Before serving, chop the fish in 3 cm. cubes. Add some blackpepper and some salt and fry the fish in 4 spoonfuls of olive oil. As the fish are about to fry, add the pine nuts. When ready, combine the fish with the salad and enjoy. If the season is right, adding 2 soupspoons of pomegranate will add a different taste to the dish. I suggest you eat it with a spoon and hot bread. If available, you can also dip hot corn bread in your salad.*

** Sometimes, when frying the fish, I first add some honey and then add blackpepper and salt. By adding honey, the color and the crispness of the fish reaches new heights. If you are looking for a more subtle taste, you should definitely try it.*

HAŞAT KÖFTELİ SALATA
BASHED MEATBALL SALAD

MALZEMELER INGREDIENTS

Köfte*, 2 adet
Meatballs, 2*

Salata için • ***For the salad***
Farklı çeşit Marullar, 1 bağ • *Mixed Lettuce Leaves, 1 bunch*
Roka, ⅓ bağ • *Rocket, ⅓ bunch*
Nane, 1 avuç • *Mint, 1 handful*
Fesleğen, 2 çorba kaşığı • *Basil, 2 tbsp*

Sos için • ***For the dressing***
Taneli Hardal, 2 tatlı kaşığı • *Wholegrain Mustard, 2 dsp*
Limon, 1 adet • *Lemon, 1*
Çekme Karabiber, 1 çay kaşığı • *Ground Black Pepper, 1 tsp*
Zeytinyağı, 2 çorba kaşığı • *Olive Oil, 2 tbsp*
Kapari, 1 tatlı kaşığı • *Capers, 1 dsp*
Galeta, 2 adet • *Hard Biscuits, 2*

Yeşillikleri elinizle parçalayın. **Hardal Sos** hazırlayıp bir kavanozda karıştırın ve yeşilliklerin üzerine dökün. İyice karıştırarak sosun tüm yapraklara nüfuz ettiğine emin olun.

Hazırladığınız 2 köfteyi yanmaz bir tavada yüksek ateşte pişirmeye başlayın. 1 dakika bir tarafını 1 dakika diğer tarafını pişirdikten sonra, köfteyi tahta bir kaşıkla, satırla geçermiş gibi yarım santim aralarla kesin ve çevirin. Köfteyi kurutmadan altını kapatıp, salatanızın üzerine koyun ve bir an evvel yiyin...

* **Dil Peyniri ve Fıstık Saklı Köfteler** tarifine göre hazırlayabilirsiniz.

Tear the leaves with your hands. Prepare Mustard Dressing, mix it in a jar, shake and pour over the leaves. Mix it so that each leaf absorbs the dressing.

Start sauteing the 2 meatballs you prepared in a non-stick pan on high heat. Cook one side for 1 minute and the other for 1 minute. Then, with a wooden spoon, cut the meatballs with half a centimeter breaks, as if using a cleaver, and saute them. Turn the heat off before the meatball gets dry. Add it on top of your salad and eat straight away.

* *You can prepare them according to* ***Meatballs Hiding String Cheese and Pistachios.***

REFİKA'NIN GAVURDAĞI

REFIKA'S GAVURDAG

MALZEMELER INGREDIENTS

Domates*, 4 adet • *Tomatoes*, 4*
Soğan, 1,5 adet • *Onions, 1.5*
Maydanoz, 2/3 bağ • *Parsley, 2/3 bunch*
Sarımsak, 3 diş • *Garlic, 3 cloves*
Ceviz, 2 çorba kaşığı • *Walnuts, 2 tbsp*
Sızma Zeytinyağı, 2 çorba kaşığı • *Extra Virgin Olive Oil, 2 tbsp*
Nar Ekşisi, 1 çorba kaşığı • *Pomegranate Syrup, 1 tbsp*
Kimyon, 1 tatlı kaşığı • *Cumin, 1 dsp*
Pul Biber, 1 tatlı kaşığı • *Flaked Red Pepper, 1 dsp*
Karabiber, 1 çay kaşığı • *Black Pepper, 1 tsp*
Nane, 1 tatlı kaşığı • *Mint, 1 dsp*
Muskat, ½ adet • *Nutmeg, ½*
Tuz • *Salt*

25 3

Domatesleri küp küp, soğanları da ince ince kıyın, ama sakın mutfak robotundan geçirmeyin. Maydanozları da ince kıyın ve hepsini bir kapta toplayın. Üzerine kimyon, karabiber, pul biber ve naneyi ekleyin.

Sarımsakları ezip, nar ekşisi, zeytinyağı ve limon karışımına ekleyin ve bir kavanoza koyup çalkalayın. Bu karışımı da domatesleri koyduğunuz kaba ekleyin ve içine muskat rendeleyin. En son cevizleri dövüp karışıma eklediğinizde, nefis salatanız servise hazır olacak. 10 dakika bekletin, böylece soslar birbirine iyice geçecektir.

* Kışın, biber salçası veya domates salçası

Chop the tomatoes in cubes, and finely slice the onions. However, do not use a food processor. Finely slice the parsley too, and put everything in a bowl. Add the cumin, black pepper, flaked red pepper and mint on top.

Crush the garlic and combine with pomegranate syrup, olive oil and lemon mixture. Put everything in a jar and shake it. Then add this mixture to the bowl with the tomatoes in it. Lastly, roughly chop the walnuts and add to the mixture; grate the nutmeg. Your salad is ready to serve now. Let it rest for 10 minutes for the tastes to mingle.

** In the winter, Red Pepper or Tomato Paste*

EVDE EKMEK HAMURU YAPMAK
PREPARING YOUR OWN BREAD DOUGH

MALZEMELER INGREDIENTS

20 2 +M

Un, 6,5 bardak* • *Flour, 6.5 cups**

İçme Suyu (ılıktan sıcak), 2 bardak • *Drinking Water (lukewarm), 2 cups*

Tuz, 2 çay kaşığı • *Salt, 2 tsp*

Toz Maya, 2 çay kaşığı • *Dried Yeast, 2 tsp*

Toz Şeker, 1 çay kaşığı • *Granulated Sugar, 1 tsp*

Bir kapta 1 bardak ılık su ile 1 tatlı kaşığı maya ve 1 çay kaşığı şekeri karıştırın ve kabarmaya bırakın. Derin bir kaba, önce kabaran mayayı koyun, tuz ve suyu ekleyip karıştırın ve çevire çevire yoğurun. Bu işlemin hızlıca yapılması gerekir. Elinize yapışan hamuru arada bir ılık suya batırıp reaksiyonu hızlandırabilirsiniz. Kaptaki tüm unu içine aldıktan sonra, eli bırakır hale geldiğinde (artık yapışmamaya başladığında), ekmek hamuru olmuş demektir. Kalın kuru bir bezle üstünü örterek, gölge, kuytu, ılık bir yerde kabarmaya bırakın. Ekmek hamuru 40 dakika sonra hazır olacaktır. Eğer sade olarak kullanacaksanız, un ile yoğurup kabarığını alın ve tepsiye koyup, pişirmeden önce 15 dakika dinlendirin. Unutmayın, piştiği zaman hamur yaklaşık 2 katına çıkar.

Mayalı hamurdan hamur yapmak, yetiştirdiğiniz bitkiden elde ettiğiniz tohumlarla yeni bitkiler yetiştirmeye benzer. Bu konuya merak duyarsanız, hazırladığınız hamurdan bir parçayı 1 gün buzdolabında bekletebilir ve sonra derin dondurucuda dondurarak gerektiğinde kullanabilirsiniz. Deneysel takılmak isteyenlere güzel bir uğraş olacaktır.

Kitabımızdaki pek çok tarifte ekmek hamuru kullanılıyor. Hamur yapmak için uğraşamam, ama evde ekmek pişirmek ve evin ekmek kokması fikri hoşuma gidiyor diyorsanız, mahalle fırınınızdan hamur alabilirsiniz. Evde istediklerinizi ekleyip istediğiniz şekilde pişirebilir, sıcacık ve çıtır çıtır yiyebilirsiniz.

* 1 kilo hamur elde edeceksiniz, aşağı yukarı 3 ekmeğe tekabül eder.

Cream together 1 cup of the lukewarm water, 1 dessertspoon of yeast and 1 teaspoon of sugar in a bowl, and leave it to rise. In a deep bowl, first put the risen yeast, then add the salt and the water, and knead the mixture with your hands. This process must be done rapidly; now and then, you can quicken the reaction by dipping your dough-smeared hand in warm water. After incorporating all the flour and reaching a consistency where it does not stick to your hands, the bread dough is ready. Cover it with a thick, dry cloth, and leave it in a warm, shady, place for it to prove. The bread dough will be ready in 40 minutes. If you are going to make regular bread, take the risen, upper part, knead it with flour and place on a tray. Let it rest for 15 minutes before baking. Do not forget that the dough almost doubles in size when baked.

Making dough out of yeast dough is similar to growing new plants from the seeds of the plant you have been growing. You can take a piece of dough, rest it in the fridge for 1 day and place in the freezer for future use

The bread dough is used in many of the recipes in this book. If you are likely to say, "I can't bother with making dough but the idea of baking bread at home and the bread smell filling my home appeals to me," you can buy dough from your neighborhood bakery. You can add any ingredient of your choice, bake it as you like, and enjoy warm and crusty homemade bread.

** You will have 1 kg of dough which approximately amounts to 3 breads.*

İKİ PEYNİRLİ ŞEKİLSİZ EKMEK
CLUMSY DOUBLE CHEESE BREAD

MALZEMELER INGREDIENTS

1 Ekmeklik Hamur • *1 Bread Dough*
Dil Peyniri, 3 parça • *Turkish String Cheese, 3 strips*
Sarımsak, 6 diş • *Garlic, 6 cloves*
Taze Kekik, 2 dal • *Fresh Thyme, 2 sprigs*
Sarı Üzüm, 1 avuç • *Small Light Green Grapes, 1 handful*
Karabiber, 20 çekimlik • *Black Pepper, 20 grinds*
Zeytinyağı, ½ çay bardağı • *Olive Oil, ¼ cup*
Susam, 1 çorba kaşığı • *Sesame Seeds, 1 tbsp*

15 2 +M

Sarımsakları dövüp bir kaba koyun, zeytinyağını içine dökün ve karabiberle kekiği ekleyin. Yağı hamurla karıştırın ve elinizle çevire çevire yedirin. Hamuru biraz un serpilmiş tezgaha koyun. Dil peynirlerini kalem inceliğinde uzun parçalara ayırın ve üzümlerle birlikte hamura ekleyin.

Hamuru elinizle genişletip içe doğru çevirin ve bu işlemi 20 kez tekrarlayın, böylece ekmeğinizin pek çok katmanı olacaktır. Elinizle şekil verdiğiniz hamuru 15 dakika dinlendirin ve fırına verirken bir çorba kaşığı susamı üzerine serpin. Sonra da 200 dereceye ısıtmış olduğunuz fırında 30-40 dakika pişirin. Piştiğinde ve dilimlediğinizde bütün katmanları göreceksiniz.

Crush the garlic and put it in a bowl. Pour the olive oil over it, and add the black pepper and the thyme. Combine the oil and the dough and knead well on a floured surface. Separate the string cheese in long strips as thick as a pencil, and add them to the dough together with the grapes.

Stretch the dough with your hands and turn it inside. Repeat this process 20 times, so that your bread will have many layers. Shape the dough with your hands and let it rest for 15 minutes. Then sprinkle the sesame seeds on the dough, and bake it in the oven preheated to 200 degrees for 30-40 minutes.

GÜVEÇ KABINDA BEYAZ PEYNİRLİ EKMEK
BREAD WITH WHITE CHEESE IN GUVEC

MALZEMELER INGREDIENTS

25 2 +M

1 Ekmeklik Hamur • *1 Bread Dough*

Beyaz Peynir, 150 gr. • *White Cheese*, 150 gr.*

Çörek Otu, 1 tatlı kaşığı • *Nigella Seeds, 1 dsp*

Kekik, 1 tutam • *Thyme, 1 pinch*

Zeytinyağı, 2 çorba kaşığı • *Olive Oil, 2 tbsp*

İstediğiniz ve en sevdiğiniz yeşillikler • *Herbs of your choice*

Kahvaltı için güzel bir ekmek seçeneği. Ekmek hamuruna biraz zeytinyağı ekleyin. Güveç kabının dibini ve kenarlarını yağlayın, sonra içine un serpin. Hamuru elinizle veya kalın bir merdaneyle biraz açın ve bölüp ortasına bolca beyaz peynir yerleştirin. Hamuru elinizle bohça yapıp kapayın ve uçlarını bastırdıktan sonra çevirip, düz tarafı kabın altına gelecek şekilde yerleştirin. 15 dakika dinlendirin ve öncesinde 175 dereceye ısıttığınız fırında 40 dakika pişirin.

A nice bread alternative for breakfast. Add some olive oil to the bread dough. Grease the bottom and sides of the guvec (Turkish earthenware cooking pot) and sprinkle some flour in it. Stretch the dough with your hand or with a rolling pin, opening it up, and stuff lots of white cheese in the middle. Fold the dough over on both sides to cover the cheesy filling. After pressing the dough's tips, turn it around and place it into the guvec with the flat side of the dough coming to the bottom. Let it rest for 15 minutes and bake it in the oven preheated to 175 degrees for 40 minutes.

*It is also known as Feta Cheese.

KOLAYINDAN HELLİMLİ BİTTA
BITTA WITH HALLOUMI

MALZEMELER INGREDIENTS

Sade Kekun • *Plain Cake Flour*
Hellim, 1 adet • *Halloumi, 1*
Ayçiçek Yağı, ½ bardak • *Sunflower Oil, ½ cup*
Yoğurt, ½ bardak • *Yoghurt, ½ cup*
Siyah Üzüm, 1 avuç • *Black Grapes, 1 handful*
Dereotu, 1 bağ • *Dill, 1 bunch*
Muskat, ½ adet • *Nutmeg, ½*

Kekunu kutudaki tarife göre hazırlayın. Yoğurt ve üzüm ekleyin ve yoğurun. Son olarak, ince kıydığınız dereotunu ekleyin ve içine biraz muskat rendeleyin. Hellimleri 1 cm.'lik küpler halinde kesip hamura karıştırın.

Bir borcamın içine fırın kağıdı koyun ve biraz un serpin. Karışımı içine dökün ve öncesinde 200 dereceye ısıttığınız fırında yaklaşık 35 dakika pişirin.

NOT: Kekin piştiğini nasıl anlarsınız? Kekin ortasının ve kenarlarının üzeri kızarmış olmalı. Kek fırına koyduğunuzun en az 1,5 katı boyutuna gelmeli. İçerisine bir bıçak batırıp çıkardığınızda, bıçağın üzerinde kek kalmamalı ve neredeyse hiç nem olmamalı. Bu arada, bir diğer püf noktası da keki fırına koyduğunuzda ilk 20 dakika fırının kapağını hiç açmamak.

Prepare the cake flour according to the recipe on the packet. Add yoghurt and grapes and then knead it. Finally, add the thinly sliced dill, and grate some nutmeg in. Cut the halloumi in 1 cm cubes and combine it with the dough.

Place oven paper inside a pyrex and sprinkle some flour over it. Put the dough mixture into the pyrex and bake it in the oven preheated to 200 degrees for 35 minutes.

NOTE: How will you know that the cake is baked? The middle top and edges of the cake should turn a lovely brown. The cake should be at least 1.5 times higher than the mixture you put in the oven. When you thrust a blade in it, there should be no pieces of cake stuck on the blade and there should be no moisture at all. Another tip is not to open the ovendoor for the first 20 minutes after you start baking the cake.

CEVİZLİ & BİBERLİ TIKNAZ EKMEK
BREAD WITH WALNUTS & RED PEPPER

MALZEMELER INGREDIENTS

10 2 +M

1 Ekmek Hamuru • *1 Bread Dough*

Acı Biber Püresi veya Güzel Biber Salçası, 5 çorba kaşığı
Chili Puree or Good Quality Red Pepper Paste, 5 tbsp

Ceviz, ½ bardak • *Walnuts, ½ cup*

Yeşil Zeytin, 15 adet • *Green Olives, 15*

Parmesan Peyniri, 75 gr. • *Parmesan Cheese, 75 gr.*

Pastırma, 5 dilim • *Pastrami, 5 slices*

Sarımsak, 3 diş • *Garlic, 3 cloves*

Zeytinyağı, ½ çay bardağı • *Olive Oil, ¼ cup*

Sarımsağı dövün, önce yağ sonra da hamurla karıştırın. Biber salçasını hamurun içine kaşık kaşık ekleyin, ekledikçe hamuru içine doğru çevirin. Zeytinleri ince ince doğrayın, cevizleri dövün ve pastırmaları kibrit çöpü şeklinde kesin. Hamuru biraz unlu tezgaha koyun, parmesanı içine rendeledikten sonra pastırma, ceviz ve zeytinleri ekleyin. Malzeme ekleme işlemini, hep ekmeğin ortasını içine doğru kıvırarak yapın. Böylece hazırladığınız ekmeğin pek çok katmanı olacaktır. Bir borcamda da pişirebilirsiniz. İçine fırın kağıdı koyar ve biraz un serperseniz fırınınız da tertemiz kalır. Elinizle şekil verip önceden 200 derece ısıttığınız fırında 30-40 dakika pişirin. Ekmek pişerken, fırının kapağını açıp bakmayın ki, rahat rahat kabarsın.

Crush the garlic, and combine with the oil and the dough. Add the red pepper paste spoonful by spoonful, and as you do this, knead well, always bringing the outer edges of the dough into the center. Thinly slice the onions, roughly chop the walnuts and cut the pastrami into matchstick shaped pieces. Place the dough on a floured surface. Together with the grated parmesan cheese, add the pastrami, walnuts and olives. While adding these ingredients, always knead bringing the outer edges of the dough over the filling so that your bread will have many layers. You can bake the bread in a pyrex dish, too. If you place a sheet of ovenproof paper and sprinkle some flour, the oven stays clean. Shape the dough with your hands, and bake it in the oven preheated to 200 degrees, for 30-40 minutes. While baking, do not open the oven door so that the bread can rise.

FESLEĞENLİ HUMUS
HUMUS WITH BASIL

MALZEMELER INGREDIENTS

Nohut, 2 kutu (800 gr.) • *Chickpeas, 2 cans (800 gr.)*
Tahin, 200 gr. • *Tahini, 200 gr*
Limon Suyu, ½ çay bardağı • *Lemon Juice, ¼ cup*
Sarımsak, 4 diş • *Garlic, 4 cloves*
Su, ½ çay bardağı • *Water, ¼ cup*
Zeytinyağı, 4 çorba kaşığı • *Olive Oil, 4 tbsp*
Tuz •*Salt*
Fesleğen* • *Fresh Basil**

Pek çok kişi humusu zor bir yemek diye bilir, oysa birkaç kısa yolla 15 dakikada hazırlanacak, çok karizmatik bir meze.

Yapılışında 2 kısa yol var, bunları size sır olarak vermek istiyorum. Birincisi, nohudu haşlamak epey vakit aldığından, haşlanmış konserve nohut kullanmak (denedim, gayet lezzetli oluyor ve tat olarak nerdeyse hiç farklı değil). İkincisi ise nohudun kabuklarını çıkarma meselesi. Bakın bu çok önemli, iyi bir humusta kabuk olmaz; kabuk, krem gibi olmasına ve acılaşmasına neden olur. Kabukları çıkarmanın en iyi yolu, pirinç yıkama kabını kullanmak. (Pirinç yıkama kabınız yoksa muhakkak alın, benim plastik olarak "tek" vazgeçmeyeceğim mutfak malzemesidir sanırım.) Kabukları eskiden tek tek soyarlarmış, benim yöntemim ise şöyle: Pirinç yıkama kabına nohutları dökün, kabı musluğun altına koyup suyu açın ve elinizle nohutları ovuşturmaya başlayın. Kabuklar su yüzeyine çıkacak, pirinç yıkama deliğinden su aktığı için de kenarda toplanacaktır. Dolayısıyla 800 gr. nohudun derileri 1 dakikada soyulmuş olur.

Nohut, tuz, sarımsak, tahin, su, limon suyu ve zeytinyağını mutfak robotuna koyun, hiç tane kalmayınca kadar karışsınlar.

Humusunuz hazırdır. Bu şekilde humus daha sulu ve sos gibi oluyor. Fesleğen ve pideyle lezzet, tatlı biber sosuyla hem lezzet hem renk katabilirsiniz.

* Fesleğenli değil de klasik humus yapmak isterseniz, kimyon, pul biber, biraz zeytinyağı ve birkaç dal maydanozla sunabilirsiniz.

Many people think that humus is a hard dish to prepare. However, it is a charismatic side dish which can be prepared in 15 minutes with a few shortcuts.

There are two shortcuts to prepare humus. The first one is, because it takes too long to boil chickpeas, using canned chickpeas (they are really delicious and there is no difference at all in taste). The second thing is to peel the skins of the chickpeas. This part is really important, as there should be no skin in a good humus. The skins cause the humus to have a creamy consistency and a bitter taste. The best way to remove the skins is to use a rice washing bowl. (If you do not have one, definitely get one. I think it is the one and only plastic kitchen tool that I would never give up.) In the old days, they used to peel the skins off one by one. My method is this: pour the chickpeas into the rice washing bowl. Place the bowl under the tap, turn the tap on and start slightly rubbing the chickpeas in your hands. The skins will pop up to the surface, and because the water is flowing through the rice washing hole, they will gather on a side. Therefore, the skins of 800 grams of chickpeas will be peeled in 1 minute.

Put chickpeas, salt, garlic, tahini, water, lemon juice and olive oil in the food processor. Mix till smooth.

The humus is ready. This way, humus is more moist and more like a sauce. You can add some more taste with basil and pide, or you can add both taste and color with sweet chili sauce.

* *If you want to prepare classic humus instead of the one with basil, you can serve it with cumin, flaked red pepper, some olive oil and sprigs of parsley.*

PEKMEZDE YATAN ERİTİLMİŞ DİL PEYNİRİ
MELTED STRING CHEESE DIPPED IN MOLASSES

MALZEMELER INGREDIENTS

5 1

Dil Peyniri, 100 gr. • *Turkish String Cheese, 100 gr.*
Pekmez, 50 gr. • *Molasses, 50 gr.*
Bandırmak için ekmek • *Bread for dipping*

Keyfinize Göre • ***As you please***
Tuzlu fıstık, bir avuç • *Salted Nuts, a handful*

Sabah kahvaltıları için, tatlıyla tuzluyu bir arada sevenler için özel bir tat... (Tatlıyla tuzluyu iyice karıştırmak isteyenler tuzlu fıstık da ekleyebilirler.)

Ufak güveç kabına dil peynirlerini dizip fırının ızgarasına koyun. Peynirler erimeye başladığında pekmezi üzerlerine ekleyin ve 1 dakika sonra fırından çıkarın. Ekmeğinizi veya etinizi bandırıp yemeniz için güzel ve çok kolay bir tarif...

Bu tarifi büyük bir kapta da yapabilirsiniz, sahanda sunmak hoş olabilir.

For breakfasts, a special treat for people who love sweet and savory together. Hardcore sweet and savory fans can also add salted nuts.

In a small earthenware cooking dish, align the strips of cheese and place under the grill. When the cheese starts to melt, add the molasses on top and take the dish out after 1 minute. This is a very nice easy recipe for you to dip bread or meat in...

You can prepare this recipe in a larger dish. It is nice served in a large, shallow frying pan.

KİŞNİŞLİ BEBEK ENGİNAR
BABY ARTICHOKES WITH CORIANDER

MALZEMELER INGREDIENTS

Enginar, 4 adet ufak • *Artichokes, 4 small ones*
Kişniş Tohumu, 2 çorba kaşığı • *Coriander Seeds, 2 tbsp*
Sızma Zeytinyağı (en güzelinden), ¾ çay bardağı
Extra Virgin Olive Oil (use one of the best), ¾ tea glass
Karabiber, 30 çekimlik • *Black Pepper, 30 grinds*
Sarımsak, 6 diş • *Garlic, 6 cloves*
Limon, 1 adet • *Lemon, 1*
Tuz • *Salt*

Enginarların yapraklarını bırakın ve ortalarını temizleyin, sonra ikiye ayırıp kaynayan suda haşlayın ve (hepsi hep en üste çıkmak isteyeceğinden) ara ara karıştırarak yerlerini değiştirin.

Bu sırada havanda sarımsakları tuzla ezin ve içine zeytinyağını ekleyin. Karışımı havanın içerisinde biraz çevirdikten sonra bir kaba alın. Kişnişleri havanda çok az dövün ve üzerine karışımı ekleyin, çekme karabiberi serptikten sonra tatların birbirine geçmesi için biraz bekleyin.

Sonra enginarları bir tabağa çıkarıp hazırladığınız karışımı üzerlerine dökün ve dağıtın. Enginar sosunu çektikten sonra üzerine 1 limon sıkın ve afiyetle yiyin.

Yerken yaprakları birer birer ağzınıza alıp dişlerinizle sıyırın. Hem lezzetli, hem yavaş yavaş yemeye alıştıran bir yiyecek. Üstelik en sona da en güzel yeri, yani enginarın kalbi kalıyor.

Keep the leaves of the artichokes and clean the middle parts. Then cut them into two and boil in boiling water and (because all of them will try to bob up to surface) stir once in a while so that they all change place in the pot.

Meanwhile,crush the garlic in the mortar with salt, and add olive oil. After stirring the mixture in the mortar for a while, pour it into a bowl. Crush the coriander seeds for a short while in the mortar and add to the mixture. Grind some black pepper on top and wait for the tastes to merge.

Next, place the artichokes on a plate, pour the mixture over them and spread it around. After the artichokes absorb the sauce, squeeze a lemon over them, enjoy.

When eating the artichokes, fully enjoy the leaves using your teeth.

BANDIRMALI DİL PEYNİRİ VE MANTAR
STRING CHEESE AND MUSHROOM TO DIP

MALZEMELER INGREDIENTS

15 2

Mantar, 8 adet • *Mushrooms, 8*

Dil Peyniri, 2 büyük parça
Turkish String Cheese, 2 big strips

Sarımsak, 5 diş • *Garlic, 5 cloves*

Taze Kekik, 3 dal • *Fresh Thyme, 3 sprigs*

Zeytinyağı, 3 çorba kaşığı • *Olive Oil, 3 tbsp*

4 Renk Karabiber, 40 çekimlik
4-Colored Black Pepper, 40 grinds

Tuz • *Salt*

Mantı ekmeği için
For the bread of the manti:

Un, 2 bardak • *Flour, 2 cups*

Tereyağı (eritilmiş), 2 çorba kaşığı • *Butter (melted), 2 tbsp*

Tuz, 1 çay kaşığı • *Salt, 1 tsp*

Mantarları ince ince, ama kıvrımlarını koruyacak şekilde kesip çukur bir kaba koyun. Elinizle ince ince dildiğiniz dil peynirlerini de kaba ekleyin.

Sarımsakları havanda dövün, önce çekme karabiberi ve kekiği sonra da zeytinyağını üzerlerine ekleyin. Bir süre karıştırarak malzemelerin tatlarının karışmasını sağlayın. Bu karışımı mantarların üzerine dökün ve karıştırın. Sonra mantarlarınızı, fırına girebilecek, yayvan bir kaba ince bir katman halinde yayın. Fırının ızgarasında, peynirler kızarmaya başlayıncaya kadar pişirin.

Bir de yanında yemek için mantı ekmeği yapalım: 2 bardak unu, bir yanardağ gibi tezgaha boşaltın ve üzerine bir yumurta kırın. 2 çorba kaşığı yağ ve tuzunu ekleyip karıştırın. Un toparlanmıyorsa biraz su ekleyebilirsiniz, ama hamurunuzun kıvamı sert olsun. Sonra hamuru ceviz büyüklüğünde bezelere ayırıp, 12-13 cm. çapında açın. Mantarlarla birlikte fırında ya da tavada pişirip bandıra bandıra yiyin.

* Jamie Oliver'ın "Jamie's Italy" adlı kitabından esinlenerek oluşturduğum bir tarif. Jamie'ye düşkünlüğümün başlangıcını temsil ettiğinden, benim için apayrı bir yeri var.

Thinly slice the mushrooms, keeping the curves. Put them in a deep bowl. Peel off the thin string cheese strips and add to the bowl.

Crush the garlic in the mortar. Then add the black pepper, thyme and the olive oil. Stir for a while so that the tastes blend. Pour this mixture on the mushrooms and stir again. Then spread the mushrooms in a thin layer onto a large, wide pan which can fit in an oven. Place under the grill till the cheese starts to melt.

Now, bake a mantı bread to eat with the dish: pour 2 cups of flour on the counter like a volcano and crack an egg on top. Add 2 tablespoons of butter and salt, then mix. If the flour does not reach its tight consistency, you can add a little water. But the consistency of the dough should be firm. Then, split the dough into small, walnut-sized pieces and roll them out to diameters of 12-13cm. Either bake in the oven with the mushrooms, or fry in a pan, and eat it with lots and lots of dipping!

** Years ago, I was inspired by Jamie Oliver's book, "Jamie's Italy" to create this recipe. It was the starting point of my admiration for him, so it is a tribute to Jamie Oliver and his genius.*

PASTIRMALI BİBERİYELİ PATATES
POTATO WITH PASTRAMI AND ROSEMARY

MALZEMELER INGREDIENTS

25 3

Patates, 4 adet • *Potatoes, 4*
Sarımsak, 5 diş • *Garlic, 5 cloves*
Biberiye, 2 dal • *Rosemary, 2 sprigs*
Muskat, ½ adet • *Nutmeg, ½*
Çemenli Pastırma, 2 kalın dilim • *Pastrami with cumin paste, 2 thick slices*
Zeytinyağı, 6 çorba kaşığı • *Olive Oil, 6 tbsp*
Karabiber, 1 tatlı kaşığı • *Black Pepper, 1 dsp*
Kimyon, 1 tatlı kaşığı • *Cumin, 1 dsp*
Tuz • *Salt*

Patatesleri küpler halinde kesin ve haşlayın, ama hafif sert kalsınlar. Patatesler haşlanırken, sarımsağı dövün, içine zeytinyağı ekleyin. Pastırmaların çemenlerini zeytinyağına ekleyin ve karıştırarak zeytinyağının dağılmasını sağlayın. Yarım muskatı rendeleyin ve çekme karabiber ekleyin. Sonra 2 dal biberiyeyi elinizi yumruk yaparak tezgahta dövün, hafif kokusu çıkacaktır. Başından tutup elinizi kaydırarak yapraklarını ana daldan tek seferde ayırabilirsiniz. Sonra onu da zeytinyağı ile karıştırın.

Patateslerin suyunu süzüp çukur bir kaba alın ve sarımsaklı karışımı içine ekleyip patateslere yedirin. Mümkünse kaşık kullanmadan, kabı elinizle oynatarak ve içindeki patatesleri hoplatarak karıştırın ki patatesler erimesin. Olmazsa bir kaşıkla hafifçe karıştırın. Sonra fırın tepsisine koyup, 180 derece ayarlı grilli fırında üstlerinin kızarmasını sağlayın. Fırına koyduktan 10 dakika sonra, ince ince doğradığınız pastırmaları da ekleyip bir daha karıştırın. 5 dakika sonra üzerleri kızarmış olacak.

Cut the potatoes into small cubes and parboil. Meanwhile, crush the garlic and add olive oil to it. Add the cumin paste of the pastrami to the olive oil and stir it so that olive oil spreads. Grate the half nutmeg and add the ground black pepper. Then on the counter, pound the two sprigs of rosemary with your fist; you will get a light smell. If you hold the stem of the rosemary and slide your fingers down, you can remove the leaves on your first try. Mix them in the olive oil, too.

Sieve the potatoes and place them in a deep bowl. Then add the mixture with garlic into the bowl and saturate the potatoes with the mixture. If possible, do not use a spoon; do this while moving and shaking the bowl with your hands, bouncing the potatoes, so that the potatoes will not pine away. If not possible, stir lightly with a spoon. Then place them on the oven tray, set the heat to 180 degrees to brown the potatoes. After 10 minutes in the oven, add the thinly-sliced pastrami and stir again. After 5 minutes, the top part will be nicely browned.

MANTAR MÜCVER & PAZI MÜCVER

MUSHROOM MUCVER & CHARD MUCVER

MALZEMELER INGREDIENTS

Mantar Mücver • *Mushroom Mucver*
Mantar, 8 adet büyük • *Mushrooms, 8 big ones*
Soğan, 1 adet • *Onion, 1*
Sarımsak, 2 diş • *Garlic, 2 cloves*
Yumurta, 2 adet • *Eggs, 2*
Dil Peyniri, 1 büyük parça • *Turkish String Cheese, 1 big strip*
Un, 2 çorba kaşığı • *Flour, 2 tbsp*
Karabiber, 1 tatlı kaşığı • *Black Pepper, 1 dsp*
Pul Biber, 1 tatlı kaşığı • *Flaked Red Pepper, 1 dsp*
Taze Kekik, 2 dal • *Fresh Thyme, 2 sprigs*
Dolmalık Fıstık, 1 çorba kaşığı • *Pine Nuts, 1 tbsp*
Zeytinyağı (veya Ayçiçek Yağı) • *Olive Oil (or Sunflower Oil)*

Pazı Mücver • *Chard Mucver*
Pazı, 1 bağ • *Chard, 1 bunch*
Kırmızı Dolmalık Biber, 1 adet • *Red Bell Pepper, 1*
Taze Soğan, 8 adet • *Scallions, 8*
Sarımsak, 2 diş • *Garlic, 2 cloves*
Yumurta, 2 adet • *Eggs, 2*
Un, 4 çorba kaşığı • *Flour, 4 tbsp*
Karabiber, 1 tatlı kaşığı • *Black Pepper, 1 dsp*
Pul Biber, 1 tatlı kaşığı • *Flaked Red Pepper, 1 dsp*
Zeytinyağı (veya Ayçiçek Yağı) • *Olive Oil (or Sunflower Oil)*
Hellim, yarım kalıp (isteğe göre) • *Halloumi, half a piece (optional)*

Servis Önerisi • *Advice for Service*
Tahin & Limon • *Tahini & Lemon*
Tatlı Biber Sosu • *Sweet Chili Sauce*
Soya Sosu • *Soy Sauce*

Mücver bizim mutfağımızın biricik tariflerinden. Temel mantığı, sebze veya mantar gibi malzemeleri yumurta ve soğanla sulu bir harç haline getirmek ve kıvamını un ile dengeledikten sonra yağda kızartmak. Aslında İsviçrelilerin meşhur röştisi de bir nevi mücver mantığı ile yapılıyor. Hayal gücünüzü harekete geçirmek için bu iki örneği vermek istedim. İkisi de birbirinden nefis oluyor.

Mucver is unique to the Turkish cuisine. The basic is to combine ingredients like vegetables and mushrooms with eggs and onions, adjusting the consistency of the stuffing with some flour, then frying in oil. In fact, Swiss rösti has – in a way – the same basics. I give these two kinds of mucver to spur your imagination. Both are delicious.

Tüm malzemeleri ince ince kıyıp çukur bir kaba alın. İçine yumurtaları kırın, sarımsağı doğrayın, baharatları ekleyin. İyice karıştırın. Yayvan bir tavada, 1 cm. yüksekliğindeki yağınızı iyice kızdırın. Karışımı iki kaşık yardımıyla toplayıp yağa bırakın, sonra da tepesine bastırın. Karışımınız kızarınca peçetenin üzerine alarak yağını çektirin. Güzel soslarla servis yapın. Sıcak sıcak yiyin.

Ağır olmasın diyorsanız, karışımın içine biraz yağ ekleyin. Hazırladığınız mücverleri, içine fırın kağıdı koyduğunuz ve fırına girebilecek bir kaba yerleştirin. Sonra fırın ve ızgarayı birlikte açarak fırına atın ve çevirerek pişirin.

Thinly slice all the ingredients and place them in a deep bowl. Break the eggs, chop the garlic, and add the spices. Stir thoroughly. In a wide pan, heat 1 cm of oil till it sizzles. Scrape the mixture into balls with the help of two spoons and drop into the oil. Then, press the top. When the mixture is fried, place on a napkin so that it absorbs the oil. Serve hot with nice sauces.

If you do not want the dish to be heavy, add some oil to the mixture. Place the mucver you prepared on an oven tray lined with oven paper. Then, put in the oven with the baking and grill mode on and bake. Turn them from time to time.

KEREVİZ KARPAÇYO
CELERIAC CARPACCIO

MALZEMELER INGREDIENTS

25 3

Kereviz, 2 adet büyük • *Celeriacs, 2 big ones*
Sarımsak, 6 diş • *Garlic, 6 cloves*
Portakal, 1 adet • *Orange, 1*
Soğan, 1 adet • *Onion, 1*
Havuç, 1 adet • *Carrot, 1*
Esmer Şeker, 1 tatlı kaşığı • *Brown Sugar, 1 dsp*
Limon, ½ adet • *Lemon, ½*
Roka • *Rocket*
Parmesan Peyniri • *Parmesan Cheese*
Tuz, 2 çay kaşığı • *Salt, 2 tsp*
Zeytinyağı, 6 çorba kaşığı • *Olive Oil, 6 tbsp*
Karabiber, 10 çekimlik • *Black Pepper, 10 grinds*
Muskat (rendelenmiş), ⅓ • *Nutmeg (grated), ⅓*
Dolmalık Fıstık, 1 çorba kaşığı • *Pine Nuts, 1 tbsp*

Geniş bir tavanın altını 4 çorba kaşığı yağ ile kaplayın. Küçük küçük doğradığınız soğanları kızartın ve sarımsak, havuç ve dolmalık fıstık ekleyin. Kerevizleri (3-4 mm. çapında) ince yuvarlaklar şeklinde kesin, tavaya dizin ve pembeleşmeleri için 1 kez çevirin. 1 adet portakalı kesip içine sıkın. Şekerini ve tuzunu koyun. 1,5 bardak kaynar su dökün ve üstü kapalı bir şekilde 15 dakika pişirin. Sonra bir tabağa alıp tek tek dizin, üzerine bol roka ve parmesan ekleyip, muskat rendeleyin. Karabiber ve 2 kaşık yağı üzerinde gezdirdikten sonra servis yapın.

Pour 4 tablespoons of oil into a wide pan. Saute the small chopped onion pieces and add garlic, carrot and pine nuts. Slice the celeriacs in small rounds (diameter – 3-4 mm), place in the pan and sauté till they change colour. Halve 1 orange and squeeze it on the celeriacs. Add sugar and salt. Pour over one and a half cups of boiling water and cook with the lid on for 15 minutes. Then place them on a serving plate one by one, add plenty of rocket leaves and parmesan cheese and grated nutmeg. Sprinkle black pepper and 2 spoons of oil. Ready to serve.

YUMURTALI KUŞKONMAZ
ASPARAGUS WITH EGGS

MALZEMELER INGREDIENTS

Kuşkonmaz, 200 gr. • *Asparagus, 200 gr.*
Kırmızı Dolmalık Biber, ½ • *Red Bell Pepper, ½*
Sarımsak, 4 diş • *Garlic, 4 cloves*
Susam, 1 çorba kaşığı • *Sesame Seeds, 1 tbsp*
Soya Sosu, 2 çorba kaşığı • *Soy Sauce, 2 tbsp*
Yumurta, 2 adet • *Eggs, 2*
Karabiber, 30 çekimlik • *Black Pepper, 30 grinds*
Limon*, ½ • *Lemon*, ½*
Tuz • *Salt*
Zeytinyağı, 2 çorba kaşığı • *Olive Oil, 2 tbsp*

Kuşkonmazları tavada, zeytinyağında çevirin. 1-2 kez çevirdikten sonra içine sarımsakları ve kırmızı dolmalık biberi şeritler şeklinde keserek ekleyin. Rengi değişip karamelize olmaya başlayınca 1 çorba kaşığı soya sosunu yavaş yavaş ekleyin. Sonra susamları koyun, hafif pembeleşince yumurtayı üstüne kırın ve tekrar bir çorba kaşığı soya sosu ekleyin. Sonra yemeğinizi çevirin ve yumurta fazla kurumadan altını kapatıp afiyetle yiyin.

Kuşkonmaza Kıbrıs'ta "ayrelli" derler. Bu arada, genellikle parmak kalınlığında kuşkonmazlar görürüz, oysa yabani kuşkonmaz, ince bir kurşun kalemden de ince ve çok daha lezzetlidir. Anadolu Hisarı sırtlarındaki açık ormanda mayıs ayında yabani kuşkonmaz olur, çocukluğumda annemle toplamaya giderdik. Toplaması biraz maharet ister, çünkü adı üstünde "kuşkonmaz" biraz dikenlidir. İnce ince toplarken eliniz kolunuz çizikler içinde kaldıysa, kuşkonmazın tadı da bir başka gelir.

NOT: Yumurtalı fasulye yapmak için de bu tarifi kullanabilirsiniz.

* Sıkıp yanında yemek isteyenler için...

Saute the asparagus in a pan, with olive oil. After a minute, cut the red bell pepper in thin strips and add to the pan. When it starts turning color and caramelizing, slowly add 1 tablespoon of soy sauce. Then add the sesame seeds, and when they start to change colour, break the egg in and add another spoonful of soy sauce. Saute the mixture and before the scrambled egg gets too dry, turn off the heat and enjoy your asparagus dish.

In Cyprus, asparagus is called "ayrelli." Although the asparagus we see around are as thick as a finger, wild asparagus is thinner than a thin pencil and much tastier. On the hillside of Anadoluhisari (the Anatolian Fortress in Istanbul), there is an open forest. In May, one can find wild asparagus there. When I was a child, my mother and I used to go there to gather it. Gathering asparagus is tricky, as its Turkish name suggests (Kuskonmaz – something that a bird dare not land on), as it is prickly. You may end up with arms full of scratches, however the taste of the asparagus will be worth it.

NOTE: You can also use this recipe for cooking green beans with eggs.

** For those who like to squeeze it on the dish...*

4 YEŞİLLİKLİ KALAMAR KARİDES

CALAMARI AND SHRIMPS WITH 4 KINDS OF HERBS

MALZEMELER INGREDIENTS

25 3 +M

Kalamar, 1 adet • *Calamari, 1*
Karides (ufak boy), 200 gr. • *Shrimps (baby ones), 200 gr.*

Sosu için • ***For the sauce:***
Bal, 2 çorba kaşığı • *Honey, 2 tbsp*
Zeytinyağı, 2 çorba kaşığı • *Olive Oil, 2 tbsp*
Soya Sosu, 2 çorba kaşığı • *Soy Sauce, 2 tbsp*
Sirke, 2 çorba kaşığı • *Vinegar, 2 tbsp*
Taze Kişniş*, 2 dal • *Fresh Coriander*, 2 sprigs*
Dereotu, 2 dal • *Dill, 2 sprigs*
Maydanoz, 2 dal • *Parsley, 2 sprigs*
Taze Kekik, 2 dal • *Fresh Thyme, 2 sprigs*
Sarımsak, 3 diş • *Garlic, 3 cloves*
Tuz • *Salt*

Kalamar terbiyesi için • ***For the seasoning of the calamari:***
Bira, ½ şişe (200 cl.) (veya Soda, bir küçük şişe) • *Beer, ½ bottle (200 cl) (or Mineral Water, 1)*

Kalamarı bira veya soda içinde, 3 ila 24 saat buzdolabında bekletin, sonra yuvarlaklar halinde kesin. Keserken bıçağın ucuyla kalamarın üzerine ince çizikler çekin ki sos içeri daha rahat işlesin. Kalamarları çukur bir kaba alın, karidesleri de içine ekleyin.

Havanda 3 diş sarımsağı dövün ve sarımsak, maydanoz, kekik, dereotu ve kişnişi kalamar ve karidesin içine ekleyin. Zeytinyağı, soya sosu ve balı da ekleyin ve karıştırın. Karabiberi de ekledikten sonra, hazırladığınız sosun üstünü kapatın ve 3 saat boyunca tezgahta bekletin.

Kalamar ve karidesleri harlı bir ateşte, yanmaz tavada pişirin. Pişmesine yakın, beklettiğiniz sosu üzerine dökün ve 1 dakika da böyle çevirin. Sulu, karamelize bir yemeğiniz olacak. 2 kişilik özel bir yemekte, 2 dilim köy ekmeğini közleyebilir ve biraz zeytinyağı serptikten sonra, karışımı dilimlere dökerek ikram edebilirsiniz.

* Yoksa, 1 tatlı kaşığı dövülmüş kişniş tohumu kullanabilirsiniz.

Marinate the calamari in beer or mineral water for a minimum of 3 hours, maximum 24 hours. Then, slice into rounds. As you slice, draw thin lines on the calamari so that the sauce will be absorbed much more easily. Put the calamari in a deep bowl and add the shrimps.

Add crushed garlic cloves, parsley, thyme, dill and coriander in the calamari & shrimp mixture. Then add olive oil, soy sauce, honey and mix together. Finally, after adding the black pepper, cover the sauce and keep it on the counter for 3 hours to marinate.

Cook the calamari and the shrimps in a non-stick pan on high heat. When near ready, pour the sauce over it all and saute for 1 minute. You will have a juicy, caramelized dish. For a special meal for 2, you can grill 2 slices of village bread, sprinkle a little olive oil, pour the mixture on the slices and serve.

* *If not available, you can use 1 dessertspoon of pounded coriander seeds.*

GÖKKUŞAĞI ALTINDA HELLİMLİ KALAMAR
CALAMARI WITH HALLOUMI UNDER THE RAINBOW

MALZEMELER INGREDIENTS

25 3 +M

Kalamar, 1 adet • *Calamari, 1*
Hellim, ½ kalıp • *Halloumi Cheese, ½ piece*
Kırmızı Acı Biber, 1 adet • *Red Hot Chili Pepper, 1*
Sarı Dolmalık Biber, ¼ adet • *Yellow Bell Pepper, ¼*
Yeşil Dolmalık Biber ¼ adet • *Green Bell Pepper ¼*
Ceviz, 1 avuç • *Walnuts, 1 handful*
Susam, 1 çorba kaşığı • *Sesame Seeds, 1 tbsp*
Soya Sosu, 2 çorba kaşığı • *Soy Sauce, 2 tbsp*
Sarımsak, 3 diş • *Garlic, 3 cloves*
Taze Kekik, 2 dal • *Fresh Thyme, 2 sprigs*

Kalamar terbiyesi için • *For the seasoning of the calamari:*
Bira, ½ şişe (200 cl.) veya Soda, bir küçük şişe • *Beer, ½ bottle (200 cl.) (or Mineral Water, 1 small bottle)*

Kalamarı en az 3 saat bira veya sodada bekletin, sonra isterseniz halkalar, isterseniz uzun şeritler halinde kesin. Tavaya biraz zeytinyağı koyun, kalamarı ve ufak ufak kestiğiniz sarımsağı atın. Kalamarlar şekil değiştirince, uzun şeritler halinde kestiğiniz hellimleri içine atın. (Hellimi biraz suda bekletirseniz de faydalı olur, çünkü bazen çok tuzlu olabiliyor.) Hemen ardından ince ve uzun uzun kestiğiniz biberleri katın ve soya sosunu ekleyin. Susam, ceviz ve kekiği de ekledikten sonra karışımınızı 2 dakika çevirin. Afiyet olsun!

Marinate the calamari in beer or mineral water for at least 3 hours. Then cut into rounds or long strips. Pour some olive oil in the pan, and toss in the calamari and chopped garlic. When the calamari changes shape, add the halloumi cheese cut in long strips. (It helps to soak halloumi in water for a while, as some halloumi is very salty.) Then immediately add the peppers cut in long,thin strips and add the soy sauce. Saute everything together. Add sesame seeds, walnuts and thyme, and saute the mixture for 2 minutes.

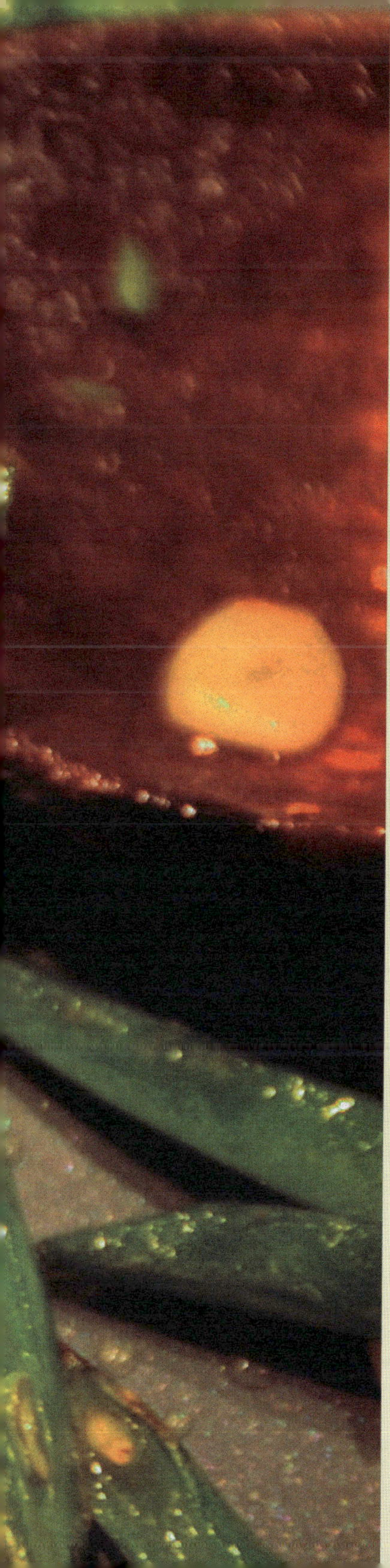

MEZE YEŞİL FASULYE
GREEN BEANS WITH YOGHURT

MALZEMELER INGREDIENTS

Taze Fasulye*, 200 gr. • *Green Beans*, 200 gr.*
Sarımsak, 3 diş • *Garlic, 3 cloves*
Yoğurt, 2 çorba kaşığı • *Yoghurt, 2 tbsp*
Ceviz, 4-5 tane • *Walnuts, 4-5*
Zeytinyağı, 2 çorba kaşığı • *Olive Oil, 2 tbsp*

Keyfinize göre • *According to taste:*
Kırmızı pul biber • *Flaked Red Pepper*

15 2

Fasulyelerin kenarlarını alın ve ortalarından birer kez bölün. Tavaya biraz zeytinyağı dökün, fasulyeleri içine atın ve diriliklerini kaybetmeden renkleri hafifçe değişinceye dek 3-5 dakika çevirin. Çevirirken sarımsak, pul biber ve son olarak cevizi ekleyin. Tavada 8-10 tur daha çevirin, sonra bir kenara alın ve hafif soğumasını bekleyin. İki kaşık yoğurdu, suyunu almadan bir kaba koyup çırpın ve fasulyeleri içine ekleyerek biraz karıştırın. Hafif, çabuk, güzel bir yemek ya da süper bir rakı-balık mezesi bir anda hazır olacak!

* Organik ve olabildiğince taze fasulye kullanırsanız iyi olur. Zira çok az malzeme kullanıyor ve fasulyenin tadını ön plana çıkarıyoruz bu tarifte.

String the green beans and split them down the middle Pour some olive oil in the pan, drop the beans in and saute for 3-5 minutes till they change color a little, while still firm. While sauteing, add garlic, red flaked pepper and finally, walnuts. Do this 8-10 times and take the pan off the heat and wait for it to cool a little. Take two spoons of watery yoghurt, pour into a bowl and stir. Add the bean and stir some more. A light, easy to prepare dish or an amazing raki-with-fish side dish is now ready!

** Fresh, organic green beans are best as the ingredients are few and we are trying to emphasize the taste of the green beans.*

BULGUR PİLAVI
BULGUR PILAF

MALZEMELER INGREDIENTS

35 2

Bulgur (iri taneli), 2 bardak • *Bulgur (large grain), 2 cups*
Soğan, 2 adet orta boy • *Onions, 2 medium*
Biber Salçası, 2 çorba kaşığı • *Pepper Paste, 2 tbsp*
Domates Salçası, 2 çorba kaşığı • *Tomato Paste, 2 tbsp*
Domates, 2 adet • *Tomatoes, 2*
Sarımsak, 4 diş • *Garlic, 4 cloves*
Nohut, 1 kutu (400 gr.) • *Chickpeas, 1 can (400 gr.)*
Havuç, ½ adet • *Carrot, ½*
Taze Kekik, 3 dal • *Fresh Thyme, 3 sprigs*
Pul Biber • *Red Flaked Pepper*
Nane • *Mint*
Sumak • *Sumac*
Zeytinyağı • *Olive Oil*

Bu tarif bu kitapta niye var? Son zamanlardaki gözlemlerime göre, bizim yaşımızdakiler yavaş yavaş bulgurdan uzaklaştı; çoğumuz bu çok kolay kıvamını bulan, her şeye yakışan ve pirince göre çok daha sağlıklı olan bulgura mesafeliyiz. Bir de bulgur pilavı bizi ailece bir araya getiren tatlardan. İşlerden fırsat bulduğumuzda -ki bu nadirdir- babam bazen bulgur pilavı yapardı, çocukluğumun en güzel anılarındandır... Babamla huy olarak çok benzeriz, ama ikimiz de iddiacıyızdır ve farklı fikirlerimizi savunmadan edemeyiz; yemek ve matematik konusunda ise ortak zevklerimiz vardır. Kısacası, bulgur pilavının bağlayıcılığının ve anısının benim nazarımda çok özel bir yeri vardır. Dumanı tüten nefis bir bulgur pilavı, iki kaşık mis gibi yoğurt ve birkaç turşu. Mutlu olmak için daha fazlasına ihtiyaç yok!

Zeytinyağını tencereye koyun, soğanları orta incelikte kıyıp içine atın, 4 diş sarımsağı da her birini 8 parçaya ayırarak ekleyin. Soğanlar biraz ölsün, siz de bu sırada domatesleri rendeleyin. Soğanla-

Why is this recipe in this book? Well, I think our generation slowly grew away from bulgur; most of us are offish about bulgur pilaf, which is much healthier than rice, a good companion to any kind of food, reaching its consistency very easily. Another thing is that bulgur pilaf is one of those tastes which bring our family together. Whenever we have some time off work –which is rare– my father cooks bulgur pilaf – an eternal sunshine of memory from my childhood. My father and I are very similar in character: we are both stubbornly insistent and cannot stop defending our differing ideas. In food and maths, however, we have common ground. In short, the memory and the binding nature of bulgur pilaf have a spotless place in my mind. Bulgur pilaf, some yoghurt and a couple of pickles. This is surely the recipe for happiness!

Pour some olive oil into the pot. Chop the onions in not-too-thin pieces and add. Split each clove of garlic into 8 pieces and add them too. Saute the onions a little; meanwhile, grate the tomatoes. When the onions start to change color, add the tomatoes to the pot; and when

rın rengi değişince domatesleri tencereye ekleyin ve domatesler de ölünce biber salçası ve domates salçasını koyun.

Bulguru tencereye ekleyin ve karıştırın. Bulgur, sosu etraflıca çekince, rendelediğiniz havucu, nohudu ve baharatları ekleyin ve ardından kaynayan su katın. Yemeğiniz önce çorba gibi gözükecektir, ama bulgurun suyunu nasıl çektiğine şaşıracaksınız. Tencerenin kapağını kapatıp ocağı kısık ateşe getirin ve 10 dakikada bir bakın. Yemeğiniz suyunu çektiğinde ve bulgurun üzerinde ufak kraterler gibi hava alma çukurları oluşunca altını kapatın (biraz sulu kalırsa iyi olur). 15 dakika dinlendirin, dumanı tüterken afiyetle yiyin.

they change color, add both the pepper paste and the tomato paste.

Add the bulgur to the pot and stir. When the bulgur absorbs the sauce thoroughly, add the grated carrot, chickpeas and spices and then add boiling water. The mixture in the pot may look like a soup at first, but you will be surprised at how the bulgur will absorb the water. Cover the pot, reduce the heat to minimum and check every 10 minutes. When the dish has absorbed all its water and breathing pits like small craters emerge on the surface, turn off the heat (it would be nice if there was just a little moisture left). Let the dish rest for 15 minutes, and enjoy while still hot.

ÇITIR MÜCANDARA* PİLAVI

CRISPY MUCANDARA*

MALZEMELER INGREDIENTS

40 3

Yeşil Mercimek, 1 bardak • *Green Lentils, 1 cup*
Pirinç, 1 bardak • *Rice, 1 cup*
Soğan, 2 adet • *Onions, 2*
Zeytinyağı, ½ çay bardağı • *Olive Oil, ¼ cup*
Susam, 2 çorba kaşığı • *Sesame Seeds, 2 tbsp*

Mercimeği 5 bardak suda 10 dakika haşlayın. Bu sırada başka bir tencereye zeytinyağı koyun ve soğanları içleri yuvarlak kalacak şekilde, yani boyuna değil enine doğru kesin. Sonra da yuvarlakları ortalarından 1 kez kesin ve elinizle yoğurmaya başlayın. Uzun yarım daireler halindeki soğanları zeytinyağlı tencereye koyun ve iyice kavurun. Soğanlar kahverengileşmeye başladığında kavrulmuş miktarın yarısını bir kenara ayırın, kalanının üzerine ise pirinçleri ekleyin ve aynı pilav yapar gibi çevirerek kavurun. Suyunu koyma vakti geldiğinde, haşladığınız mercimeğin suyundan 2 bardak ekleyin ve karıştırarak pirincin tamamına yayılmasını sağlayın. Sonra mercimeği süzüp pilavınıza karıştırın.

Yarısını ayırmış olduğunuz soğanı karamelize ederken 2 kaşık susamla çevirin ve sonra pilavın üzerine koyarak servis edin. Bu pilavın bir özelliği, soğuk meze olarak da yenmesi, soğuk ayrı sıcak ayrı çok lezzetli olması.

NOT: Füzyon sunumu ve çıtır susamları dışında bu tarifte bir değişiklik yok. Kıbrıs'ta hâlâ sık yapılıyor olmasına rağmen, Türkiye'de, yolda kaybettiğimiz bir yemek ve o kadar lezzetli ki kitaba eklemeden edemedim.

* Kıbrıslıların söylediği şekliyle...

Boil the lentils in 5 cups of water for 10 minutes and put aside. Meanwhile, pour the olive oil in another pot and slice the onions in rounds. Then, halve these and start squeezing them with your hand. Put the long, semi-circular shaped onions in the pot with the olive oil and saute thoroughly. As the onions start to brown, take half of them and put them aside. Add the rice to the remaining onions and continue lightly sautéing. When it is time to add the water, add 2 cups of water from the water of the boiled lentils and stir thoroughly. After this,sieve the lentils and mix with the rice.

Caramelize the onions by adding sesame seeds and spoon the mixture over the rice. You can enjoy this dish warm or cold.

NOTE: Apart from the fusion presentation and crispy sesame seeds, the recipe presentation and sesame seeds, the recipe is traditional. Common in Cypriot Cuisine, this dish has been largely forgotten in Turkey, which is why I have included it here.

** The way it is pronounced by the Cypriots...*

EVDE ERİŞTE YAPMAK
PREPARING ERISTE AT HOME

MALZEMELER INGREDIENTS

90 4

Un, 1 kilo • *Flour, 1 kg*
İçme Suyu, 300 cl. (5/4 bardak) • *Drinking Water, 300 cl (5/4 cups)*
Tuz, 1 tatlı kaşığı • *Salt, 1 dsp*
Yumurta, 2 adet • *Eggs, 2*

Unu ister bir kaba koyun, isterseniz bir yanardağ gibi tezgaha boşaltın, ortasına yumurtaları kırın ve tuzunu ekleyin. Sonra yavaş yavaş su ilave ederek çok sert (kulak memesi kıvamından çok daha sert) bir hamur elde edebilirsiniz. Sonra hamuru ufak bir elma büyüklüğünde bezelere ayırıp, 30 dakika dinlenmeye bırakın. Hamur dinlendikten sonra bezeleri, varsa kalın bir merdaneyle yoksa yuvarlak bir şişeyle yufka açar gibi açın. Sonra bir oklava ile ince işe girişmeniz gerekiyor. Tam yuvarlak yapabilmenin sırrı, oklavayı hamurun başından sonuna yuvarladıktan sonra, parçayı 1/8'i kadar çevirip oklavayla bir kez daha üzerinden geçmek. Böylece 8 gidiş gelişte hamurunuz bütün kenarlarından açılmış olacak. Köydeki teyzelerin başka başka teknikleri var, fırsatınız olursa izlemenizi tavsiye ederim, bale izlemek kadar keyifli olabiliyor...

Put the flour in a bowl, or pour it on the counter like a volcano. Break the eggs in the middle and add salt. Then, by slowly adding water, you should acquire a very firm dough consistency (firmer than your earlobe). Divide the dough into pieces shaped like small apples. Let them sit for 30 minutes. After resting the dough, roll out the pieces like rolling out yufka using a thick rolling pin or a round bottle. Next, with a thin rolling pin comes the fine tuning. To make perfectly round sheets, roll from one end of the dough to the other, rotate the dough 1/8th of its size and roll again. In 8 full rounds, the dough will be rolled out from every edge. The old ladies in the villages have various methods. If you have time, I suggest you watch them. The experience can be as rewarding as watching a ballet recital...

EVDE ERİŞTE YAPMAK

PREPARING ERISTE AT HOME

Hamur açmayı öğrendikçe, kendinizi bu işe iyice kaptıracak ve bezeler bitince üzüleceksiniz. Hamur açmak inanın en güzel terapilerden biri, bu yüzden sakın gözünüzde büyümesin erişte yapmak. Zaten mükemmel bir yuvarlak da açmanız gerekmiyor.

Açtığınız yufkaları bir bezin üzerinde 2-3 saat bekletin ve bekletirken ara sıra çevirin ki iki tarafı da yavaş yavaş kurusun. Sonra yufkaları ortadan ikiye kesip katlayın. 2,5 cm'lik şeritler halinde kesin ve erişte inceliğine ulaşıncaya dek şeritleri üst üste koyup kesmeye devam edin. Sonra erişteleri, içine temiz bir bez serdiğiniz geniş bir tepsiye yayın ve evin kuytu bir yerinde 1-2 gün kurutun.

As you become better at rolling out dough, you get hooked. Rolling dough is amazing therapy, so, don't make a big deal out of preparing eriste. It doesn't matter if they are not perfectly round.

Rest the yufka on a cloth for 2-3 hours and turn the rounds over once in a while so that both sides dry slowly. Then divide the yufka in two and fold. Slice them in 2.5cm-length strips and continue slicing till you reach the thinness of an eriste, putting them on top of each other. Next, put the eriste on a wide tray with a clean cloth spread over it and dry them in a shady area of the house for 1-2 days.

BEYAZ PEYNİRLİ ERİŞTE*

WHITE CHEESE ERISTE*

MALZEMELER INGREDIENTS

Erişte, 1 bardak • *Eriste, 1 cup*

Beyaz Peynir, 100 gr. • *White Cheese, 100 gr.*

Sarımsak, 4 diş • *Garlic, 4 cloves*

Zeytinyağı, 2 çorba kaşığı • *Olive Oil, 2 tbsp*

Taze Kekik, 2 dal (veya Kekik, 2 tutam) • *Fresh Thyme, 2 sprigs(or Dried Thyme, 2 pinches)*

Dolmalık Fıstık, 1 çorba kaşığı • *Pine Nuts, 1 tbsp*

Kırmızı Acı Biber, 2 adet (veya Pul Biber, 2 tutam) • *Red Hot Chili Pepper, 2 (or Flaked red pepper, 2 pinches)*

Bir kap kaynamış suya 1 bardak erişte koyup hafif sert kalıncaya kadar pişirin. Erişteler kaynarken siz de sarımsakları soyup sahanda dövün ve dolmalık fıstıkları ufak parçalar haline getirin. Acı biber kullanacaksanız, onu da ince parçalara bölüp sarımsak ve fıstıklara ekleyin ve karışımı geniş bir kaptaki zeytinyağına atıp 2 dakika kadar çevirin. Sarımsakların kokusu çıkınca, erişteyi kaşık kaşık karışımın içine boşalttın. Kızgın yağın etkisiyle hafif cazırdayacaktır, ama biraz kızarınca çok lezzetli olacak. Bu esnada devamlı çevirin eriştenizi. Beyaz peynirleri elinizle parça parça edip tencereye atın, kekik ve karabiber ekleyin. Eriştenin kaynar suyundan da yarım kepçe ekleyip son kez karıştırın. Son derece basit ve son derece lezzetli eriştemiz 10 dakikada hazır olacaktır. Bekletmeden yiyin!

Taze kekik ve nefis beyaz peynir ile o kadar lezzetli oluyor ki yazarken bile heyecanlanıyorum. Bu, kitabımızın prodüktörü Göknur'un en sevdiği yemeklerdendir. Birlikte çalıştığımız günlerde, bu tarifi 10 dakikada yapıp tepsiyle önüne getiriyordum ki, hiç vakit kaybetmeden bol bol çalışalım, yoğun iş programımız içinde hayalimizi gerçekleştirmemiz mümkün olsun.

*Bu yemeği, masaya oturmadan 20 dakika evvel yapmaya başlamanızı tavsiye ederim, zira erişte bekletmeye gelmez.

Pour 1 cup of eriste into boiling water and cook till they are al dente. While the eriste boil, peel the skin off the garlic cloves and crush them in the mortar. Mash the pine nuts into little pieces and combine with the garlic. Pour the mixture into a large bowl with the olive oil and saute for 2 minutes. When the smell of the garlic is released, add the eriste in spoonfuls into the mixture. With the heated oil, it will crackle but after frying a little, it will be delicious. Meanwhile, continue sauteing the eriste. Using your hands, crumble the white cheese. Add thyme and black pepper. Add half a ladle of boiling water from the eriste and stir one last time. This easy-to-prepare and very tasty eriste will be ready in 10 minutes. Enjoy!

This eriste is so delicious with fresh thyme and a good white cheese that I get excited just writing about it. This dish is also a favorite of Göknur, the project coordinator of this book. When we were working together, I used to prepare this recipe in 10 minutes and bring it to her in a tray so that we could work without losing time.

** I suggest you prepare this dish 20 minutes before serving, as it is not good to rest eriste.*

DENİZ MAHSULLÜ ERİŞTE*

SEAFOOD ERISTE*

MALZEMELER INGREDIENTS

30 3

Kalamar, 1 adet • *Calamari, 1*
Karides, 8 adet orta boy • *Shrimps, 8 middle-sized ones*
Erişte, 2 bardak • *Eriste, 2 cups*
Taze Kekik, 3 dal • *Fresh Thyme, 3 sprigs*
Kuru Üzüm, 1 çorba kaşığı •*Raisins, 1 tbsp*
Kapari, 1,5 çorba kaşığı • *Capers, 1½ tbsp*
Muskat (rendelenmiş), ½ adet •*Nutmeg (grated), ½*
Domates, 3 adet •*Tomatoes, 3*
Yeşil Biber, 2 adet • *Green Pepper, 2*
Beyaz Şarap, 1 çay bardağı • *White Wine, ½ cup*
Sarımsak, 4 diş • *Garlic, 4 cloves*
Zeytinyağı (tavayı yağlayacak kadar) *Olive Oil (enough to oil the pan)*
Karabiber, 1 çay kaşığı • *Black Pepper, 1 tsp*
Tuz • *Salt*

Ufak parçalara böldüğünüz sarımsağı, tavadaki zeytinyağında biraz öldürün. (Tam olarak ölmesin, çünkü kalamar ve karidesle de pişecek). Ufak halkalara böldüğünüz kalamarı (terbiyesi için 3 saat soda veya birada bekletmenizi tavsiye ederim) ve şeritler halinde kesilmiş biberleri ekleyin. 2 dakika pişirdikten sonra karidesleri ekleyin ve 1 dakika çevirdikten sonra, küp küp doğradığınız domatesleri içine atın. (Benim gibi siz de domatesleri soymaya üşeniyorsanız, iki parçaya bölebilir ve kabukları pişerken alabilirsiniz.) Domateslerin suları çekilene kadar karışımı çevirin ve başka bir kapta erişteleri kaynar suya atıp hemen karışımın başına dönün. Domatesler sularını iyice çekince, şarabı ve kuru üzümleri karışımınıza ekleyin ve ısınmaları için 15-20 saniye karıştırın. Sonra erişteleri kaşık kaşık karışıma ekleyin ve 1 dakika da böyle pişirin. En son, kapari ve taze kekiği ekleyin. Yerken üzerine çekme karabiber de ekleyebilirsiniz. Hemen yiyin.

Bu tarifi makarna ile de yapabilirsiniz. Ama erişte makarnadan çok daha çabuk açılıyor ve açılmasına rağmen diriliğini koruyor. Ayrıca daha az yumurta ve daha az işlenmiş un kullanılarak yapıldığından çok daha sağlıklı.

* Bu yemeği, masaya oturmadan 20 dakika evvel yapmaya başlamanızı tavsiye ederim, zira erişte bekletmeye gelmez.

Chop the garlic into small pieces and stirfry briefly in a pan with olive oil. (Do not overdo it, as they will be further cooked with calamari and shrimps.) Add the calamari (I suggest you marinate it in mineral water or in beer for 3 hours beforehand) and strips of green pepper. After cooking for 2 minutes, add the shrimps and after waiting for 1 minute, throw in the tomatoes cut into small cubes. (If you feel too lazy to peel the tomatoes like me, you can diced them in two and take the skins off while cooking.) Stir the mixture till the juice of the tomatoes is absorbed. Put the eriste in a bowl with boiling water and immediately return to the mixture. When the juice of the tomatoes is thorougly soaked, add the wine and raisins and stir for 15-20 seconds to heat through. Then, add the eriste to the mixture and cook for 1 minute. Finally, add the capers and fresh thyme. When serving, you can sprinkle black pepper over it. Enjoy right away.

You can use this recipe with pasta, too. However, eriste cook much quicker than pasta and keep their firmness. Also, because they are made with less processed flour and eggs, it is much healthier.

**I suggest you prepare this dish 20 minutes before serving, and serve immediately.*

TANE TANE BÖRÜLCE
PODDED BLACK EYED PEAS

MALZEMELER INGREDIENTS

Taze Börülce, 3 bardak • *Fresh Black Eyed Peas, 3 cups*

Sarımsak, 4 diş • *Garlic, 4 cloves*

Zeytinyağı, ½ çay bardağı • *Olive Oil, ¼ cup*

Kişniş Tohumu, 1 tatlı kaşığı • *Coriander Seeds, 1 dsp*

Limon, ⅔ adet • *Lemon, ⅔*

Kırık Zeytin, 15 adet • *Pickled Olives, 15*

Tuz • *Salt*

Kıbrıs'ta sık yapılan bir yemektir, Türkiye'de nedense börülceyi tane tane olacak şekilde yetiştirmiyorlar. Belki börülce yetiştiricilerinin eline geçer ve adetimizi değiştirmeye bir katre etkisi olur bu tarifin...

Börülcelerin tanelerini ayırın, tanelerini ayıramayacağınız kadar körpe olanların da uçlarını kesin ve bol miktar kaynar suda kaynatın. Börülce yaklaşık 20 dakikada pişecektir, pişmiş mi anlamak için arada tadına bakabilirsiniz.

Bu sırada, bir kapta zeytinyağına sarımsakları ufak ufak doğrayın, kişnişleri biraz dövün, zeytinleri, limonu ve tuzunu da ekleyip hepsini bir güzel karıştırın (bir kavanozun içine koyup kolayca karıştırabilirsiniz). Hazırladığınız karışımı ocaktan aldığınız ve suyunu süzdüğünüz börülcenin üzerine dökün. Arzu ederseniz karışıma haşlanmış yeşil kabak da ekleyebilirsiniz.

This is a common dish in Cyprus. For some reason, in Turkey, black eyed peas are not grown as single beans. Perhaps this recipe will find its way to black eyed pea farmers and help to change this tradition...

Pod the black eyed peas. If they are very fresh and don't pod easily, cut the tips and boil them in a large amount of water. The peas will be cooked in approximately 20 minutes. You can taste to check if cooked.

Meanwhile, chop the garlic in small pieces into a bowl with olive oil. Crush the coriander seeds a little. Add olives, lemon and salt and stir well (you can put them all in a jar with a lid and shake). Take the black eyed pea pan off the heat and drain. Pour the mixture you prepared over the peas. If you like, you can add boiled zucchini to the mixture.

KAVUNLU KISIR
BULGUR SALAD WITH MELON

MALZEMELER INGREDIENTS

30 3

İnce Bulgur, 2 bardak • *Fine Bulgur, 2 cups*
Biber Salçası, 2 çorba kaşığı • *Pepper Paste, 2 tbsp*
Domates Salçası, 2 çorba kaşığı • *Tomato Paste, 2 tbsp*
Zeytinyağı, 10 çorba kaşığı • *Olive Oil, 10 tbsp*
Pul Biber, 1 tatlı kaşığı • *Red Flaked Pepper, 1 dsp*
Toz Kırmızı Biber, 1 çay kaşığı • *Paprika, 1 tsp*
Karabiber, 1 çay kaşığı • *Black Pepper, 1 tsp*
Tuz, 2 çay kaşığı • *Salt, 2 tsp*
Limon, 1 adet • *Lemon, 1*
Nar Ekşisi, 2 çorba kaşığı • *Pomegranate Sour Syrup, 2 tbsp*
Yeşil Soğan, 8 adet • *Scallions, 8*
Maydanoz, 2/3 bağ • *Parsley, 2/3 bunch*
Taze Nane, 4 dal • *Fresh Mint, 4 sprigs*
Kavun, ½ adet • *Melon, ½*
Marul Yaprakları • *Lettuce Leaves*

Nedense kısır yapmak büyülü bir şey. Dünyanın en zor tutturulan yemeklerini yaparsınız kimsenin sesi çıkmaz, ama kısır yaptığınızda "aaa, sen kısır da yapabiliyorsun demek!" diyerek etkilenirler. Herkes hazırlığını ve yapımını çok zor zanneder, oysa 20 dakikada gayet kolayca nefis bir kısır hazırlayabilirsiniz. Köylerde, tarlalarda karpuzla yenen, pratik bir yiyecektir. Bana kısır yapmayı 15 yaşımda Neylan Teyzem öğretmişti; kolay olduğunu çaktırmadan birkaç sene epey sükse yaptım bizimkilere. Bu arada, kısır tamam da kavun nerden çıktı deyip kavun eklemekten korkmayın. Karpuzla da güzel olur, isterseniz bir de öyle deneyin.

İnce bulguru bir tencerenin içine koyun, 1 bardak kaynar suya ¼ bardak ılık su ekleyerek bulgurun üzerine dökün. Tencerenin kapağını kapatıp 10 dakika dinlendirin. Açılma şekli, süresi ve gereken su miktarı bulgurun cinsine göre değişecektir. Bu noktada, bulgur tane tane ve yediğiniz zamanki halinden biraz daha sert olmalıdır. Bulgur dinlenirken siz biber salçası, domates salçası, zeytinyağı, pul biber, toz kırmızı biber, karabiber ve tuzu bir kapta karıştırın. Limonu sıkıp suyunu hazır edin. Taze soğanları, maydanoz ve naneleri ince ince kıyın ve bir kenarda bekletin.

For some reason, making bulgur salad is a magical thing. I mean, you cook dishes that are really hard to prepare and nobody notices, but when you make bulgur salad, everybody goes "wow, so you can make bulgur salad too!" Everyone thinks that it is hard to make, but you can prepare a delicious bulgur salad in just 20 minutes. This is a handy dish, eaten with watermelon in the rural areas. Neylan Teyze taught me how to prepare bulgur salad, when I was 15 years old. Not letting people know that it is in fact easy to make, I had made quite an impression amongst the people around me. By the way, do not think and be afraid that melon is an unnecessary addition. Watermelon is also a nice choice, you can try with that, too.

Pour the fine grained bulgur into a pot. Add ¼ cup warm water to 1 glass of boiling water, and then pour it over the bulgur. Cover the pot with a lid and leave it to rest for 10 minutes. Cooking time and the amount of water required vary depending on the kind of bulgur you use. At this point, the bulgur grains should be separate and a little harder than usual. While the bulgur rests, combine pepper paste, tomato paste, olive oil, red flaked pepper, black pepper and salt in a bowl. Squeeze a lemon and keep its juice in a handy place. Finely chop the scallions, parsley and mint and leave to rest in a corner.

Bu sırada bulgurunuz hazır hale gelecektir. Eğer kuru kaldıysa biraz daha kaynar su ekleyip biraz bekletin. Sonra bulguru rahatça yoğurabileceğiniz bir kaba alın ve salça ve baharatları karıştırarak hazırlamış olduğunuz sosu üzerine dökün. Siz yoğurdukça biraz katı olan bulgur açılacak ve nefis sos tanelerin içine işleyecek. En az 5 dakika, vaktiniz varsa 10 dakika yoğurun. Bu aşamada bulgurlar benliklerini halen koruyor olmalı, yani lapa gibi birbirlerine yapışmamalı, çok da kuru kalmamalılar. Lapa olursa yapacak bir şey yok, ama kuru ise limon ve su ekleyerek açma şansımız olur.

Yeşillikleri soslu bulgura ekleyin ve parmaklarınızla kabaca karıştırın. Fazla yoğurup yeşilliklerin renklerini kaybetmemek gerek. Sonra nar ekşisini ekleyin. Kavunu keserken çıkan suyu kısırın üzerine boşaltın. Varsa dondurma kaşığı ile kavunları güzel yuvarlaklar halinde kesin ve kısıra karıştırın, ancak karıştırırken bastırmamaya özen gösterin. Marul yapraklarını dizin, bastırmadan avucunuza aldığınız kısırı yaprakların üzerine koyun. Bu şekilde ufak tepeler oluşturun. Yanına bir de şalgam açtınız mı keyfinize diyecek yok.

Now, the bulgur should be ready. If it looks dry, add a little bit more boiling water and let it rest for a little while more. Then, place the bulgur in a bowl where you can easily stir it. Pour the sauce you prepared with paste and spices over the bulgur. As you stir the bulgur, it will "open" and the delicious sauce will be absorbed by the bulgur grains. Stir for a minimum of 5 minutes; if you have time, make it 10. At this point, the bulgur grains should still "be themselves," meaning that they should neither be sticking to each other like porridge, nor be so dry. If the mixture becomes like porridge, there is nothing to be done; however, if dry, we have a chance to moisten it by adding lemon and water.

Add the herbs to the bulgur and mix roughly with your fingers. Avoid over-kneading it, else the herbs may lose their color. Then add pomegranate sour syrup. Pour the water that came out while cutting the melon over the bulgur. If you have an ice cream scoop, cut the melon in nice round chunks and mix with bulgur. Pay attention that you do not push down on the melon chunks. Line the lettuce leaves and gently place bulgur on them, creating small hills. They go really well with turnip juice!

NOHUTLU E.Ş. KÖFTESİ
ELIF EATBALLS

MALZEMELER INGREDIENTS

Nohut (haşlanmış) *, 1 kutu (400 gr.)
*Chickpeas (boiled) *, 1 can (400 gr.)*
Sarımsak, 4 diş • *Garlic, 4 cloves*
Soğan, 1 adet • *Onion, 1*
Maydanoz, ½ bağ • *Parsley, ½ bunch*
Dereotu, ¼ bağ • *Dill, ¼ bunch*
Yumurta, 2 adet • *Eggs, 2*
Un, 1 çorba kaşığı • *Flour, 1 tbsp*
Biber Salçası, 1 çorba kaşığı
Red Pepper Paste, 1 tbsp
Galeta Unu, 3 çorba kaşığı ve ½ bardak
Bread Crumb Flour, 3 tbsp and ½ cup
Kimyon, 3 tatlı kaşığı • *Cumin, 3 dsp*
Karabiber, 1 tatlı kaşığı • *Black Pepper, 1 dsp*
Hellim, ½ kalıp • *Halloumi Cheese, ½ piece*
Ayçiçek Yağı • *Sunflower Oil*

Vejetaryen bir arkadaşıma Kadayıf Mantı'yı tattırmayı çok istemiştim. Nasıl kıymaya benzer bir tat yakalarım diye düşünür ve deneyler yaparken Nohutlu E.Ş. Köftesi ortaya çıkıverdi. İçindeki en önemli malzeme tatlısından bir heyecandı. O olmasaydı böyle bir köfte ortaya çıkamayacaktı, o yüzden bu tarif onun adıyla anılsın istedim.

Haşlanmış nohudu 4 diş sarımsakla birlikte mutfak robotuna atın ve iri taneli kalacak şekilde kıyma haline getirin (iri taneli kalması çok önemli). Bu sırada soğanı ve maydanozu ince ince kıyın ve içine ekleyin. Sonra karışımı yoğurabileceğiniz bir kaba alın ve içine sırayla, biber salçası, yumurta, kimyon, karabiber ve 3 kaşık galeta unu ekleyip köfte kıvamına gelinceye kadar 2-3 dakika yoğurun. Sonra dereotu ekleyip 1 dakika daha yoğurun. Ardından, tavla zarı büyüklüğünde kestiğiniz hellimleri içine ekleyin. Köfte kıvamından biraz daha cıvık olacaktır.

Bir tabağa yarım bardak galeta unu dökün ve elinizle şekil verdiğiniz köfteleri galeta ununda çevirin. Köftelerin her tarafına galeta unu yapışınca bir kenara koyun. Bu aşamada köftelere kibar davranmanız gerekir, çünkü kolay bölünebilirler. 15 dakika beklettikten sonra köfteler kızartmaya hazır olacaklar ve 2 parmak ayçiçeği yağında kısa sürede kızaracaklar.

* Nohutların kabuklarını kolayca soymak için, bkz. **Fesleğenli Humus**.

I wanted a vegetarian friend friend of mine to taste Kadayif Manti. As I was thinking about and experimenting with how to capture a taste similar to ground beef, the Elif Eatball was born. The most vital ingredient was the sweet thrill of it. If it weren't for her, this meatball would not exist. That's why I wanted this meatball dish be known by her name.

Put the boiled chickpeas in the food processor with 4 cloves of garlic. Blitz them, leaving large chunks. Meanwhile, finely slice the onion and parsley and add. Pour the mixture into a bowl that you can mix in and add red pepper paste, egg, cumin, black pepper and 3 spoonfuls of bread crumb flour respectively to the mixture. Mix it with your hands for 2-3 minutes until it reaches meatball consistency. Add the dill and mix for 1 more minute. Finally, add dice-sized chunks of halloumi. The consistency should be wetter than that of meatballs.

Pour half a cup of dry bread crumb flour onto a plate. Coat the hand-shaped meatballs with the flour. When every part of the meatballs is covered with the flour, put them aside. At this stage, you should be gentle with the meatballs, as they may fall apart easily. After resting for 15 minutes, they will be ready to fry. This won't take long. 2 fingers of oil should be enough.

** To peel off the skins of chickpeas easily, see* **Humus with Basil.**

ARI GİBİ ÇALIŞANLARA ÇİÇEK DOLMASI

STUFFED ZUCCHINI BLOSSOMS

MALZEMELER INGREDIENTS

60 4

Kabak Çiçeği, bulabildiğiniz kadar • *Zucchini Blossoms, as many as you can find*

Asma Yaprağı, kalan içe yetecek kadar • *Vine Leaves, enough for the leftover stuffing*

Soğan, 2 adet • *Onions, 2*

Domates, 2 adet • *Tomatoes, 2*

Pirinç, 1 bardak • *Rice, 1 glass*

Taze Nane, 4 dal • *Fresh Mint, 4 sprigs*

Karabiber, 1 tatlı kaşığı • *Black Pepper, 1 dsp*

Yeni Bahar, 2 tatlı kaşığı • *Allspice, 2 dsp*

Zeytinyağı, ½ bardak • *Olive Oil, ½ glass*

Tuz • *Salt*

Bu yemek öyle bir yemek ki yedirdiğiniz kişiye aynı zamanda bir buket çiçek de veriyorsunuz. Çiçek dolması, Kıbrıslı ve Egeli pek çok kişinin bildiği bir tattır. Kitapta bu tarife yer vermemizin bir nedeni, ülkemizde bol yetişen kabağın çiçeklerini genellikle değerlendirmiyor olmamız, bir diğer neden ise dünya mutfağında sık sık kullanılması.

Kabak gibi "kabak tadı verdi artık!" yorumunu almış bir arsız bitkinin bu kadar narin, bu kadar güzel ve nefis renklere sahip çiçekleri olur mu? Oluyor işte... Kabak çiçekleri artık az da olsa marketlerde satılır oldu, ama şanslıysanız bahçenizden ya da etrafınızdaki bahçelerden toplayabilirsiniz.

Bu güzel çiçekleri su doldurduğunuz bir kaba daldırıp çıkartarak yıkamanız yeterlidir. Yemeği yapmadan hemen evvel yıkamanız, daha evvelden yıkamamanız da çok önemli. Zira su yaprakları çok kısa sürede eritebilir.

This dish is like giving someone a bouquet of flowers. Stuffed flowers are a common dish for Cypriots and Aegean people. One of the reasons I include this recipe is that we generally do not put zucchini flowers to good use; another is the fact that they are commonly used in world cuisine.

Zucchini has a notorious place in the Turkish language with an idiom which can be roughly translated as "For God's sake, this whole deal has started to taste like bloody zucchini!" meaning that something has become very boring and repetitive. One wonders how a vegetable with flowers of such delicate and beautiful colors got this infamous label... Zucchini flowers are becoming more common in markets, but if you are lucky, you can pick them from your own garden or a garden nearby.

To wash these delicate flowers, the only thing you should do is to dip them in a water-filled bowl. It is important to do the washing before cooking, as water wilts the leaves in a short while.

Dolmanızın içini hazırlamaya gelince, bir kaba soğanları kalın küpler halinde doğrayın ve üzerine 2 domates rendeleyin. Sonra pirinç, nane, baharatlar ve zeytinyağını ekleyin. Klasik dolma içinden çok daha sulu olacak, bu sayede lezzetler kolayca karışacak ve farklı bir tada ulaşacaksınız.

Sonra çiçekleri ufak bir ceviz büyüklüğünde doldurup ağızlarını zarf kapar gibi kapayın ve tencereye dizin. Eğer çiçeğiniz az ise alt kısımlara sardığınız asma yapraklarını, üste de çiçek dolmalarını koyun. Çiçeklerin yarısını biraz geçecek kadar su koyun ve orta ateşte, üstüne 1 tabak kapatarak yemeğiniz suyunu çekinceye kadar, yani 40-50 dakika pişirin. Sularını çektikten sonra dolmaları 4-5 dakika daha altı hafif açık ocakta tutarsanız soğanın şekeri karamelize olacaktır. Böylece dolmanız hafif tütsülenmiş bir kokuya ve bambaşka bir tada kavuşur.

Sonra yemeği 1 tabağa aktarın ve soğumaya bırakın. Soğuk veya ılık yiyebilirsiniz...

To prepare the stuffing: chop onions in large cubes into a bowl and grate 2 tomatoes on top. Then add rice, mint, spices and olive oil. It will be much juicier than a classic stuffing, so that the different tastes will blend with each other easily and you will have a different, new taste.

Next, stuff the flowers with the stuffing you prepared – the size should be that of a small walnut. Then, close the petals as if sealing an envelope and line them up in the pot. If you do not have enough zucchini flowers, put the stuffed vine leaves on the bottom, keep the zucchini flowers on top. Pour water halfway up the flowers. Cover the pot, first with a plate, then with the lid, and cook for 40-50 minutes on medium heat, i.e till all the liquid is absorbed. After that, you can cook the stuffed flowers for 4-5 more minutes on low heat, so that the sugar of the onions will be caramelized. By doing this, you will give the the stuffed flowers a smoky smell and a whole different taste.

Finally, transfer the dish to a plate and leave to cool. Serve warm or cold.

BALSAMİK SİRKELİ FESLEĞENLİ BATIRMALIK
DIPPING SAUCE WITH BASIL AND BALSAMIC VINEGAR

MALZEMELER INGREDIENTS

10 1

Fesleğen, ½ bağ • *Basil, ½ bunch*
Kırmızı Acı Biber, 4 adet ufak • *Red Hot Chili Peppers, 4 small ones*
Sarımsak, 5 diş • *Garlic, 5 cloves*
Dolmalık Fıstık, 1 avuç veya 25 gr. • *Pine Nuts, 1 handful or 25 gr.*
Balsamik Sirke, 6 çorba kaşığı • *Balsamic Vinegar, 6 tbsp*
Zeytinyağı, 3 çorba kaşığı • *Olive Oil, 3 tbsp*
Tuz • *Salt*

Dolmalık fıstığı ateşte hafif yakın ve biraz soğuyunca dövün. Bir kaba, fesleğenleri ve sarımsağı incecik, kırmızı biberi ise iri iri doğrayın. Balsamik sirkeyi içine döküp, fıstıkları ekledikten sonra 2 kaşık zeytinyağı katın. Etlerle, şişlerle çok güzel giden bir batırmalık bu. Ramazan sofrasında pideyle çok lezzetli olur. **Nohutlu E. Ş. Köftesi** ile de çok güzel gider.

*Gently saute the pine nuts in a pan and when they cool a little,crush them. In a bowl, finely slice the basil and garlic, and chop the red pepper in large pieces. Add balsamic vinegar, pine nuts and 2 spoons of olive oil. This is an excellent dipping sauce that suits meat dishes and shish kebaps well. Also, during Ramadan, dipping into it with pide is a delicious option. It is also a good companion to **Elif Eatball**.*

TAHİN & LİMON
TAHINI & LEMON

MALZEMELER INGREDIENTS

5 1

Tahin, 250 gr. • *Tahini, 250 gr.*
Limon, 4 adet • *Lemons, 4*
Su • *Water*
Tatlı Biber Sosu • *Sweet Chili Sauce*
Kişniş Tohumu • *Coriander Seeds*

Limonlu tahini kebap veya balık mezesi gibi de düşünebilirsiniz, mangalda yaptığınız kalamar, şiş veya köfteyi batıracağınız bir sos olarak da. Yapımı iki dakika, lezzetini de ancak yapıp tadınca tasavvur edebilirsiniz.

Limonları sıkın, tahinle birlikte mutfak robotuna koyun ve karıştırın. Tahin önce kesilip sertleşecek, sonra krema haline gelecektir. (Mutfak robotu kullanmak istemezseniz, ellere kuvvet çırparak da yapabilirsiniz). Halen açılmamışsa yavaş yavaş gerektiği kadar su ekleyin. Yoğun bir çorba kıvamı tamam demektir. Bunu ufak bir kaba koyun, ortasına bir damla tatlı biber sosu ekleyin ve üzerine fotoğraftaki gibi birkaç kişniş tohumu atın.

You can think of tahini with lemon as a kebap or a fish side dish, or as a sauce to dip grilled calamari, shish kebap or meatballs. It takes two minutes to prepare - the taste only conceivable when finished and tasted.

Squeeze the lemons; put them in the food processor with the tahini and start. Tahini will first clot and get stiff, and then turn into cream. (If you do not opt to use a food processor, you can stir vigorously with your hands). If it does not reach the consistency, slowly add water as much as necessary. It should have the consistency of a dense soup. Pour it into a bowl. Add one drop of sweet chili sauce in the middle, and as in the photo here, scatters some coriander seeds on top.

MANGAL VE ŞİŞLER
BARBECUING AND SHISHS

Mangala karşı inanılmaz bir tutkumuz var. Ufacık ya da 4 tarafı caddelerle çevrili olması fark etmez, her yeşil alan mangal yapmaya elverişli gelir bize. Önlenemez bir arzudur bu bizim için. Taşındığımız evin balkonunda barbekü varsa mangal lafları dolanmaya başlar hemen. Barbekü balkondan daha önemlidir bazen. Nedir bu tutku demeyin, çok özgür, çok sade ve her bakımdan tatmin edici bir tecrübedir mangal yapmak. Hazırlarken ateşiyle ısınırız, çıtır çıtır sesini duyarız. Etler konduktan sonra çıtırtılar cızırdamalara bırakır yerini. Hem acıktıran, hem doyuran nefis bir koku yayılır... Mangal konusunda kendimi iyice kaybetmeden, mangal yakmak ve mangalda yapabileceğiniz yemeklerle ilgili birkaç öneriye geçeyim en iyisi...

We have a strong passion for barbecuing. It does not matter if the place is small or surrounded by avenues: if the place is green, then it is barbecuable. It is an unstoppable urge for us. If the house we just moved into has a barbecue, the talk of barbecue parties immediately starts. Sometimes, barbecue is even more important than the balcony itself. One should not be so shocked by it; barbecuing is a free, simple and satisfying experience. When preparing, we get warm next to the fire, hearing the crackling sounds. When the meat is placed on the barbecue, the crackling turns into a sizzle. A delightful smell appears, making one both hungry and full at the same time... Before I lose myself in this subject, I'd better move on to some tips on setting up the barbecue and preparing shish kebabs...

Mangal için gerekli malzemeler

- Mangal Kömürü
- Mangal
- Gazete Kağıdı
- Ufak Tahta Parçaları veya Çıra
- Çakmak veya Kibrit
- Kömür Maşası
- Et Maşası
- Mangal Teli
- Yağ veya Soğan
- Yellemek için bir Karton
- Mangalınızın bacası yoksa Soba Borusu

Mangalı kurarken

- Tozsuz odun kömürü kullanmak iyi olur. Tozlar duman yapar ve ateş yakmayı zorlaştırır. Ateş gereğinden harlı olursa üzerine kül atabilirsiniz, ama zararlı olup olmadığı tartışmalı bir yöntemdir.
- Mangalı oturttuğumuz yerin sağlam olması, ayakların oynamaması gerekir.
- Mangalın çevresinde veya tepesinde yeşillik olmaması gerekir.
- Rüzgar varsa, mangalı rüzgarı arkaya alacak şekilde kurmak gerekir. Rüzgarın nereden estiğinden emin değilseniz ıslak parmak tekniğiyle, yani parmağınızı ıslatıp havaya kaldırarak anlayabilirsiniz. Parmağınızın hangi tarafı üşüyorsa rüzgar o taraftan geliyordur.
- Rüzgar varsa, rüzgar istikametinde yeşillik ve kuru yaprak olmamasına özellikle dikkat etmek gerekir.
- Pişirilecek malzeme miktarını hesaba katmak ve çok fazla kömür kullanmamak iyi olur.

Mangalı hazırlarken

Mangalınızda kül varsa temizleyin. Önce gazete parçalarını buruşturup top yapın. Üstüne kuru dal parçalarını çadır yapar gibi dizin, sonra üzerine kömürleri yerleştirin.

Unutmayın, ateş yanabilmek için oksijene ihtiyaç duyar, dolayısıyla çadırınızın alt kısmının hava alabiliyor olması lazım. Sonra ateşi birkaç yerinden yakın. Tahtaların tutuştuğuna emin olunca, tepesine baca görevi görecek bir şey yerleştirerek du-

Necessary Equipment for a Barbecue

- *Charcoal*
- *Barbecue*
- *Newspaper*
- *Little Sticks or Firewood*
- *Lighter or Matches*
- *Tongs*
- *Barbecue Tongs*
- *Barbecue Grill*
- *Oil or Onions*
- *A piece of Cardboard to fan*
- *If there is no Funnel, a Stove Pipe*

Setting up the barbecue

- It is better to use dust-free charcoal. Dust causes smoke and makes it harder to light the fire. If the fire is too strong, you can throw ash on it, but it is up to debate whether this method is healthy or not.

- The barbecue should be set in a solid surface and its legs should not move.

- There should not be any greenery around or over the barbecue.

- If the place is windy, the barbecue should be set up to receive the wind from behind. If you are not sure where the wind is blowing from, you can find out by using the wet finger technique: wet your finger, raise it up in the air to feel the direction of the wind; the wind would be blowing from where your finger is cold.

- If it is windy, you should definitely make sure that there is no greenery or dry leaves in the direction of the wind.

- It would help to take the amount of ingredients to be grilled into consideration and not to use an unnecessary amount of coal.

Preparing the barbecue

Remove the ashes from the barbecue. First, crumple up sheets of newspaper into a ball. Put the firewood on top, as if setting up a tent. Then place the coal over it.

Remember, fire needs oxygen to burn so the bottom side of your tent should be able to receive air. Then light the fire from different sides. After making sure that the firewood has caught fire, place some kind of a stovepipe to make the smoke rise faster and steadier. You are ready when the coals become live. Red hot coals are the secret.

manın disiplinli ve daha hızlı yükselmesini sağlayabilirsiniz. Kömürler için için yanan közler haline geldiğinde ateşiniz hazır demektir. Kıpkırmızı kömürler bu işin esasıdır.

Pişirme hazırlıkları

Az yemek pişirecekseniz ve az kömürünüz varsa sorun yok. Eğer çok pişirecekseniz, kömürünüz de fazlaysa ve ateşin harlı olmasından dolayı ilk koyduğunuz malzemelerin zor pişeceğini düşünüyorsanız kömürün bir kısmını mangalın kenarına yığın. Mangal telini yerleştirin, biraz ısındıktan sonra bir bezle silip temizleyin, sonra iyice ısıtıp soğan veya yağ sürün. Böylece pişireceğiniz malzemeler mangala yapışmayacaktır. Pişirme faslı bitince teli fırçayla temizlerseniz iyi olur.

Ben yemeklerimde şiş kullanmayı çok seviyorum. Hem farklı yiyeceklerle kombine edilebiliyor, hem sosyal ve ellerin kullanıldığı bir yeme şekli, hem de kültürümüzün bir parçası. Tahta şiş kullanacaksanız, bir saat suyun içinde bırakın şişsinler, böylece yanmazlar.

Pişirme Sırası

Tavuk
Pirzola
Et
Köfte
Sucuk
Deniz mahsullerinde ise:
Kalamar
Karides
Balık
Midye

Aslında temel mantık daha yağlı olanı sona bırakmak. Çünkü yağ damladıkça ateş parlar, har da ateşin çabuk bitmesine sebep olur. Daha yağlı yiyecekleri sona bırakmak, ateşin canlı kalması açısından da faydalıdır.

Mangalda başka ne pişirebilirim?

Aklınıza gelebilecek bütün sebzeler
Biber & Domates
Hellim ve başka pek çok Peynir
Mantar

Grilling preparations

If you are going to grill a little and you have a small amount of coal, there is no problem. However, if the amount of food and coal is more and if you are thinking that the first pieces of food will be hard to grill because of a furious fire, pile some of the coals to one side of the barbecue. Place the barbecue grill on top: when it is heated a little, wipe and clean it with a cloth. Heat it well and rub on onion or oil, so that the food you are going to grill will not stick to the barbecue. When the grilling is over, it is a good idea to clean the grill with a brush.

I love using skewers (shish) in my dishes, as you can use combinations of different kinds of food and it is a sociable way of eating in which the hands are used. If you are going to use wooden skewers, leave them in water for one hour, so that they will not burn.

Cooking order

Chicken
Cutlets
Meat
Meatballs
Sujuk
For seafood:
Calamari
Shrimps
Fish
Clams

The basic rule is to leave the food with the most fat to the end, because as the oil drips down, the fire blazes and it leads the fire to go out more quickly than usual. Leaving the food with more fat to the end is also helpful in keeping the fire alive.

What else can I grill on a barbecue?

Any vegetable you can think of
Peppers & Tomatoes
Halloumi and many other kinds of Cheese
Mushrooms
Garlic
Onions
Corn
Shellfish
Turkish Coffee
Tahini Wrapped in Yufka
Any kind of smoked food (smoked fish, smoked cheese, etc)

Sarımsak
Soğan
Mısır
Kabuklular
Türk Kahvesi
Yufkaya Sarılı Tahin
Her şeyin islisi (isli balık, isli peynir, vs)

Mangalda Füme Et

Mangalda füme et yapmak istiyorsanız, eti mangalda yarı yarıya pişirin ve ateşten alın. Ateşe ıslak dallar yerleştirin ve eti tekrar mangala alın. Üzerine kubbe biçimli büyük bir kapak kapatın. Kapak dumanı hapsederek etin füme tadı kazanmasını sağlar.

Etleri Terbiye Ederken:

- Hiç terbiye edilmemiş ama güzelce dinlendirilmiş iyi et de dünyanın en lezzetli eti olabilir.

- Et terbiye ederken malzemelerin tadının birbirine geçmesi için kullandığımız tereyağı, zeytinyağı veya ayçiçek yağı, güzellikleri birleştiren yol gibidir, lezzetlerin birbirine karışması için ortam hazırlar. Çok yağlı bir işlem gibi düşünmeyin, zaten mangalda hepsi akıp gidecek.

- Temel olarak, süt ve yoğurt ete yumuşaklığını verir, salça ve baharatlar renk ve kokusunu, yağlar da kızarma şeklini belirler ve parlaklığını artırır.

- Soğanın suyu ette harikalar yaratır. Yoğurt gibi soğan da etin yumuşamasında etkili olur. Bütün bunları yapabilmesi için soğanın sulanması gerekir. Mutfak robotu veya rendeden geçirerek soğanın suyunu güzelce çıkarabilirsiniz.

- Taze kekik, elinizle hafif dövdüğünüz biberiye, kişniş gibi yeşillikler ete farklı bir karizma ve rayiha katacaktır.

- Her terbiye dinlendirme ister, tavuk bunu daha kolay benimserken etin terbiyeye girmesi biraz zaman alacaktır. 1 gün bekletmek bu hususta idealdir.

- Eğer etleri yapamayacaksanız veya bir kısmını

Smoked meat on barbecue

If you want to prepare smoked meat on the barbecue: grill the meat to medium rare and take it off the grill. Place wet branches on the fire and place the meat back on the grill. Put a large dome-shaped lid on the grill. This will capture the smoke so that the meat will acquire a smoky taste.

Marinating the meat:

- Unmarinated but well rested meat can be the most delicious of them all.

- Ingredients like butter, olive oil or sunflower oil, used in meat marination to make the tastes blend with each other, are like parts of a road unifying the delicacies, providing the medium for the tastes to combine. Don't think of it as a very fat-saturated process; it will all go dripping down into the fire.

- Basically, milk and yoghurt tenderize the meat. The sauce and spices provide color and smell. The oils determine the way it is going to be grilled and make the meat bright.

- The juice of an onion will work wonders with meat. Like yoghurt, onion also tenderizes. For all this, the onion should be juicy. You can extract the juice of the onion by using a food processor or a grater.

- Fresh thyme or rosemary lightly crushed with the hands,or herbs like coriander, give a different charisma and fragrance to the meat.

- Every marination involves resting. While chicken embraces this process easily, it takes time to marinate meat. Waiting 1 day is ideal in this case.

- If you are not going to cook the meat, keep it in the fridge for 3-4 hours after marination. When the tastes have blended with each other thoroughly, you can put the meat in the freezer and enjoy it later.

SIRLOIN SHISH

Sirloin, 1 kg (cut in 2 cms, not tenderized)
Honey, 3 dsp
Vinegar, 3 tbsp
Red Onion, 2
Garlic, 4 cloves
Red Peppers, 4 or, Red Flaked Pepper, 4 tsp
Coriander, 2 sprigs or Coriander Seeds (pounded), 1 dsp
Parsley, 3 sprigs

yapacaksanız, terbiye ettikten sonra 3-4 saat buzdolabının alt kısmında tutun. Tatlar iyice birbirine geçtikten sonra derin dondurucuya atıp başka zaman tadını çıkarabilirsiniz.

BONFİLE ŞİŞ

Bonfile, 1 kg. (2 cm. kesilmiş ve dövülmemiş)
Bal, 3 tatlı kaşığı
Sirke, 3 çorba kaşığı
Kırmızı Soğan, 2 adet
Sarımsak, 4 diş
Pul Biber, 4 adet veya 4 çay kaşığı
Kişniş, 2 dal veya Kişniş Tohumu (dövülmüş), 1 tatlı kaşığı
Maydanoz, 3 dal
Limon Kabuğu (rendelenmiş), 1 limondan
Soya Sosu, 4 çorba kaşığı
Zeytinyağı, 8 çorba kaşığı (etin hiç yağı olmadığından)
Tuz, 1 tatlı kaşığı

PİRZOLA

Pirzola, 1 kg.
Bal, 3 tatlı kaşığı
Zeytinyağı, 7 çorba kaşığı
Soğan, 1 adet
Sarımsak, 3 diş
Kırmızı Biber, 2 adet veya Pul Biber, 3 çay kaşığı
Karabiber, 1,5 çay kaşığı
Maydanoz, 2 dal
Dereotu, 3 dal
Nane, 2 tutam
Limon Kabuğu (rendelenmiş), 1,5 limondan
Sirke, 3 çorba kaşığı
Muskat, ¼ adet
Tuz, 1 tatlı kaşığı

Bu tarifteki en önemli olan şey pirzolanın çift kalem kesilmesi, böylece et daha kalın ve sulu kalır. Orta derecede, hatta biraz daha fazla piştiğinde lezzeti yerinde olur.

ABİ'MİN ANTRİKOTU

Antrikot, 1 kilo
Soğan, 2 adet
Domates Salçası, 2 çorba kaşığı

Lemon Peel (grated), of 1 lemon
Soy Sauce, 4 tbsp
Olive Oil, 8 tbsp (as the meat is without fat)
Salt, 1 dsp

LAMB CUTLETS

Lamb Cutlets, 1 kg
Honey, 3 dsp
Olive Oil, 7 tbsp
Onion, 1
Garlic, 3 cloves
Red Peppers, 2 or, Red Flaked Pepper, 3 tsp
Black Pepper, 1½ tsp
Parsley, 2 sprigs
Dill, 3 sprigs
Dried Mint, 2 pinches
Lemon Peel (grated), of 1½ lemons
Vinegar, 3 tbsp
Nutmeg, ¼
Salt, 1 dsp

The crucial point in this recipe is having the lamb cutlets cut in pairs, so that the meat becomes thicker and juicier. A proper taste can be achieved by grilling them medium or well-done.

MY BROTHER'S ENTRECÔTE

Entrecôte 1 kilo
Onions, 2
Tomato Paste, 2 tbsp
Red Pepper Paste, 2 tbsp
Olive Oil, 7 tbsp
Vinegar, 2 tbsp
Yoghurt, 1 tbsp
Garlic, 3 cloves
Red Flaked Pepper, 1 tsp
Black Pepper, 1 tsp
Salt, 1 tsp

My first source of inspiration for cooking was my brother. When he was still practically a child, he would come from school and prepare meals he liked, out of nowhere. When he first fried pepper and tomato and combined it with garlic yoghurt and made me taste it, I was 10 and he was 14 years old. He still is an amazing cook and always surprises me with reci-

Biber Salçası, 2 çorba kaşığı
Zeytinyağı, 7 çorba kaşığı
Sirke, 2 çorba kaşığı
Yoğurt, 1 çorba kaşığı
Sarımsak, 3 diş
Pul Biber, 1 çay kaşığı
Karabiber, 1 çay kaşığı
Tuz, 1 çay kaşığı

Ben yemek yapmaya ilk önce abimden heves ederek başladım. Daha çok küçük yaşlarda, okuldan gelir ve aklına gelen, canının çektiği yemekleri hazırlardı. İlk defa biber ve domates kızartıp sarımsaklı yoğurtla karıştırıp ve bana tattırdığında, ben 10, o da 14 yaşındaydı. Halen inanılmaz yemek yapar ve nereden öğrendiğini bilmediğim ufak yemek ipuçları ile beni hep şaşırtır. Bu antrikot veya bonfileden yapılabilecek et terbiyesi de onun icadı. Hayatınızda yiyeceğiniz en yumuşak ve en lezzetli etlerden biri. Hem bana yol açmasından dolayı, hem de nefis bir lezzet olmasından dolayı bu terbiyeyi kitaba eklemeden edemedim.

HELLİM ŞİŞ

Sade Hellim Peyniri
Lavaş Pide

Hellimi, kızarmaya başlayıncaya kadar ateşin az közlü tarafında tutun, sonra çevirin. Rengi değişip yumuşamaya başlayınca diğer tarafını çevirin. Sonra lavaş pideyi hellimin etrafını saracak şekilde koyup biraz da öyle pişirin ve bu şekilde servis yapın.

pes which I have no idea where he got. And this meat marination recipe, which can be applied both to entrecôte and steak, is his invention. This is one of the most tender and delicious meat meals you will ever taste. Because it is an inspiration and a delicious taste, I could not help but include this recipe in the book.

HALLOUMI SHISH

Plain Halloumi Cheese
Lavash Pide

Keep the halloumi in the part of the barbecue where the coals are not so hot, till it starts to brown. Then turn it over. When the halloumi cheese starts to soften and change color, turn it over again. Spread the lavash on the halloumi, wrap it, and grill for a while like this. You may now serve.

RED CHICKEN SHISH

Chicken Breast, 1 (500 gr.)
Red Pepper Paste, 3 dsp
Tomato Paste, 3 dsp
Red Flaked Pepper, 1 tsp
Black Pepper, ½ tsp
Cumin, 3 tsp
Garlic, 3 cloves
Olive Oil, 4 tbsp
Thyme, 3 pinches
Mint, 2 pinches

Dedemden bana hatıra: "Mey içmek intihar etmektir alâ tedric (güzelinden yavaşça). Gam ile verem olmaktansa durma heman iç."

As my grandfather used to say, "Drinking is a slow, pleasurable suicide. Instead of making yourself ill through misery, have a drink immediately."

TAVUK ŞİŞ-1

Tavuk Göğsü, 1 adet (500 gr.)
Biber Salçası, 3 tatlı kaşığı
Domates Salçası, 3 tatlı kaşığı
Pul Biber, 1 çay kaşığı
Karabiber, ½ çay kaşığı
Kimyon, 3 çay kaşığı
Sarımsak, 3 diş
Zeytinyağı, 4 çorba kaşığı
Kekik, 3 tutam
Nane, 2 tutam

TAVUK ŞİŞ-2

Tavuk Göğsü, 1 adet (500 gr.)
Bal, 3 çorba kaşığı
Soya Sosu, 5 çorba kaşığı
Sarımsak, 2 dış
Pul Biber, 2 çay kaşığı
Zeytinyağı, 4 çorba kaşığı

KARİDES ŞİŞ

Karides (Orta boy veya Jumbo), 200 gr.
Zeytinyağı, 4 çorba kaşığı
Limon Kabuğu (rendelenmiş), 1 limondan
Maydanoz, 6 dal
Soğan,1 adet
Pul Biber, 4 çay kaşığı
Kekik, 3 tutam
Bal, 2 çay kaşığı
Tuz, 2 çay kaşığı

KALAMAR ŞİŞ

Kalamar, 1 adet (yaklaşık 250 gr.)
Limon Yaprağı veya Defne Yaprağı
Limon Kabuğu (rendelenmiş), 1 limondan
Sarımsak, 2 diş
Zeytinyağı, 3 çorba kaşığı
Karabiber, ⅓ çay kaşığı
Kekik, 1 tutam
Soya Sosu, 2 çorba kaşığı

SWEET CHICKEN SHISH

Chicken Breast, 1 (500 gr.)
Honey, 3 tbsp
Soy Sauce, 5 tbsp
Garlic, 5 cloves
Flaked Red Pepper, 2 tsp
Olive Oil, 4 tbsp

SHRIMP SHISH

Shrimps (Middle-sized or Jumbo), 200 gr.
Olive Oil, 4 tbsp
Lemon Peel (grated), out of 1 lemon
Parsley, 6 sprigs
Onion, 1
Red Flaked Pepper, 4 tsp
Thyme, 3 pinches
Honey, 2 tsp
Salt, 2 tsp

CALAMARI SHISH

Calamari, 1 (approx. 250 gr.)
Lemon Leaf or Bay Leaf
Lemon Peel (grated), of 1 lemon
Garlic, 2 cloves
Olive Oil, 3 tbsp
Black Pepper, ⅓ tsp
Dried Thyme, 1 pinch
Soy Sauce, 2 tbsp

BİBER KAYIĞINDA UYUYAN KIYMA
GROUND BEEF IN A PEPPER BOAT

MALZEMELER INGREDIENTS

Kıyma (kavrulmuş)*, 250 gr. • *Ground Beef (braised)*, 250 gr.*

Maydanoz, ½ bağ • *Parsley, ½ bunch*

Soğan, ⅔ adet • *Onion, ⅔*

Pul Biber, 1 tatlı kaşığı • *Flaked Red Pepper, 1 dsp*

Muskat (rendelenmiş), ½ adet • *Nutmeg (grated), ½*

Soya Sosu, 4 çorba kaşığı • *Soy Sauce, 4 tbsp*

Karabiber, 1 çay kaşığı • *Black Pepper, 1 tsp*

Kırmızı Dolmalık Biber, 4 adet orta boy ve uzun • *Red Bell Pepper, 4 medium, long ones*

Ekmek Hamuru*, ½ ekmeklik • *Bread Dough*, ½ a loaf*

Sarımsak, 3 diş • *Garlic, 3 cloves*

Yoğurt, 200 gr. • *Yoghurt, 200 gr.*

Zeytinyağı, 2 çorba kaşığı • *Olive Oil, 2 tbsp*

Zahter • *Zahtar*

Toz Kırmızı Biber • *Paprika*

Kavrulmuş kıymaya zeytinyağı, maydanoz, soya sosu ve pul biber ekleyin. Sonra ekmek hamuru ile karıştırın ve içine muskat rendeleyip yoğurun. Karışıma zeytinyağı ekleyip hamurun rahat açılmasını sağlayabilirsiniz.

Biberleri dikine ikiye kesin ve hazırladığınız karışımı bu küçük kayıklara yerleştirip 15 dakika bekletin. Biberi elinizle yağlayıp karışımın üzerine folyo ile kapatın ve fırının ızgarasında 25 dakika pişirin. Hamur şiştiğinde kağıdı kaldırıp karışımın üzerini yağlayın ve 2 dakika daha pişirin.

Sarımsakları dövüp oda sıcaklığındaki yoğurda katın ve fırından çıkardığınız yemeğinizin üzerine dökün. Zahter, toz kırmızı biber ve maydanozla süsleyerek servis yapın.

* Kolayca kıyma kavurmak için, bkz. **Kendini Döner Sanan Kıyma Kavurma**

* Fırından alabilir ya da kendiniz hazırlayabilirsiniz. Bkz. **Evde Ekmek Hamuru Yapmak**

Add olive oil, parsley, soy sauce and flaked red pepper to the sauteed ground beef. Then, combine the mixture with the bread dough and after adding the grated nutmeg, mix it. You can add olive oil to the mixture to mix the dough more easily.

Cut the peppers vertically in two and place the mixture on these small boats and let them sit for 15 minutes. Oil the pepper with your hands, cover the mixture with a foil and bake it under the oven grill for 25 minutes. When the dough puffs up, uncover the foil, drizzle some oil over it and bake for 2 more minutes.

Crush the garlic and add to the yoghurt at room temperature. Pour the yoghurt over the dish and sprinkle with zahtar, paprika and parsley.

* *To saute ground beef easily, see* ***Ground Beef Which Sees Itself as Doner Kebap***

* *You can buy it from a bakery or prepare it yourself. See* ***Preparing Your Own Bread Dough***

KADAYIF MANTI

KADAYIF MANTI

30 2

Mezeli bir akşam yemeğinde ana yemek olarak güzelce sunulabilecek bu tarif en sevdiğim buluşlarımızdan biri. Yedikten sonra ikinci tabağı istemeyen çıkmadı daha!

Ben çocukken pek çok başka yemek gibi mantıyı da sevmezdim. Arada nenem köyden gelince amcamların evinde toplanılır, "zor" yemekler yapılırdı. Bu statüde, sulu köfte çorbası, mantı gibi yemekler vardı. Mantı günlerinde, mantılardan birinin içine demir para konulurdu ve demir para büyük küçük kime çıkarsa, aile büyüklerinin ortaya koyduğu parayı o alırdı. Çocukları hayata hazırlayan Anadolu adetlerinden biriydi bu da. Çocukken de kaybetmeyi kazanmak kadar iyi bilmek gerekiyordu, zira yaştan dolayı ayrıcalık tanınsa bile hissettirilmiyordu.

Çok iyi hatırlıyorum, annemin kucağındaydım ve bir deri bir kemik halimle kafamı "yemiycem" diye bir sağ bir sola 180 derecelik açılarla çeviriyordum. Annem, "Hatırım için bir kaşık ye," diyerek ağzıma bir kaşık mantı sokuvermişti. Tam yerken bir şey çat etti. Bir baktım para bana çıkmış. Annem hâlâ bilerek yapmadığını söylüyor, ama mantıyı adamakıllı ilk tattığım ve "ya, aslında hiç fena da değilmiş" dediğim an oydu. Sonra gitgide Türk yemeklerine aşık oldum ve mantı yapıma ve yeme âdetinin benim için hep özel bir yeri oldu.

En sevdiğim tarifler arasında olan bu yemeği umarım siz de beğenirsiniz. Ayrıca kadayıf gibi muhteşem bir malzemenin tatlı haricinde de çok güzel kullanılabileceğinin işareti benim için. Bu kitabı hazırlamaya başlayalı, dost sohbetlerinde de yavaş yavaş yayıldı. Karidesleri saran kadayıflar, peynire sarılıp kızartılan kadayıflar görüp duydukça çok mutlu oluyorum. Bu harika malzemeyi, en kolay mahalle yufkacılarında bulabilirsiniz.

This recipe, which works nicely as a main dish at a dinner with mezes (tapas), is one of our favorite inventions. Virtually everyone asked for a second helping!

When I was a kid, I did not like manti, just as I did not like many other dishes. Once in a while, when my grandmother came from her village to visit us, we would gather at my uncle's and "hard-to-make" dishes would be cooked. These included meals like meatball soup and manti. On a manti day, a coin would be stuffed into one of the mantis and whoever stumbled upon it during the meal, no matter their age, would get the money put on the table by the elders of the family. This was one of the Anatolian traditions which prepared the children for life. Indeed, one had to know how to lose as well as how to win, even as a child. And if there were any privileges conceded due to someone's age, it would be done with subtlety.

I remember it pretty well: I was on my mother's lap, and I was turning my head from one side to the other with precise 180 degree angles, saying "I'm not going to eat it" with no regard for that bag-of-bones body of mine. And my mother, telling me "Eat just this spoonful for my sake," thrusting a spoonful of manti into my mouth. As I started to chew, a metallic sound was heard. Apparently, I had found the lucky coin. My mother still says that she did not do it on purpose; nevertheless, it was the moment I really tasted manti and said to myself "um, it's not bad at all." Then, I fell in love with the Turkish cuisine with each passing day, and our tradition of manti days has always held a special place in my heart.

I hope you too like this dish, which is among my favorite recipes. Moreover, this is a proof that the magnificent kadayif – usually an ingredient for desserts – can well be used in dishes which are not sweet. Since I started preparing this book, it gradually became a subject of interest among friends. It makes me happy to see and hear about shrimps wrapped in kadayif or cheese-filled fried kadayif. You can find this amazing ingredient in yufka shops.

Gelelim tarife...

Mantı için
Kadayıf, 250 gr.
Kıyma, 100 gr.
Köfte Baharı, 1 çay kaşığı
Karabiber, ½ çay kaşığı
Pul Biber, ½ çay kaşığı
Kimyon, ½ çay kaşığı
Maydanoz,⅓ bağ
Tuz, 1 çay kaşığı
Ekmek İçi, 1 avuç (veya Galeta Unu, 1 tatlı kaşığı)
Sıvı Yağ veya Tereyağı (eritilmiş), 2 çorba kaşığı

Yoğurt için
Yoğurt, 3 bardak
Sarımsak, 4 diş
Tuz

Sos için
Domates Salçası, 2 tatlı kaşığı
Biber Salçası, 2 tatlı kaşığı
Domates Püresi, 4 çorba kaşığı
Karabiber, 1 tatlı kaşığı
Taze Kekik, 2 dal
Taze Nane, 1 dal
Sıvı Yağ veya Tereyağı, 4 çorba kaşığı

Kıymaya, köfte baharı, karabiber, kimyon, pul biber, ekmek içi (veya galeta unu) ekleyin ve köfte kıvamına gelecek şekilde yoğurun. Sonra maydanozu içine kıyıp 1 dakika daha yoğurun.

Yoğurduğunuz köfteyi sıkıştırarak fındık boyutuna getirin, sonra aldığınız uzun bir kadayıf tutamını çevire çevire kıymanın üzerine sarın (her bir kadayıf topu 2 cm. çapında olsun). Bu sırada yanınızda bir tabak sıvı yağ veya seviyorsanız eritilmiş tereyağı bulunsun. Avcunuzu bu yağ ile yağlayın, böylece elimizde top haline getirirken kadayıf otomatik olarak yağlanacaktır (yine de çok hafif olacaktır).

Kadayıf toplarını fırın kağıdı serdiğiniz fırın tepsisini üzerine dizin ve fırının 200 derece ızgarasını yakın. Yemeğiniz 10 dakikada kızaracak ve pişecektir. Ara ara karıştırarak her tarafının kızardığına emin olun.

Bu sırada oda sıcaklığındaki yoğurdu çırpın ve krema kıvamına getirin, sonra 4 diş sarımsağı ha-

Now, the recipe...

For the Manti
Kadayif, 250 gr.
Ground Beef, 100 gr.
Meatball Spice, 1 tsp
Black Pepper, ½ tsp
Red Flaked Pepper, ½ tsp
Cumin, ½ tsp
Parsley, ⅓ bunch
Salt, 1 tsp
Bread Crumbs, 1 handful or (Bread Crumb Flour, 1 dsp)
Liquid Oil or Butter (melted), 2 tbsp

For the Yoghurt
Yoghurt, 3 cups
Garlic, 4 cloves
Salt

For the Sauce
Tomato Paste, 2 dsp
Red Pepper Paste, 2 dsp
Tomato Puree, 4 tbsp
Black Pepper, 1 dsp
Fresh Thyme, 2 sprigs
Fresh Mint, 1 sprig
Liquid Oil or Butter, 4 tbsp

Combine the ground beef, meatball spice, black pepper, cumin, red flaked pepper, bread crumbs (or bread crumb flour) and knead the mixture until it reaches meatball consistency. Then chop the parsley in and knead for 1 more minute.

Shape the meatball you kneaded to the size of a hazelnut and wrap a long kadayif piece around it, covering every part (each kadayif ball should have a diameter of 2 cms). While doing this, have a plate of liquid oil or, if you prefer, melted butter. Oil your palm so that when you are making the small meatballs, the kadayif will automatically be oiled (and still be a very light meal).

Line up the kadayif balls on the oven tray covered with oven paper and set the oven grill to 200 degrees. Your meal will be cooked in 10 minutes. Rearrange the meatballs time and again, to make sure that every part is cooked.

Meanwhile, beat the yoghurt at room temperature till it reaches the consistency of cream. Crush the gar-

vanda dövüp yoğurda ekleyin. Ağız tadınıza göre tuz ekleyin. Kadayıf tuzsuz olacağından normalden fazla tuz koyabilirsiniz.

Sosu için ise, bir kaba koyduğunuz sıvı yağ/tereyağı, biber salçası, domates salçası ve domates püresini ateşe koyun ve malzemeler kaynayıp birbirlerini kabul edinceye kadar karıştırın. Sonra ateşten alıp içine çekme karabiber, taze nane ve taze kekik ekleyin.

Kadayıf mantınızı bir tabağa alıp, üzerine yoğurdunu ve sosunu ekleyerek servis edebilirsiniz. Soslarla tabağı 'kirletmeyi' unutmayın!*

* Bkz. 4. Bölüm, **Yemek ve Tabağın Görünümü**.

lic cloves in the mortar and add to the yoghurt. Add salt to taste. Because kadayif is salt free, you can add more than usual.

For the sauce, add the olive oil/butter, red pepper paste, tomato paste and tomato puree into a pan. Put the pan on gas and stir the mixture till the ingredients boil and mix with each other. Take the pan off the heat and add black pepper, fresh mint and fresh thyme.

*Next, put the kadayif manti on a plate and add the yoghurt and the sauce. You may serve your dish. Do not forget to decorate the plate by dribbling yoghurt and sauce around it.**

** See Chapter 4,* ***Appearance of the Food and the Plate***

ACILI EKŞİLİ TATLILI DOLMA

TURKISH STUFFINGS WITH CHILI

MALZEMELER INGREDIENTS

Asma Yaprağı, 300 gr. • *Vine Leaves, 300 gr.*
Kıyma, 500 gr. • *Ground Beef, 500 gr.*
Pirinç, ½ bardak • *Rice, ½ cup*
Soğan, 2 adet • *Onions, 2*
Sarımsak, 4 diş • *Garlic, 4 cloves*
Biber Salçası, 1 çorba kaşığı • *Red Pepper Paste, 1 tbsp*
Domates, 2 adet • *Tomatoes, 2*
Maydanoz, ½ bağ • *Parsley, ½ bunch*
Dereotu, ½ bağ • *Dill, ½ bunch*
Pul Biber, 1 çorba kaşığı • *Flaked Red Pepper, 1 tbsp*
Karabiber, 1 tatlı kaşığı • *Black Pepper, 1 dsp*
Yenibahar, 1 çorba kaşığı • *Allspice, 1 tbsp*
Zeytinyağı, ½ çay bardağı • *Olive Oil, ¼ cup*
Yoğurt, 2 bardak • *Yoghurt, 2 cups*
Tatlı Biber Sosu, 6 çorba kaşığı • *Sweet Chili Sauce, 6 tbsp*
Tuz • *Salt*

50 3

Kıymayı çukur bir kaba koyun ve soğan, maydanoz ve dereotunu ince ince kıyıp üzerine ekleyin. Sarımsakları havanda ezin, içine pirinç, zeytinyağı ve tuzunu ekleyin, karıştırın ve kıymanın üzerine dökün. Domatesleri karışımınızın üzerine rendeleyin, sonra biber salçası ve baharatları da ekleyip karıştırın.

Asma yapraklarınız taze ise muhteşem! Salamura aldıysanız, içi hazırlarken biraz suda bekletin ki tuzlu olmasınlar. Yaprakları düz bir yerde açın, sonra her yaprağa bir tatlı kaşığı iç koyun ve önce kenarlarından kıvırıp sonra rulo yaparak dolmaları sarın. Olabildiğince yayvan bir tencerenin altını önce biraz yağlayın, sonra sardıkça dolmaları içerisine dizin (2-3 kat olacaktır). Artan asma yapraklarını dolmaların üzerine koyun ve tencerenin üzerine bir tabak kapatıp, önce yüksek ateşte 10 dakika, sonra kısık ateşte toplam 40-50 dakika kapağı kapalı şekilde pişirin. Altını kapattıktan sonra dolmaları 15-20 dakika tencerede dinlendirin, sonra bir kaba alın.

Yoğurdu çırpın, dövülmüş 2 diş sarımsağı içine ekleyin ve tuzunu ilave ettikten sonra dolmaların üzerine dökün, sonra da üzerine tatlı biber sosu ekleyin. İsterseniz, taze kekik veya maydanozla süsleyebilirsiniz. Ufak değişikliklerle nasıl farklı bir dolma yediğinize şaşıracaksınız.

Put the ground beef into a deep bowl and add finely sliced onions, parsley and dill. Crush the garlic in a mortar and combine with rice, olive oil and salt. Stir the mixture and pour over the ground beef. Grate the tomatoes over the mixture, add red pepper paste and the spices, then stir.

If the vine leaves are fresh, that's awesome! If you have pickled ones, sit them in water to soak the salt off while preparing the stuffing. Roll out the leaves on a flat surface. Put a dessertspoonful of stuffing on each leaf. Then, folding from the edges, roll it Grease a wide pot and place the dolma you rolled in the pot. (there should be 2-3 layers). Place the remaining vine leaves on top of the dolma, and put a plate on top of the pot. Cook for 10 minutes on high heat. Then, cook for a further 40-50 minutes on low heat, this time with the lid on. After turning off the heat, let the dolma rest for 15-20 minutes in the pot. Then place them on a serving platter.*

Stir the yoghurt, add 2 cloves of crushed garlic, and after adding the salt, pour the yoghurt mixture over the dolma. Then pour the sweet chili sauce over them. If you like, you can decorate the dish with fresh thyme or parsley. You will be surprised to see how different the taste of the dolma will be with only small changes.

** You can find fresh vine leaves in markets, or salted ones in supermarkets.*

YALANCI İSKENDER*

FAKE ISKENDER*

MALZEMELER INGREDIENTS

Kıyması için • *For the ground beef:*
Kıyma, 500 gr. • *Ground Beef, 500 gr.*
Soğan, 3 adet • *Onions, 3*
Maydanoz, ½ bağ • *Parsley, ½ bunch*
Tuz • *Salt*

Yoğurdu için • *For the yoghurt:*
Yoğurt, 300 gr. • *Yoghurt, 300 gr.*
Sarımsak, 3 diş • *Garlic, 3 cloves*

Alt kısmı ve sosu için • *For the layer underneath and the sauce:*
Pide, 1 adet büyük • *Pide, a large one*
Biber Salçası, 1 çorba kaşığı • *Red Pepper Paste, 1 tbsp*
Domates, 2 adet • *Tomatoes, 2*
Domates Püresi, 200 gr. (1 kutu) • *Tomato Puree, 200 gr. (1 can)*
Nane, 1 tutam • *Dried Mint, 1 pinch*
Kekik, 1 tutam • *Dried Thyme, 1 pinch*
Kimyon, 1 tatlı kaşığı • *Cumin, 1 tbsp*
Karabiber, 40-50 çekimlik • *Black Pepper, 40-50 grinds*
Sarımsak, 4 diş • *Garlic, 4 cloves*
Zeytinyağı, 3 çorba kaşığı • *Olive Oil, 3 tbsp*
Su, 1 çay bardağı • *Water, ½ cup*
Tereyağı, 2 çorba kaşığı • *Butter, 2 tbsp*

Kıymayı **Kendini Döner Sanan Kıyma Kavurma** tarifine göre kavurun ve tavada sıcak tutun. Bir taraftan 4 diş sarımsağı yoğurt ile karıştırın. Mutfağın sıcak bir yerinde beklesin (buzdolabından çıkardığınız yoğurdu hemen eklerseniz yemeğinizi çok soğutacaktır).

Pideleri küp küp kesin. Eğer pide bulma ihtimaliniz yoksa, ekmek hamurundan 10 dakikada hazırlayabilirsiniz. Evdeki kuru ekmekleri de değerlendirebilirsiniz. Küp küp kestiğiniz pideleri, biraz kurutmak için bir tepsiye yayın ve fırının ızgarasına koyun kızarsınlar. Bu sırada bir tavaya 2

*Saute the ground beef according to **Ground Beef Which Looks Sees Itself as Doner Kebap** and keep it hot. Meanwhile, combine 4 cloves of garlic with yoghurt. Keep it in a warm part of your kitchen (if you add the yoghurt just removed from the fridge, it will suddenly cool your meal).*

Cut the pide into cubes. If you cannot find one, you can prepare it with bread dough in 10 minutes. You can also make use of the stale bread at home. Spread the cube-shaped pides on an oven tray to dry them a little. Then put them under the grill and brown them. Meanwhile, put 2 tablespoons of butter in a pan and chop the

çorba kaşığı tereyağı koyun ve sarımsakları ince ince doğrayıp içine atın. Domates salçası ve biber salçasını, sarımsakları 4-5 kez çevirdikten sonra 1 çay bardağı su ile birlikte ekleyin. Krema kıvamına gelince, domates püresini de ekleyin. Sosun ⅔'ünü ekmeklere dökün ve iyice çekmeleri için karıştırın. Kalan sosa kimyon, karabiber, kekik ve nane ekleyin ve hazırlıklar sırasında sıcak kalması için fırında bekletin.

Yoğurt, kıyma ve domates sosunuz artık hazır. Önce ekmekleri, sonra yoğurdu, ardından da kıymayı servis tabağına koyun ve domates sosunu üzerine dökün. Göz, kalp ve mide doyuracak bir yemek emrinize amade!

* 6 kişiliktir.

garlic in thin pieces and add. After sauteing the garlic 4-5 times, add the tomato sauce and the red pepper paste with ½ cup of water. When it reaches a creamy consistency, add the tomato puree too. Pour ⅔ of the sauce on to the pides and stir them so that they absorb it thoroughly. To the remaining sauce, add cumin, black pepper, thyme and mint; then, keep it in the oven so that it will stay warm during the other preparations.

Yoghurt, ground beef and the tomato sauce are now ready. On the serving plate, first place the pides, then the yoghurt, and then the ground beef. Pour the tomato sauce over it. A meal to feed your eyes, heart and belly is at your service now!

** Serves 6*

PASTIRMALI TAVUK

CHICKEN WITH PASTRAMI

MALZEMELER INGREDIENTS

20 2

Tavuk Göğsü, 1 tam • *Chicken Breast, 1 whole piece*
Dil Peyniri, 1 büyük parça • *Turkish String Cheese, 1 large strip*
Pastırma, 6 dilim kalın ve çemenli • *Pastrami, thick and with paste, 6 slices*
Nane, 1 tutam • *Dried Mint, 1 pinch*
Büyük Kürdan • *Large Toothpicks*
Teriyaki Sosu • *Teriyaki Sauce*

Bir tam tavuk göğsünü A4 kağıdından biraz daha büyük olacak bir şekilde ve tek parça halinde dövün. Et dövme tecrübeniz yoksa bu işlemi kasabınıza yaptırsanız çok daha iyi olur. Eğer siz döveceksiniz kesme tahtasına ortadan kestiğiniz bir buzdolabı poşeti koyun, tavuk göğsünü üzerine yatırın ve üzerine bir kat daha buzdolabı poşeti koyun. Dövmedeki genel mantık, ortadan kenarlara doğru açılmaktır. Bir cam şişe içine ağır olacak bir bakliyat koyup yavaş yavaş vurarak da dövebilirsiniz.

Dövdüğünüz tavuğu, dikdörtgen bir borcam gibi, çukur ama tabanı düz bir kaba yatırın ve üzerine teriyaki sosu koyun. Sosun geçebilmesi için tavuğa bıçakla çok ince çizikler atın. Sonra tavuğu çevirip aynı işlemi tekrarlayın. Uzun kenarından ikiye katlayacağınız bir A4 kağıdı gibi düşünün tavuğu: Bir tarafına 3 adet pastırmayı yan yana döşeyin, üzerine dil peynirleri ve naneleri yerleştirin ve bir kat daha pastırma dizin. Malzemeleri yerleştirdikten sonra tavuğunuzu zarf kapatır gibi kapatın ve kenarlarını kürdanla tutturun.

Tavaya az bir yağ koyun ve tavuğu orta ateşte, üstünü 2 dakika açık 2 dakika kapalı tutarak ve çevirerek toplam 10-12 dakika pişirin. Böylece hem içi pişecek, hem de sulanmayacak.

Lafı uzattığıma bakmayın, hazırlaması 5 dakika. Dövülmüş tavuğun içine dışına teriyaki sos sürün, pastırma, dil peyniri ve nane koyup kapatın, tamam! Siz salatanızı hazırlarken tavuğunuz da orta ateşte pişecektir.

Beat the chicken breast to make it a little larger than a sheet of A4-sized paper. If you are not experienced in tenderizing meat, you can ask your neighborhood butcher to do it for you. If you are going to do it yourself, place a fridge bag on the chopping board. Then, lay the chicken breast on the bag and add another layer of fridge bag over it. The basics of tenderizing is to move from the center to the edges. Also, you can put a good amount of legumes in a jar and beat slowly using that.

Place the flattened chicken breast in a flat-bottomed but deep bowl, for instance, in a pyrex dish. Add the teriyaki sauce. To make the breast absorb the sauce, score very thin lines on it with a knife. Then turn it over and repeat. Think of the chicken as an A4-sized paper that you will fold from the long side: lay 3 pastramis on one half. Put the string cheese and mint on the pastrami and add another layer of pastrami. After putting the ingredients in, fold the chicken as if you are sealing an envelope, and attach the edges together with the toothpick.

Pour a little oil in the pan. Cook the chicken over medium heat, putting the lid on and taking it off every 2 minutes for 10-12 minutes, so that the insides will be cooked but it will not be very juicy.

Don't be put off by this long explanation, it just takes 5 minutes to prepare. Pour the teriyaki sauce on and over the beaten chicken. Add the pastrami, string cheese and mint, fold it and you are done! Cook over medium heat and enjoy.

PARMAK PARMAK NEFİS TAVUK
NUTTY DELICIOUS CHICKEN

MALZEMELER INGREDIENTS

20 2

Tavuğu dinlendirmek için • *To marinate the chicken*
Tavuk Göğsü, 1 tam • *Chicken Breast, 1 whole piece*
Bal, 2 çorba kaşığı • *Honey, 2 tbsp*
Zeytinyağı, 2 çorba kaşığı • *Olive Oil, 2 tbsp*
Soya Sosu, 3 çorba kaşığı • *Soy Sauce, 3 tbsp*
Pul Biber, 1 tatlı kaşığı • *Flaked Red Pepper, 1 dsp*

Pişirmek için • *To cook*
Kırmızı Dolmalık Biber, 1 adet • *Red Bell Pepper, 1*
Sarı Dolmalık Biber, ½ adet • *Yellow Bell Pepper, ½*
Kaju Fıstığı, 2 avuç • *Cashew, 2 handfuls*
Ekmek Hamuru*, ¼ ekmeklik • *Bread Dough*, ¼ a loaf*

Servis önerisi • *Serving advice*
Tatlı Biber Sosu • *Sweet Chili Sauce*
Zencefil Turşusu • *Ginger Pickles*
Kapari • *Capers*

Tavukları parmak parmak kesin. Çukur bir kaba koyup bal, zeytinyağı, 1 çorba kaşığı soya sosu ve pul biber ekleyin ve dinlenmeye bırakın. En az 2 saat, mümkünse 1 gün dinlendirin.*

Sofraya oturmadan 15 dakika önce tavaya biraz zeytinyağı koyun, parmak parmak kestiğiniz biberleri ve tavuğu içine atıp yüksek ateşte çevirmeye başlayın. Tavuk suyunu bırakıp çekmeye başlayınca, top top yaptığınız ekmek hamuru ve fıstıkları tavaya atın ve 2 kaşık soya sosu ekleyin. 2-3 dakika içinde tavuğunuz hazır olacaktır. Servis yaparken üzerine tatlı biber sosu ekleyebilirsiniz, daha da nefis olur.

* Mangal tavuğu da bu şekilde marine edebilirsiniz.

* Fırından alabilirsiniz, ya da bkz. **Evde Ekmek Hamuru Yapmak**

*Cut the chicken into finger-shaped piece and put into a deep bowl. Add honey, olive oil, 1 tablespoon of soy sauce and flaked red pepper. Let it rest for at least 2 hours or, if possible, for 1 day.**

15 minutes before serving, pour some olive oil in a pan, scrape the finger-shaped peppers and chicken pieces in, and stirfry. When the chicken releases its juice and starts to absorb it, scrape the ball-shaped bread dough and cashew nuts into the pan and add 2 spoonfuls of soy sauce. The chicken will be cooked in 2-3 minutes. When serving, you can make it even tastier by adding sweet chili sauce.

** This way, you can also marinate the chicken to be grilled.*

** You can buy it from a bakery, or see* ***Preparing Your Own Bread Dough***

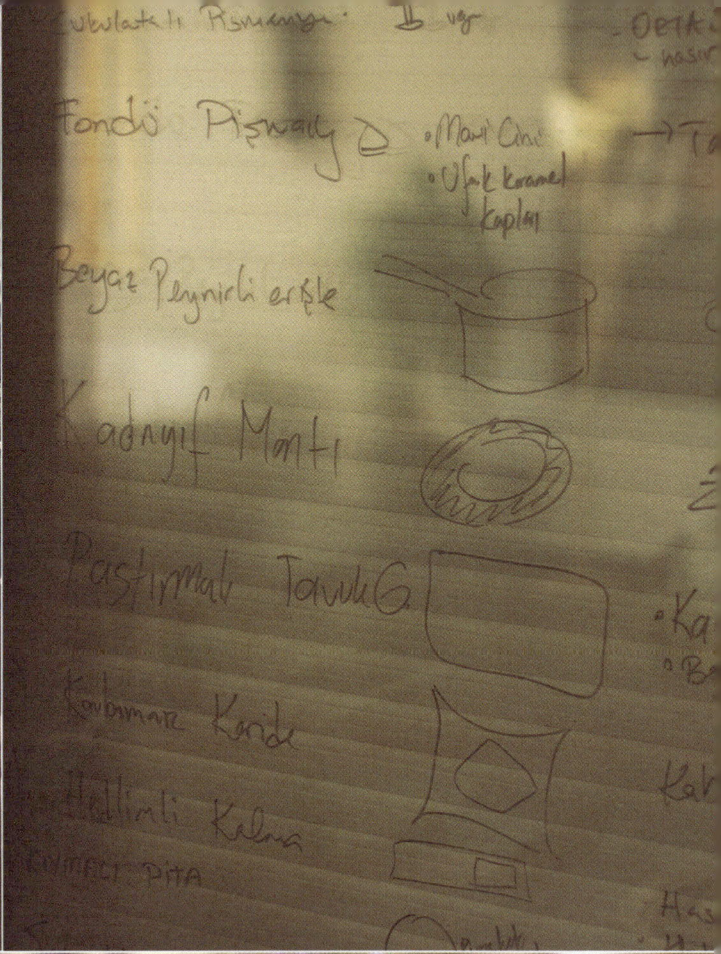
Beyaz Peynirli erişte
Kadayıf Mantı
Pastırmalı Tavuk

HER ŞEYDEN KÖFTE YAPMAK

MAKING EATBALLS OUT OF ANYTHING

Sevdiğiniz her şeyden... İnanması güç gelebilir ama ben çocukken bir deri bir kemikmişim. Sadece beyaz peynir, yoğurt, süt, sigara böreği, köfte, patates ve pilav severmişim ve zorla yedirilen hiçbir şeyi midemde tutamazmışım. Bu halim karşısında, beni büyüten Zerfure Teyze'min, (kendi tabiriyle) "gücü üzülürmüş" ve aç kalmayayım diye beni gizli gizli sevdiğim yemeklerle beslermiş. Kısacası, köfte ile olan aşkım çok küçük yaşlara dayanıyor. Köfte ve köftenin her cinsi benim için makbul. Köfteyi kırmızı et yerine başka bir şeyden yapma fikri ise aklıma ilk 14-15 yaşlarında geldi. Yaşları ilerledikçe "az et, az kolesterol" tavrını benimseyen anne ve babama, köfte keyfini sürdürebilecekleri bir sürpriz yapmak istedim. Sürprizin adı "tavuktan köfte" idi ve büyük köfte arayışım böylece başlamış oldu. Palamutun kilosu 1,5 liraya düştüğünde, palamuttan köfte olur mu diye bir deneme yaptım. Palamut köfteleri de başarılı olunca, baklagiller, mantar ve bir sürü yeşillikten köfte yapar oldum.

Temel mantık şu: Et, balık, tavuk, mantar, pazı ya da ıspanak gibi istediğiniz malzemeyi mutfak robotuna atıp kıyma haline getiriyorsunuz. Sonra kıymayı bir kaba alıp içine yağ, ince kıyılmış soğan (1 adet), yumurta (1 adet), sarımsak ve galeta unu (2 çorba kaşığı) veya ekmek içi (yarım) ekliyorsunuz. Sonra köfte baharı, karabiber, kimyon ve tuz katıp yoğuruyorsunuz.

Out of anything you like... This may sound hard to believe but when I was a child, I was a bag of bones. From what they tell me, apparently, I only liked cheese, yoghurt, milk, borek, meatballs, potatoes and rice; I would throw up anything I was force-fed. Seeing me in this condition, Zerfure Teyze, who raised me, would be so saddened – in her own words – "down to the very core of her heart," so she would secretly feed me with the food I liked. In short, my love of meatballs goes back a long way. Classic meatballs or any kind of meatballs are fine by me. I first thought about making (m) eatballs with something other than red meat when I was 14 or 15 years old. I wanted to surprise my parents, who slowly adopted the motto of "less meat, fewer cholesterol problems" as they grew old. The name of the surprise was "chickenball." This was the beginning of my huge quest for other eatballs. When the price of one kilo of bonito went down to 1.5 TLs, I tried to make eatballs out of bonito. When the experiment with the bonito was a success, I started making eatballs out of legumes, mushrooms and various kinds of herbs.

The basic is this: You pick an ingredient – meat, fish, chicken, mushroom, chard or spinach – put it in the food processor and start. Then, place the minced ingredient into a bowl and combine with oil, finely sliced onion (1), egg (1), garlic, and bread crumb flour (2 tablespoons) or bread crumbs (half a bread). Then you add meatball spice, black pepper, cumin and salt, and knead the mixture.

Her şeyden köfte yapmanın ipuçları:

1- Kimyon köfteye et hissi ve tadı katar.

2- Domates ve biber salçaları kıymayı bir arada tutmaya yarar, aynı zamanda köftenizin rengini ve tadını da ete yaklaştırır (tabii isterseniz).

3- Sonuç olarak karışım bir nevi bir hamur gibi olur ve bir arada durması gerekir. Kıvamı tutturmak için en iyi silahlarınız, yumurta ve galeta unu (tercihen ekmek içi) kombinasyonu. Fazla sulu olduğunda galeta unu, kuru ve az yapışkan olduğunda da yumurta eklemek iyi bir çözüm. Çok sulu bir karışım varsa 1 kaşık normal un da bu işlemin etkinliğini artıracaktır.

4- Köfteyi yoğurduktan sonra, kıvamını anlamak için 10 dakika dinlendirmek gerekir. Örneğin galeta unu şişeceğinden karışımınız 10 dakika sonra daha kuru olacaktır, bunu hesaba katmanız gerekir.

5- İstediğiniz yeşilliği koyabilirsiniz. Sakın yeşillik olarak maydanoz ile sınırlamayın kendinizi, dereotu, kişniş, yeri gelince fesleğen çok lezzetli olabilir. Köfteye yeşillik eklemek önemlidir, tadını bir hayli değiştirir ve malzemeler arasında bir denge sağlar.

6- Hazırladığınız ilk köfteyi yanmaz ve ufak bir tavada az bir yağ ile kızartıp deneyin. Biraz soğuyunca tadına bakın ve ağız tadınıza göre baharatını tekrar ayarlayın.

7- Yaptığınız köfteleri 1 saat beklettikten sonra pişirmenizi tavsiye ederiz. Tatların birbirine karışması için fırsat vermiş olursunuz. İster karışımı, ister köfte haline getirilmiş şeklini dinlendirebilirsiniz.

8- Her zaman köfte yapacak vakit bulamayabilirsiniz. Dolayısıyla vakit bulduğunuzda bol bol yapıp, 2-3 saat buzdolabının alt tarafında bekletebilir, sonra da dondurucuya atabilirsiniz. Yaptığınız sebze yemeklerinin içine de 1-2 tane köfte atabilirsiniz. Bu sistemi oturttunuz mu epey hayat kurtarıcı oluyor. Çok tavsiye ederim.

Tips for making eatballs out of anything:

1- Cumin gives the eatball a meaty feeling and taste.

2- Tomato and red pepper pastes help to hold the minced ingredient in one piece. Moreover, they bring the color and the taste of the eatball closer to meat (naturally, this is up to you).

3- As a result, the mixture feels like a kind of dough and it must stick together. Our arsenal to reach the right consistency is a combination of egg and bread crumb flour (preferably, bread crumbs). When the mixture becomes too wet, the remedy is bread crumbs. If it is too dry and less sticky, egg is the antidote. If the mixture is extremely juicy, 1 spoonful of plain flour will do the job.

4- After kneading the eatball, you have to let it rest for 10 minutes to see if the consistency is right. For instance, because bread crumb flour would puff up, your mixture may get dry after 10 minutes. You should take this into consideration.

5- You can use any kind of herbs you want. Don't limit yourself to only parsley. Dill, coriander or basil may provide very tasty results. It is vital to add herbs into an eatball mixture. They change the taste drastically and provide a balance between the ingredients.

6- Try the very first eatball you prepared in a small, nonstick pan with a little oil. When it cools, taste the eatball and adjust the amount of spice according to your taste.

7- I suggest you cook the eatballs after letting them rest for 1 hour. By doing this, you leave enough time for the tastes to blend with each other. You can either let the mixture rest or the kneaded eatballs themselves.

8- You may not always have time to prepare meatballs; therefore, when you have time, you can prepare a a lot and put them in the freezer, after resting for 2-3 hours in the fridge. You can also add 1 or 2 eatballs to vegetable dishes.

NAMLI
PROMOSYON
VAN OTLU
PEYNIR
12,80 YTL

SUMAKLI KÖFTE
MEATBALLS WITH GROUND SUMAC

MALZEMELER INGREDIENTS

25 3

Kıyma, 1 kilo • *Ground Beef, 1 kilo*
Soğan, 2 adet • *Onions, 2*
Sarımsak, 4 diş • *Garlic, 4 cloves*
Yumurta, 2 adet • *Eggs, 2*
Maydanoz, 1 bağ • *Parsley, 1 bunch*
Ekmek İçi, ½ (veya Galeta Unu, 4 çorba kaşığı)
Bread Crumbs, ½ (or Bread Crumb Flour, 4 tbsp)
Kimyon, 3 tatlı kaşığı • *Cumin, 3 dsp*
Karabiber, 2 tatlı kaşığı • *Black Pepper, 2 dsp*
Köfte Baharı, 4 tatlı kaşığı • *Meatball Spice, 4 dsp*
Sumak, 1 çorba kaşığı • *Sumac, 1 tbsp*

Sos • *Sauce*
Yoğurt, 4 bardak • *Yoghurt, 4 cups*
Sarımsak, 4 diş • *Garlic, 4 cloves*
Sumak, 3 çorba kaşığı • *Sumac, 3 tbsp*
Maydanoz, ½ bağ • *Parsley, ½ bunch*

Sevgili Emine Teyze'mden öğrendiğim Sumaklı Köfte'yi biraz daha farklı yaparak anlatmak isterim. Sumakla pek bağınız yoksa çok güzel bir başlangıç olabilir. Sumağın kekreliği ve burukluğuyla, yoğurdun huzuru ve köftenin baştan çıkarıcılığı birleşince aradığınız kişiliğe ulaşıyorsunuz.

Kıymayı çukur bir kaba koyun, soğanı, maydanozu ve sarımsağı ince ince kıyıp sırayla kıymaya ekleyin. Sonra karışıma baharatları ekleyin, içine yumurtaları kırın ve karışımınızı yoğurun. Bu köfteyi ne kadar çok yoğurursanız tadı o kadar güzel olur. Kıvamı tutturacak kadar ekmek içi veya galeta unu koyun.

Uzun parmak şekline getirdiğiniz köfteleri, geniş ve derin bir tencerede 2 cm. yağ koyarak kızartın. Sonra köfteleri kağıt havlu ya da peçete serdiğiniz bir tabağa çıkarın.

Oda sıcaklığında beklettiğiniz yoğurda sarımsakları ve tuzu ekleyin ve krema gibi oluncaya kadar çırpın. Servis yapacağınız zaman, sosu sıcak köftelerin üzerine dökün ve ince kıydığınız maydanozu ve sumağı üzerine serpin.

I learned how to prepare meatballs with sumac from my dear Auntie Emine. Here, I will present a slightly different recipe. If you do not have much of a love for sumac, maybe, this will be the beginning of a beautiful friendship. When the astringency and the acerbity of sumac combines with the serenity of yoghurt and the seductive nature of meatballs, you will reach the character you are looking for.

Put the ground beef in a deep bowl. Finely slice the onion, parsley and garlic, and combine them with the ground beef. Then, add the spices, break the eggs in and knead the mixture. The more you knead it, the better the taste will be. Add bread crumbs or bread crumb flour to reach the right consistency.

Mould the meatballs into long, finger-shaped pieces and fry in a deep pan filled with 2 cms oil. Next, put the meatballs on a serving platter lined with a paper towel or a napkin.

Add garlic and salt to the yoghurt that has been resting at room temperature and stir till it reaches a creamy consistency. When serving, pour the sauce over the hot meatballs, and sprinkle the finely chopped parsley and sumac.

DİL PEYNİRİ VE FISTIK SAKLI KÖFTELER

MEATBALLS WITH HIDDEN STRING CHEESE AND PISTACHIOS

MALZEMELER INGREDIENTS

Kıyma, 1 kilo • *Ground Beef, 1 kilo*

Soğan, 3 adet • *Onions, 3*

Ekmek İçi, ½ (veya Galeta Unu, 4 kaşık) • *Bread Crumb, ½ (or Bread Crumb Flour, 4 tbsp)*

Yumurta, 2 adet • *Eggs, 2*

Maydanoz, ½ bağ • *Parsley, ½ bunch*

Kimyon, 2 tatlı kaşığı • *Cumin, 2 dsp*

Karabiber, 2 tatlı kaşığı • *Black Pepper, 2 dsp*

Köfte Baharı, 2 çorba kaşığı • *Meatball Spice, 2 tbsp*

Antep Fıstığı, 1 avuç • *Antep Pistachios, 1 handful*

Dil Peyniri, 2 parça • *Turkish String Cheese, 2 strips*

Kıymayı çukur bir kaba koyun ve yumurtaları, elde doğradığınız soğanları ve baharatları içine ekleyip karıştırın. En son maydanozu ve biraz büyük parçalar halinde dövdüğünüz antep fıstığını ekleyin. Sonra da yavaş yavaş ekmek içini (veya galeta ununu) katın. Etin ve soğanın su oranına göre köftenizin kıvamı da değişiklik gösterebilir, ama elinizle top yaptığınızda yapışmayacak ya da kuru kalıp parçalanmayacak bir kıvamı tutturmanız gerek.

Kıvamı tutturunca, kıymanızı elinizde açın ve tam ortasına, kenarları 2 cm. yüksekliği de 1 cm. olan parçalar halinde kestiğiniz dil peynirlerini koyun; sonra katlayıp normal köfte görünümüne kavuşturun.

Izgarada veya tavada kızartabilirsiniz (tavanın altını yağlayacak ve yapışmasını engelleyecek kadar yağ yeterli olacaktır). Kızarır kızarmaz hemen yemelisiniz ki içindeki dil peynirinin tadına tam anlamıyla varabilin.

Put the ground beef in a deep bowl and combine with eggs, hand-chopped onions and spices, and stir. Then, add parsley and slightly chopped pistachios. Finally, slowly add the bread crumbs (or bread crumb flour). The consistency of the meatball may vary depending on how juicy the meat and onions are. When you make a ball with your hand from the mixture, it should neither stick to your hand, nor be dry and fall apart.

When it reaches the right consistency, roll out the ground beef mixture with your hands. Then, cut the string cheese into pieces 1 cm long and 2 cms wide and place them right in the middle of the rolled out ground beef mixture. Finally, shape the mixture into meatballs.

You can either grill the meatballs or fry in a pan (barely oil the pan, just enough to prevent from sticking). You should eat immediately after frying so that you can fully enjoy the string cheese.

ZAHTERLİ BALIK KOKOREÇ
FISH KOKOREC WITH ZAHTAR

MALZEMELER INGREDIENTS

15 2

Mezgit Fileto, 500 gr. • *Whiting Fillet, 500 gr.*
Sarımsak, 4 diş • *Garlic, 4 cloves*
Domates, 1 adet • *Tomato, 1*
Kırmızı Dolmalık Biber, 1 adet • *Red Bell Pepper, 1*
Dolmalık Fıstık, 2 çorba kaşığı • *Pine Nuts, 2 tbsp*
Biber Salçası, 1 çorba kaşığı • *Red Pepper Paste, 1 tbsp*
Pul Biber, 1 çay kaşığı • *Red Flaked Pepper, 1 tsp*
Karabiber, 1 çay kaşığı • *Black Pepper, 1 tsp*
Tuz, ½ çay kaşığı • *Salt, ½ tsp*
Taze Kekik, 5 dal • *Fresh Thyme, 5 sprigs*
Taze Nane, 2 dal • *Fresh Mint, 2 sprigs*
Soya Sosu, 2 çorba kaşığı • *Soy Sauce, 2 tbsp*
Zahter, 1 tatlı kaşığı • *Zahtar, 1 dsp*
Zeytinyağı, 8 çorba kaşığı • *Olive Oil, 8 tbsp*
Kornişon Turşu, 10 adet • *Pickled Gherkins, 10*

"Tavuk balığı" olarak da bilinen mezgit, balığa çok düşkün olmayanların bile sevdiği bir tat. En çok Karadeniz'de olmak üzere Türkiye'nin her denizinde yetişiyor ve cinsleri ufak farklılıklar gösteriyor. Mezgit bulamazsanız bu tarifi kılıç veya dil balığı ile de yapabilirsiniz. Veya kalamar, karides, ahtapot ve midye kombinasyonuyla farklı bir versiyonunu hazırlayabilirsiniz.

Kokoreci yaparken her şey çok hızlı gelişecektir, dolayısıyla başlamadan bütün malzemelerinizi hazırlamakta fayda var. Sarımsak dişlerini tanesi 7-8 parçaya ayrılacak şekilde, dolmalık kırmızı biberi de incecik kıyın (3 mm.'lik küpler şeklinde). Domatesi tavla zarı boyutlarında küp küp doğrayın. Kornişon turşuyu da fotoğraftaki gibi doğrayabilirsiniz. Mezgitleriniz kontrol edin. Fileto çıkarmış olsalar da sırtının ortasında ve kenarlarında yüzgeç ve ince kılçıklar kalabiliyor. Filetoları temizleyip hazır hale getirin. Kullanacağınız baharat ve yeşillikleri (naneler iri yapraklı ise biraz kıymak gerekebilir) ve soya sosunu da ocağınızın etrafına dizin ki eksik malzemeniz kalmasın.

Also known as "chicken fish," whiting is a taste favored even by those who do not like fish. Found in every sea of Turkey, whiting vary little from type to type. If whiting is not available, you can also use sword fish or sole fish for this recipe. Or you can prepare a different version with a combination of calamari, shrimps, octopus and clams.

Preparing kokorec is a quick process, so it would help if you have all your ingredients ready before you start. Chop the garlic, each clove should be split into 7-8 pieces. Finely chop the red bell pepper (in 3 millimeter cubes). Dice the tomatoes. Chop the pickles as seen in the photograph. Check the whiting. Even if it is a fillet, there may be a scale or fine bones in the middle of its back or sides. Clean the fillets and get them ready for cooking. Line the spices, herbs (if the mint leaves are big, you may have to chop them a little) and soy sauce around the cooker so that you will have everything close at hand.

This dish will taste more delicious if you use a cast iron or a copper pan. First, pour the olive oil into the

Döküm veya bakır bir tavada yemeğiniz daha lezzetli olacaktır. Önce zeytinyağını tavaya dökün. Biraz ısınınca içine sarımsak ve dolmalık biberi ekleyip 15 saniye çevirin ve domatesi koyun. 15 saniye daha çevirdikten sonra balıkları derileri aşağıya gelecek şekilde yerleştirin ve dolmalık fıstıkları ekleyin. Balıkların bir tarafları pişerken, karışımı tahta spatulanızla filetoların üzerine doğru itin. Biber salçası, pul biber, çekme karabiber, kekik, nane ve soya sosunu da karıştıra karıştıra tavaya ekleyin. Bu sırada tahta spatulanızla balıkları parçalayıp çevirmeye başlayabilirsiniz. Görmüşsünüzdür, kokoreci bıçakla ince ince kıyarlar, o mantıkla sağlıklı ve nefis balığınızı lime lime edin. Kokoreç 2-3 dakikada hazır olacak. Altını kapatmadan hemen önce üzerine zahter, kapatınca da kornişon turşusu ekleyin. Siz de benim gibi dil peyniri aşığı iseniz içine biraz dil peyniri atıp karıştırın, tavanın sıcağı ile daha da nefis olacaktır.

pan. When it is heated a little, add the garlic and red bell pepper, saute for 15 seconds and add the tomatoes. After sauteing for another 15 seconds, place the fish in the pan,bottomside-down, and add the pine nuts. As one side of the fish is cooked, using a wooden spatula, push the mixture onto the fillets. Add pepper paste, red flaked pepper, ground black pepper, thyme, mint and soy sauce to the pan, mixing them. Meanwhile, you can start splitting the fish in pieces and sauteing them with the wooden spatula. You may have noticed in kokorec shops that kokorec is very finely sliced with a knife. The same applies here; tear your healthy and delicious fish to shreds. The kokorec will be ready in 2-3 minutes. Right before turning off the heat, first add zahtar, and then pickles. If you are a string cheese lover like me, add some string cheese and stir; it will add a delicious taste with the heat of the pan.

ÖZLENMİŞ İNCİRLİ ET
JUICY MEAT WITH FIGS

MALZEMELER INGREDIENTS

Bonfile, 1 kg. • *Sirloin Steak, 1 kg.*
Soğan, 3 adet • *Onions, 3*
Sarımsak, 5 diş • *Garlic, 5 cloves*
Kırmızı Dolmalık Biber, 1 adet • *Red Bell Pepper, 1*
Yeşil Dolmalık Biber, 1 adet • *Green Bell Pepper, 1*
Havuç, 2 adet • *Carrots, 2*
Un, 2 çorba kaşığı • *Flour, 2 tbsp*
Tuz, 1 çay kaşığı • *Salt, 1tsp*
Tane Karabiber, 1 avuç • *Black Pepper Seeds, 1 handful*
Defne Yaprağı, 10 adet • *Bay Leaves, 10*
Tavuk Suyu*, ¾ bardak • *Chicken Stock,* ¾ glass*
Kırmızı Şarap, ½ bardak • *Red Wine, ½ glass*
Taze Kekik, 5 dal Fresh • *Thyme, 5 sprigs*
Biber Salçası, 1 çorba kaşığı • *Pepper Paste, 1 tbsp*
Kuru İncir, 15 adet • *Dried Figs, 15*
Riviera Zeytinyağı, 7 çorba kaşığı • *Riviera Olive Oil, 7 tbsp*

Eveet, eliniz alıştıkça her sefer bir evvelkinden de güzel yapabileceğiniz bir et tarifi size. Yiyeni size aşık etme dışında pek bir tehlikesi de yok. Altı ay boyunca kafamda dönüp dönüp duran bir tarifti bu. Benim planlama sürecim ne yazık ki biraz uzun sürer ve tarifi aklımda tam oturtmadan elim yemek yapmaya gitmez. Kafamda defalarca iyi ve kötü versiyonlarını pişirdikten sonra ulaştım bu tarife ve ilk yaptığımda, suyunun lezzetinden dolayı yarım ekmek banarak yedim. Tüh, bir tehlikesi daha çıktı demek. Anlaşılan, sanıldığından tehlikeli bir et bu. Dikkatli olmak lazım!

Farklı ülkelerde farklı haller alan bir yöntemin üzerine gidiyor bu tarif. Cezayir'in toprak kaplarda pişen Tajin'inin, Fransızların Boeuf Bourguignon'unun (Julia Child'ın en meşhur yemeği) ve bizim Güneydoğu'da yapılan sulu etin Refika versiyonu.

Bonfileleri 5 cm.lik küpler halinde kesin. Soğanları ise yuvarlakları kalacak şekilde 1 cm. lik dilimler halinde kesin, sonra da ellerinizle açarak onlarca halka elde edin. Dolmalık biberleri 1 cm kalınlığında şeritler halinde kesin. Havuçları da tavla zarı büyüklüğünde küplere ayırın.

Bu yemeği mutlaka demir dökme bir tencerede yapın derim, dökme tencereyle yemeklerin lezzeti bir başka oluyor. Yağı tencereye koyun ve tencerenin tamamını bir fırça yar-

Yes, here is a meat recipe which you can improve on every time. And it does not hold many dangers apart from making your guest fall in love with you. This was a recipe that I have been pondering in my head for six months. Unfortunately, my planning takes a little long, and I tend not to move on to cooking until I have the recipe ready in my mind. I finalized this recipe after cooking good versions and bad versions one after another in my head. And when I first cooked it, I dipped half a loaf of bread in its juices; it was so delicious. Oh, here is another danger, then. It seems that this is a meat dish more dangerous than it looks. Beware!

This recipe improvises on a method varying in different countries. This is the Rofika version of Algiers' Tajin, cooked in earthenware pots, of the French Boeuf Bourguignon (Julia Child'smost famous dish) and the juicy meat cooked in Southeast Turkey.

Cut the sirloin steak in 5cm cubes. Cut the onions in 1 cm slices, keeping the rings intact. Then separate the rings from one another. Cut the bell peppers in 1cm-thick strips. Dice the carrots.

I would definitely suggest that you cook this dish in an cast iron pot, as the taste will be improved. Pour the oil into the pot and grease it with a brush Turn on the heat,and heat the oil till it sizzles. Put the sirloin cubes in the pot and saute for 2 minutes, so that all sides of the sirloin cubes are nicely

dımıyla yağlayın. Sonra altını açıp yağı kızdırın ve bonfileleri içine atın. Dört taraflarının da kızaracağı şekilde 2 dakika çevirin. Sonra bonfileleri, peçete serdiğiniz bir tabağa alın.

Soğanları (tencereyi temizlemeden) aynı tencereye atıp, harlı ateşte, kenarları hafif kızarmaya başlayıncaya kadar yaklaşık 2 dakika çevirin. Soğanları tencereden alıp, biberleri ve havuçları tencereye koyun ve 1 dakika çevirin. Sonra diş sarımsakları da atın ve 1 dakika daha çevirin. Bonfile ve soğanları tencere geri ekleyin. Tencerenin altını en kısığa alın. İki kaşık unu etlerin üstüne serpip 2 dakika karıştırın. Sonra kaynamış tavuk suyunu* ve şarabı ekleyin. Sırayla karabiber, tuz, kekik, defne yaprağı ve biber salçasını da ekleyip karıştırın. Karışım kıvamını bulunca, ortadan ikiye böldüğünüz kuru incileri içine atın ve karıştırın. Tencerenin kapağını kapatın ve 1 saat boyunca hiç açmadan ocağın en ufak gözünün en kısık ateşinde pişirin. 1 saat sonra 1 kez karıştırıp 1,5 saat daha pişmeye bırakın. Afiyet şeker bal olsun.

* Tavuk suyu yerine, 1 tablet tavuk bulyonunu 1,5 bardak kaynar suda eritip kullanabilirsiniz.

browned. Remove the meat and place it on a plate lined with absorbent kitchen paper.

Saute the onions in the same pot on high heat for 2 minutes, till the edges start to brown. Remove them, replace with the peppers and the carrots and saute for 1 minute. Then add the cloves of garlic and saute for another minute. Put the meat and onions back in the pot. Reduce the heat to minimum. Sprinkle two spoonfuls of flour over the meat and stir for 2 minutes. Then, add boiled chicken stock and wine. In respective order, add black pepper, salt, thyme, bay leaves and pepper paste and stir. When the mixture reaches the right consistency, add the dried figs split into two and stir. Cover and cook on the lowest heat of the cooker, with minimum heat and without removing the lid. After 1 hour, stir a little and cook for 11/2 hours more. Taste, enjoy, and devour!*

** Instead of using chicken stock, you can melt 1 cube of chicken bouillon in 1.5 glass of boiling water.*

NEFİS KALKAN
TURBO TURBOT

MALZEMELER INGREDIENTS

Kalkan, 1 adet • *Turbot, 1*
Un*, 6 çorba kaşığı • *Flour*, 6 tbsp*
Karabiber, 50 çekimlik • *Black Pepper, 50 grinds*
Tuz • *Salt*
Ayçiçek Yağı • *Sunflower Oil*
Zeytinyağı • *Olive Oil*

Refika'nın Tiryaki Balsamik Sosu • *Refika's Balsamic Teriyaki Sauce*
Balsamik Sirke, 100 ml. • *Balsamic Vinegar, 100 ml.*
Tavuk Suyu, 120 ml. • *Chicken Stock, 120 ml.*
Soya Sosu, 1,5 çorba kaşığı • *Soy Sauce, 1.5 tbsp*
Mirin**, 1,5 çorba kaşığı • *Mirin**, 1.5 tbsp*
Pirinç Nişastası, 1,5 çorba kaşığı • *Rice Starch, 1,5 tbsp*

Süslemek için • *To decorate*
Taze Kişniş veya Maydanoz, 3-4 dal • *Fresh Coriander or Parsley, 3-4 sprigs*

Bu tarif, bana dünya kadar şey öğretmiş bir can arkadaşım için hazırlanmıştır. İki de esin kaynağı var; bir yandan Londra'daki, Asya Füzyon Mutfağının öncülerinden olan Nobu'nun şefinin hazırladığı soslara göz kırpıyor, bir yandan kanımca İstanbul'daki en ama en başarılı restoran olan Kahraman Balıkçısı'nın kalkanına selam ediyor. Bir de kalkan balığının kendi güzelliği var tabii, kim dayanabilir. Misal can arkadaşım Mehveş gibi kalkan severler kalkanın derilerini de düğmelerini de yer, tabakta müzelik tek parça iskeletten başka bir şey bırakmazlar.

Kalkanı en büyük tavanıza sığacak boyutta alın ya da aldığınız kalkan boyutunda bir tava veya tencere bulun. Balıkçınızdan, kalın derili tarafından ince bir çizik açarak kalkanın bağırsaklarını almasını ve diğer kısımlara dokunmamasını rica edin. Kalkanı yapmadan evvel öncelikle sosunu hazırlayın, zira kalkan en geç 20 dakikada hazır olacaktır.

2 parmak ayçiçek yağını tavaya koyun ve kızdırın. Fırını, üst ve alt tarafı ve fanı çalışır şekilde 200 dereceye getirin. Bu sırada kalkanı geniş bir kaba koyun ve iki tarafını biraz tuz ve bol bol 4-renk çekme karabiberle kaplayın. Sonra üstüne un serpin ve iki tarafını da unlayın. Kızgın yağda kalın derisi aşağı gelecek şekilde 6 dakika kızartın.

Kalkan kızarırken fırın tepsisi de ısınmış olacak. Tepsiyi fırından çıkarın ve zeytinyağı ile iyice yağlayın. Tepsinin sı-

This recipe is prepared for a very dear friend of mine, one who has taught me many many things. And it has two sources of inspiration: while it winks at the sauces prepared by the chef of Nobu, one of the pioneers of Asian Fusion Cuisine, at the same time it salutes the turbot of Fisher Kahraman, in my opinion the most accomplished fish restaurant in Istanbul. On top of everything, surely, is the irresistible beauty of the turbot fish itself. For instance, turbot lovers like my dearest Mehves devour the skin and the buttons of the turbot, leaving nothing but a skeleton fit for museums on the plate.

When buying turbot, make sure that it will fit your largest pan, or find a pan that will fit the turbot you bought. Also, ask your fishmonger to remove the intestines of the turbot by making a thin scratch on the thick-skinned part, and leave the rest inside. Before cooking the turbot, prepare the sauce first, as the turbot will be ready in approximately 20 minutes.

Pour 4cm sunflower oil in the pan and heat till it sizzles. Set the oven to 200 degrees with the fan too. Meanwhile, place the turbot in a large pan, and coat both sides with salt and lots of 4-colored ground pepper. Then, flour the fish on both sides. Fry for 6 minutes in sizzling oil, thick- skinned side down.

While the turbot is frying, the oven tray will be heated too. Take it out and thoroughly grease it with olive oil. The heat and oil of the tray will prevent the fish from sticking. Place the turbot on the tray in the oven (place it just one level higher than the middle). Cook for 10 minutes till the top of the fish turns red.

cak olması ve yağlı olması balığın yapışmasını engelleyecektir. Kalkanı tepsiyle fırına koyun (ortanın biraz üzerinde) 10 dakika boyunca, üzeri kızarıncaya kadar pişirin.

Gelelim Balsamik Tiryaki sos hazırlamaya. Balsamik sirkeyi bir tavada 20 dakika orta ateşte pişirin. İçine kaynamış tavuk suyu* ekleyin, sonra şeker, soya sosu ve mirin koyun. 5 dakika daha kısık ateşte kaynatın. Ayrı bir kapta 1,5 kaşık pirinç nişastasını bir kaşık su ile karıştırıp eritin, sosun içine ekleyin ve soğumaya bırakın. Biraz koyulaşacaktır. Resimdeki gibi kalkanla birlikte servis yapın.

Balığın yanaklarını yemeyi unutmayın. Hannibal Lecter'ın da dediği gibi, insan dâhil her hayvanın en lezzetli yerleri yanaklarıdır. Afiyet olsun!

* Gereken un miktarı kalkanın boyutuna göre değişecektir.

** Klasik teriyaki sosta kullanılan bir tür pirinç şarabı.

*** Tavuk suyu yerine, 1 tablet tavuk bulyonunun 1,5 bardak kaynar suda eritip kullanabilirsiniz.

Now comes the part where we prepare the Balsamic Teriyaki Sauce. Heat the balsamic vinegar in a pan for 20 minutes. Add the boiled chicken stock. Then add sugar, soy sauce and mirin. Boil for another 5 minutes at reduced heat. In another pan, melt 1.5 spoons of rice starch, mixing it with a spoonful of water. Add it to the sauce and leave it to cool. Its consistency will become a little thicker. As shown in the picture, serve it with the turbot.

Do not forget to eat the cheeks of the fish. As Hannibal Lecter says, the most tasty parts of all animals, including humans, are the cheeks. Bon Appétit!

** The amount of flour required will vary depending on the size of the turbot.*

*** A kind of rice wine used in classic teriyaki sauce.*

**** Instead of using chicken stock, you can dissove 1 cube of chicken bouillon in 1.5 cups of boiling water.*

DİL PEYNİRİNDEN PİZZA
STRING CHEESE PIZZA

MALZEMELER INGREDIENTS

30 · 2 · +M

Domates, 4 adet • *Tomatoes, 4*
Ekmek Hamuru*, 2 ekmeklik • *Bread Dough*, for 2 loaves*
Dil Peyniri, 4 büyük parça • *Turkish String Cheese, 4 big strips*
Sarımsak, 5 diş • *Garlic, 5 cloves*
Karabiber, 40 çekimlik • *Black Pepper, 40 grinds*
Taze Fesleğen (ince yapraklı), 4 dal • *Fresh Basil (thin leaved), 4 sprigs*
Biber Turşusu, 10 adet • *Green Pepper Pickles, 10*
Yeşil Zeytin, 1 avuç • *Green Olives, 1 handful*
Domates Püresi, 100 ml. (½ kutu) • *Tomato Puree, 100 ml. (½ box)*
Mantar, 8 adet • *Mushrooms, 8*
Taze Kekik • *Fresh Thyme*
Tuz • *Salt*
Un • *Flour*

Pizzanın esas malzemesi hamurdur. Pizza az mayalı hamurdan, ekmek daha mayalı, lahmacun ise mayasız hamurdan yapılır. Ben hem son dakikacı bir insan olduğum, hem de süreci çok hızlandırdığı için pizza yaparken ekmek hamuru kullanıyorum ve hamuru olabildiğince ince açıyorum. Hatta çoğu zaman ekmek hamurunu biraz un biraz da su ekleyerek çoğaltıyorum ve maya miktarını böylece azaltıyorum. Bu şekilde nefis bir pizza yapmak yalnızca 10 dakika alıyor.

Domatesleri ortadan ikiye bölüp rendeleyin, bu şekilde kabuklardan kolayca kurtulursunuz. İçine yarım kutu domates püresi ekleyin. Başka bir kapta sarımsakları dövün ve içine karabiber ve tuz ekleyin. Sonra zeytinyağı katıp karışımın daha rahat yayılmasını sağlayın ve 2 dal fesleğen ekleyip karıştırın. Sonra bu karışımı domates sosuna katıp karıştırın.

Bu sırada hamuru unlayarak açın. 175 derece yaktığınız fırından sıcak tepsiyi çıkartın, üzerine fırın kağıdı yerleştirin ve biraz un serpin. Kabaca açmış olduğunuz hamuru tepsinin üzerine koyup ellerinizle iyice dağıtın ve on parmağınızı kullanarak her tarafı eşit boyuta getirmeye çalışın. Üzerine domates sosunun $^{2}/_{3}$'ünü sürün. Sonra sırasıyla mantar, dil peyniri, yeşil zeytin, kekik ve biber turşusu koyun. Kalan domates sosunu da üstüne dökün ve 175 derece fırında pişirin. Pizzanızı üzerine bol fesleğen ve biraz zeytinyağı ekleyerek servis edin.

* Fırından alabilir veya kendiniz hazırlayabilirsiniz, bkz. **Evde Ekmek Hamuru Yapmak**

The main ingredient of pizza is the dough. Pizza is made of dough with less yeast, bread with more yeast, and lahmacun with no yeast. Because I am a last-minute person, and because it speeds up the whole process, I use bread dough and I roll it out very thinly when I want to make a pizza. In fact, I usually add some flour and water to the bread dough. This way, it takes only 10 minutes to make a delicious pizza.

Cut the tomatoes in half and grate them, so that you will get rid of the skin more quickly. Add half a packet of tomato puree. In another bowl, crush the garlic and add black pepper and salt. Add olive oil and two sprigs of basil, then stir. Combine the mixture with the tomato sauce and stir again.

Roughly roll out the dough, adding some flour throughout the process. Take out the oven tray from the oven heated to 175 degrees,line it with oven paper and sprinkle it with some flour. Place the roughly rolled out dough on the tray, stretch it with your hands, and make sure that each side is equal. Brush the dough with 2/3 rds of the tomato sauce. Then, in respective order, put mushrooms, string cheese, olives, thyme and pepper pickles. Pour the rest of the tomato sauce over the pizza and cook it in the oven set to 175 degrees. When the pizza is cooked, add rich amounts of basil and some olive oil, then serve.

* *You can buy it from a bakery, or see* ***Preparing Your Own Bread Dough***

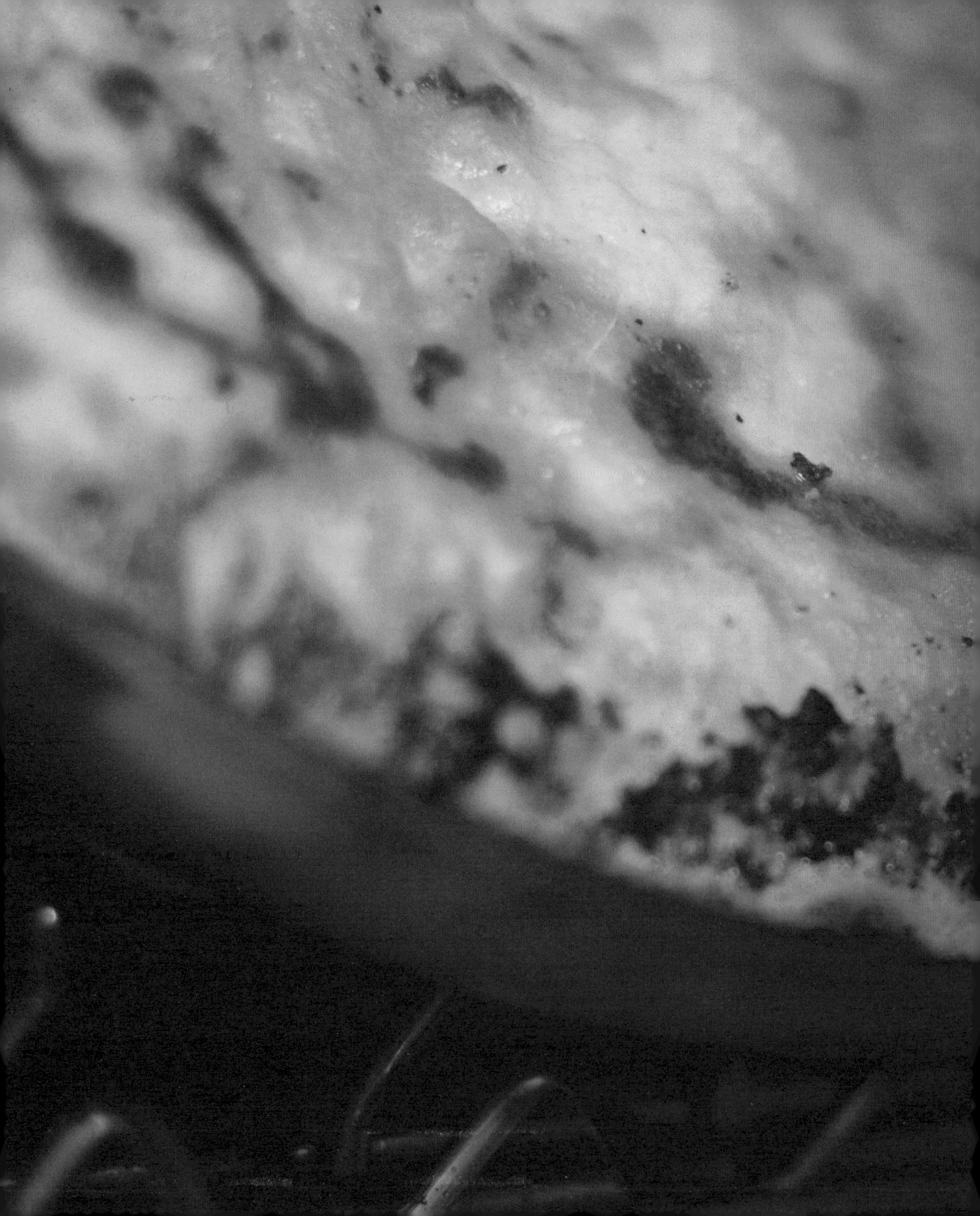

İDEAL TAVA BÖREĞİ
IDEAL PAN BOREK

MALZEMELER INGREDIENTS

Yumurta, 2 adet • *Eggs, 2*
Yoğurt, 1 çorba kaşığı • *Yoghurt, 1 tbsp*
Süt, ⅓ bardak • *Milk, ⅓ cup*
Ayçiçek Yağı, ⅓ bardak • *Sunflower Oil, ⅓ cup*
Yufka, 2 büyük • *Yufka*, 2 big ones*
Tuz • *Salt*
Dil Peyniri, 2 parça • *Turkish String Cheese, 2 strips*
Nane, 1 tutam • *Dried Mint, 1 pinch*

Yumurta, yoğurt, süt ve yağı bir kapta çırpın. Tavayı boşken altını biraz yağlayarak ateşte ısıtın. Böylece böreğiniz tavaya yapışmayacaktır. Tavayı ateşten alın ve bir büyük yufkayı tam ortasına gelecek şekilde yerleştirin. İkinci yufkanın ⅓'ünü, tavadaki yufkanın üzerine yerleştirin ve hazırladığınız karışımdan biraz dökün, biraz da dil peyniri ekleyin. Sonra yufkanın kalan kısmının yarısını tavaya koyun ve biraz daha dil peyniri ve karışım ekleyin. Bir kat yufka bir kat karışım eklerken, dışarı taşan yufkaları birer birer katlayın. Karışımın son kısmını bohça halindeki tava böreğinize ekledikten sonra, tavanızın kapağını kapatın ve ateşe koyun. 6-7 dakika içinde, çıtır çıtır olduğunda böreği çevirin. Çevirme işlemiyle ilgili kolay bir yöntem isterseniz, **Tavada Kadayıf Böreği** tarifine bakabilirsiniz. Diğer tarafını aynı şekilde pişirin ve afiyetle yiyin.

NOT: Aynı tarifi, dil peyniri ve nane yerine kıyma (½ bardak) , ıspanak (1 bağ) ve soğan (½) kullanarak da yapabilirsiniz.

In a bowl, stir the eggs, yoghurt, milk and oil. Grease the bottom of the empty pan and heat it on the cooker so that the borek will not stick. Take the pan off the heat and place one big yufka right in the middle of the pan. Then, place the ⅓ of the second yufka on the yufka in the pan, and pour over some of the mixture you prepared. Next, add some string cheese. Then put half of the remaining yufka in the pan, and add some more string cheese and some more mixture. While you are doing this "one layer yufka – one layer mixture" process, fold the overhanging yufkas one by one. After adding the last part of the mixture to your bundle-shaped pan borek, cover it with a lid and place it over the heat. When it becomes crispy in 6-7 minutes, turn the borek upside-down (See ***Kadayif on Pan*** *recipe for a shortcut) and cook that side too.*

NOTE: You can use this same recipe using ground beef (½ glass), spinach (1 bunch) and onion (½) instead of string cheese and mint.

** See Chapter 1,* ***Yufka Shop****.*

TAVADA KADAYIF BÖREĞİ
KADAYIF IN A PAN

MALZEMELER INGREDIENTS

10 2

Taze Kadayıf, 300 gr. • *Fresh Kadayif, 300 gr.*
Dil Peyniri, 2 büyük parça • *Turkish String Cheese, 2 big strips*
Yumurta, 2 adet • *Eggs, 2*
Yoğurt, 1 çorba kaşığı • *Yoghurt, 1 tbsp*
Süt, ⅓ bardak • *Milk, ⅓ cup*
Ayçiçek Yağı, ⅓ bardak • *Sunflower Oil, ⅓ cup*
Tuz* • *Salt**
Akçaağaç Şurubu • *Maple Syrup*

Çukur bir kapta önce yoğurdu çırpın, sonra yumurtayı içine katıp tekrar çırpın ve ardından yağı, sütü ve tuzu ekleyin. Böylece böreğiniz tavaya yapışmayacaktır. Sonra kadayıfı tavaya kenarları dışarıda da kalacak şekilde, tavanın $^1/_5$ kalınlığında yerleştirin. Biraz karışım ve biraz daha kadayıf ekledikten sonra dil peynirlerini koyun. Üzerine bir parça daha kadayıf ekleyip, karışımdan biraz daha dökün. Kalan parçaları üstüne katlayın ve kalan karışımı da döküp yüksek ateşte pişirin.

Alt taraf çıtır çıtır olunca tavanın kapağını kapayın. Kapağı elinizle sıkı sıkı tutup tavayı 180 derece çevirerek böreği kapağa alın. Kadayıfınız, pişmiş tarafı üstte olacak şekilde çıkacaktır. Sonra sanki bir tabaktan ilave ediyor gibi, pişmemiş yeri altta kalacak şekilde tavaya kaydırın. Böylece böreği ters yüz etmiş olursunuz.

Kadayıf böreğinizi isterseniz tuzlu yiyebilirsiniz, isterseniz de üzerine akçaağaç şurubu ekleyerek tatlı veya sabah kahvaltısı olarak keyfine varabilirsiniz.

*Yufkalı yiyeceklerde kullandığınızdan daha fazla tuz koyun, zira yufkanın aksine kadayıf tuzsuz üretilmektedir.

First, stir the yoghurt in a deep bowl. Add the eggs and stir again. Add oil, milk and salt, so that your pastry will not stick to the pan. After this, place the kadayif in the pan, with its edges overhanging the sides The pieces' thickness should be 1/5 th of the pan. After adding some mixture and some more kadayif, place the string cheese. Then, on top, add a piece of kadayif more, and add some more mixture. Then, fold the pieces left on top and pour the rest of the mixture. And cook it on high heat.

When the bottom of the pastry becomes crisp, cover the pan with a lid. Hold it firmly, and invert the pan 180 degrees. You will now have your kadayif with its nicely browned cooked side on top. Then slide it back into the pan so that the bottom side will be underneath. You have turned over your kadayif.

It is up to you: you can eat the kadayif either with salt, or with maple syrup, so that you can enjoy it as a dessert or a breakfast dish.

**Put more salt than normal in yufka (phyllo) dishes, because, unlike yufka, kadayif is saltfree.*

UFAK GÖZLEMELER
LITTLE GOZLEMES

MALZEMELER INGREDIENTS

Yufka, (1 yufkadan 4 adet gözleme çıkar) • Ayçiçek Yağı, 2 tatlı kaşığı
Yufka, (4 gozlemes from 1 yufka) • Sunflower Oil, 2 dsp

1

Pastırma, 4 ince dilim • Dil Peyniri, 1 büyük veya 2 küçük parça • Nane, 2-3 dal
Pastrami, 4 thin slices • Turkish String Cheese, 1 big strip or 2 small strips • Fresh Mint, 2-3 sprigs

2

Kaşar, 100 gr. • Sucuk*, 30 gr.
Kashkaval Cheese, 100 gr. • Sujuk, 30 gr.*

3

Beyaz Peynir, 120 gr. • Domates, 1 adet • Taze Fesleğen veya Kekik,2-3 sap
Zeytinyağı, 1 çorba kaşığı • Üzüm, 1 tatlı kaşığı
White Cheese, 120 gr. • Tomato, 1 • Fresh Basil or Thyme, 2-3 sprigs • Olive Oil, 1 tbsp • Grapes, 1 dsp

4

Kıyma (kavrulmuş), 100 gr. • Maydanoz, ¼ bağ • Domates (rendelenmiş),1 adet
Ceviz, 1 çorba kaşığı • Dil Peyniri, yarım parça
Ground Beef (browned), 100 gr. • Parsley, ¼ bunch • Tomato (grated), 1 • Walnuts, 1 tbsp • Turkish String Cheese, half a strip

5 dakikada hazırlanan, içine istediğinizi koyabileceğiniz, 1 yufkanın mucizeleri bu gözlemeler. Yeter ki yufka taze olsun!

Öncelikle yuvarlaktan kare çıkaracakmış gibi yufkanın kenarlarını kesin. Bu parçaları ortadan ikiye diklemesine kesin ve kenara ayırın. Çıkan büyük kareyi bir enden bir de boydan ikiye bölerek 4 eşit parça çıkarın ve çıkan karelerin ortalarına kenara ayırdığınız parçaları yerleştirin. Böylece yapacağınız zarfın zemini 1 kat daha kalın olacaktır.

Hazırladığınız içten bolca yerleştirin. Zarf gibi, önce yufkanın bir kenarını, sonra karşılıklı kenarlarını, en son da uzun bıraktığınız kenarı kapatın.

Yanmaz tavaya yarım çorba kaşığı yağ koyun, yağı bir fırça yardımıyla tavaya yayın. Tava iyice kızınca gözlemenizi koyun. Biraz sertleşince gözlemeyi çevirin, öteki taraf sertleşince tekrar çevirin ve gerektikçe gözlemenizi fırçadaki yağ ile yağlayın. İsterseniz bırakın şişsin ve yumuşak olsun gözlemeniz, ister üzerini kapayın çıtır çıtır yapın, isterseniz de sacda yapıyormuş gibi çevirin. Hazırlayıp derin dondurucuya da atabilirsiniz.

* İçinde pişeceğinden, kibrit çöpü inceliğinde parçalar halinde olması faydalı olacaktır.

These gozlemes made from 1 yufka (phyllo) are like miracles: you can prepare them in 5 minutes and put anything you want in them. Just make sure that your yufka is fresh!

First of all, cut the rounded edges of the yufka to make a square. Cut the leftovers vertically and put them aside. You have a big square of yufka now: cut it horizontally and vertically right in the middle to get 4 equal square pieces. Place the leftover pieces you put aside in the middle of these squares, so that the base of the envelope you are going to prepare will be one layer thicker.

Place the stuffing you prepared on the squares. Like sealing an envelope, first close one side of the yufka; then the opposite sides, and finally, the last side.

Pour half a tablespoon of olive oil into a non-stick pan. Spread the oil with a brush, soaking the bristles of the brush in oil, too. When the pan is hot enough, place the gozleme on it. When the gozleme hardens, turn it over. When the other side hardens, turn it over again. When needed, oil the gozleme with the oil-soaked brush. As you prefer, let the gozleme puff up and be soft, or put a lid on the pan and make the gozleme crisp. Or saute it like it was on an iron plate heater. You can prepare these and freeze them if you want.

** Because they have to be cooked, it helps if the sujuk pieces are as thin as matchsticks.*

PİŞMANİYELİ DONDURMA*
DRUNKEN FLOSS HALVA WITH ICE CREAM*

MALZEMELER INGREDIENTS

Kaymaklı Dondurma, 2 top • *Vanilla Ice Cream, 2 scoops*

Çikolatalı Dondurma, 2 top • *Chocolate Ice Cream, 2 scoops*

Siyah Çikolata, 1 avuç (yoksa gofret) • *Bitter Chocolate, 6 squares (or wafer-like chocolate cookie)*

Cardinal Melon • *Cardinal Melon*

Pişmaniye, 3 avuç • *Floss Halva, 3 handfuls*

Taze Nane, 2 dal • *Fresh Mint, 2 sprigs*

Çağla Badem veya Antep Fıstığı, 1 avuç • *Unripe Almonds or Antep Pistachios, 1 handful*

2 ceviz büyüklüğünde pişmaniyeyi elinize alıp parça parça ederek 2 çukur tabağa yayın, üzerine biraz siyah çikolata rendeleyin. Siyah çikolatayı normal rendede rendeleyebilirsiniz. Çikolata bulamazsanız yerine siyah veya normal çikolatalı gofret kullanabilir, elinizle ezdikten sonra paketini açıp pişmaniyenin üzerine koyabilirsiniz. Sonra tabakları resimdeki gibi nanelerle süsleyin. Çikolata, pişmaniyenin tatlı haline sertlik, nane ise kekrelik katacaktır. Mevsimi ise, 4-5 parçaya ayırdığınız çağla bademleri yanına ekleyebilirsiniz. İsterseniz antep fıstığıyla da tatlınıza tat ve renk katabilirsiniz. Son olarak tabaklara 1 top kaymaklı 1 top çikolatalı dondurma koyun. Servis yaparken, önce dondurmanın sonra da pişmaniyenin üzerine biraz Cardinal Melon dökün. Ama bu işlemi mutlaka son ana bırakın, yoksa Cardinal Melon'un ıslaklığı pişmaniyeyi eritir. Bu yabancı içkiyi tavsiye ederim, ama bulamazsanız tarifi kavun likörüyle de deneyebilirsiniz. Çok kolay bir tarif, önemli nokta pişmaniyeleri güzelce dağıtmak. Misafiriniz çok özel bir restorana gitmiş gibi hissedecek!

* İki kişiliktir.

Take a piece of floss halva the size of 1.5 eggs in your hands. Break it up and spread on 2 deep plates and grate some bitter chocolate. You can use a regular grater to grate the chocolate. If bitter chocolate is not available, you can use bitter or normal wafer-like chocolate cookies instead. Crush the cookies without removing the packet. Then, open up the packet and sprinkle the crumbled cookie pieces on the halva. Decorate the plates with mint leaves as shown in the picture. The chocolate's bitterness and the mint's astringency will provide a contrast to the sweetness of the halva. If the season is right, you can add unripe almonds split into 4-5 pieces around the halva. Or, if you like, by serving with pistachios, you can add flavor and color to your dessert. Finally, put one scoop of vanilla ice cream and one scoop of chocolate ice cream on each plate. When serving, pour some Cardinal Melon first on the ice cream, then on the halva. But do this at the end because it may cause the halva to melt. I suggest you use Cardinal Melon, but feel free to try the recipe with some other melon liqueur. The important thing is to spread it over the halva evenly. With this dessert,your guest will feel like she just stepped inside a chic restaurant!

** Serves 2*

FONDUE de PİŞMANİYE

FLOSS HALVA FONDUE

MALZEMELER INGREDIENTS

Siyah Çikolata, 200 gr. • *Bitter Chocolate, 200 gr.*

Pişmaniye, 2-3 top • *Floss Halva, 2-3 balls*

Anamur Muzu, 1 adet • *Anamur Banana, 1*

Mandalina, 1 adet • *Tangerine, 1*

Turunç Reçeli, 3 çorba kaşığı • *Bitter Orange Marmelade, 3 tbsp*

Dondurulmuş Böğürtlen, 150 gr. • *Frozen Blackberries, 150 gr.*

Lokum, 10 adet • *Turkish Delights, 10 pieces*

Çikolatayı Benmari usulü eritin. Benmari usulü, ısıya veya ateşe doğrudan temas etmemesi gereken gıdaların sıcak suyun ısısı ile pişirilmesidir. Bunun için bir tencerede su kaynatın, su kaynayınca ateşi kısın ve çikolatayı bir borcam veya porselen çukur bir tabağa koyup sıcak suyun üzerine yerleştirin. Çikolataları ufak parçalara bölüp çevirerek eritin. Erime süresi kullandığınız çikolatanın kalitesine göre değişecektir.

İlk başta garip gözüken bu karışım, bir süre sonra baştan çıkarıcı bir hal alacaktır. Tencerenin altında yanan ateş çok yüksek olmasın, yoksa çikolatayı yakabilir. Erimiş çikolatayı fondü kabıyla masaya getirin. Etrafına muz, mandalina (sevdiğiniz başka meyveleri da kullanabilirsiniz), pişmaniye ve turunç reçelini sıralayın.

Türkiye'de dondurulmuş böğürtlen satılmaya başlandı, yerli üretim olan bu böğürtlenler oldukça lezzetli. Son olarak, derin dondurucudan çıkardığınız böğürtlenleri doğrudan kaba yerleştirin. Sıcak çikolatayla temas ettiğinde, böğürtlen biraz yumuşayacak, çikolata da böğürtlenin üzerinde donacak, yani nefis bir tatlı yemeğe hazır olun! Bu işlemi, derin dondurucuda 5 dakika beklettiğiniz lokumla da yapabilirsiniz. Toplam hazırlanma süresi 15 dakikayı geçmeyecektir, tek bir tabakta 'sosyal bir tatlı' olacaktır. Çok keyifli bir tecrübe yaşayacağınıza emin olabilirsiniz.

Melt the chocolate "au bain-marie". A bain-marie is used to cook food which should not be directly exposed to heat or fire. Boil water in a pot. When it boils, reduce heat to very low, put the chocolate in a pyrex or a porcelain bowl that can sit on the top of your pot. The bottom should not touch the water. Break up the chocolate and stir a little so that the pieces melt. The melting time varies depending on the quality of the chocolate you use.

Though it looks strange at first, this mixture will be very tempting in a while. Make sure that the pot is not over high heat; else you may burn the chocolate. Bring the melted chocolate in a fondue pot to the dinner table. Decoratively arrange the sliced banana, the tangerine segments (you can use any other fruit you like), the floss halva and the bitter orange marmelade around the pot.

Take out the frozen blackberries from the freezer and put them into the fondue pot. When the blackberries and chocolate meet, the fruits will soften a little, and chocolate will freeze on the berries. Get ready to enjoy an amazing dessert! You can use Turkish delight instead of blackberries, after keeping them in the freezer for 5 minutes. Preparing the dessert will not take more than 15 minutes and you will have a 'party dessert' on a single plate. You will definitely have a delightful experience.

SAHLEPLİ İRMİK KEKİ
SEMOLINA CAKE WITH SAHLEP & CHOCOLATE

MALZEMELER INGREDIENTS

50 3 +M

Altı

İrmik, 1 bardak • *Semolina, 1 cup*
Tereyağı, 25 gr. • *Butter, 25 gr.*
İçme Suyu, 1¼ bardak • *Drinking Water, 1¼ cup*
Şeker, ½ bardak • *Sugar, ½ cup*

Ortası

Hazır Sahlep Karışımı • *Instant Sahlep Mixture*
Süt, 1 bardak • *Milk, 1 cup*

Üstü

Siyah Çikolata veya Hazır Çikolata Sosu, 150 gr.
• *Bitter Chocolate, 150 gr. or Instant Chocolate Sauce*
Süt, 1 bardak • *Milk, 1 cup*

İrmiği kuru bir şekilde tereyağı ile ateşte devamlı çevirerek karıştırın. Rengi yavaş yavaş açık kahverengi hale gelecek ve taneler birbirlerinden ayrılmaya başlayacak. Bu sırada 1,25 bardak suyu bir tencerede kaynatın ve ateşin altını kısıp yarım bardak şekeri ilave edin. Şeker yavaş yavaş eriyince ve irmiğiniz de biraz kahverengileşince şekerli suyu irmiğin içine dökün, 15 saniye karıştırın, ocağı kapatın, tencerenin de kapağını kapatıp irmiği dinlendirin. 5 dakika boyunca kapağını hiç açmayın. Sonra yeniden açıp bir kez daha karıştırın ve 15 dakika daha kapağı kapalı şekilde dinlenmeye bırakın.

İrmik dinlenirken siz sahlebi hazırlayın. Sahlep aktarlarda toz halinde satılan ve artık marketlerde de olan bir güzel içecek. Toz halinde aldığınız sahlebi kaynar süt içerisine kahve gibi dökerek hazırlayabilirsiniz. Fakat bizim tarifimiz için paketteki tarifte kullanılan sahlep miktarının 3 katını kullanmanız gerekiyor. Böylece koyu bir kıvam elde edeceksiniz. Biz bir bardak süt kullanacağız, paketteki tarife de bakarak sahlep miktarını buna göre ayarlayın. Sütü kaynatın, rahat karıştırabileceğiniz bir kaba aktarın ve içine sahlebi ekleyin. El çırpıcısıyla hızlı bir şekilde karıştırarak soğumaya bırakın. Hızlı soğuması için kış aylarında pencerenin dışına da koyabilirsiniz. Orta kısım işte böylece hazır olacak. Üstü ise en son, yani her şey hazır olunca yapacaksınız; dolayısıyla şimdi dinlendirdiğiniz irmiğe dönüp onu kaba alma zamanı.

Burası bu tatlının en keyifli kısmı. Evde yuvarlak veya kare kalıp çıkarma aletleriniz var mı, bilmiyorum,

Melt the butter, and stir in the semolina. Keep stirring and it will start to turn light brown and the grains will start to become more separate. Meanwhile, boil 1.25 cups of water in a pot, reduce the heat to low and add half a cup of sugar. When the sugar has slowly dissolved, and the semolina has turned brownish, add the sugared water to the semolina. Stir for 15 seconds, turn off the heat, cover the pot and let the semolina sit. Do not remove the lid for a full 5 minutes. Then take the lid off, give it a little stir and leave it to sit for another 15 minutes, this time with the lid off.

While the semolina sits, prepare the sahlep. Sahlep is a fine beverage sold as powder in spice shops. Nowadays, you can also find it in grocery stores. You can prepare the powdered sahlep by pouring it into boiling milk, like coffee. However, for our recipe, we will be using 3 times the amount mentioned on the packet. This way you will reach a thicker consistency. We will be using a cup of milk; you can adjust the amount of sahlep, referring to the instructions on the packet. Boil the milk, transfer it to a bowl where you can mix it comfortably, and add the sahlep. Stir quickly with a stick blender and leave to cool. In winter time, you can put it on the window sill! This was the middle part. You will be doing the top part last, when everything else is done; therefore, it is now time to go back to the semolina and transfer it to a bowl.

Now is the most pleasant part of this dessert. If you have some round or rectangular-shaped tins, it would be nice.

varsa ne güzel, ama yoksa da sorun değil. Şeklini beğendiğiniz, orta çukurlukta, pasta halinde görmek istediğiniz bir kabın içerisine çift kat fırın kağıdı yerleştirin. Kabın kenarlarında, daha sonra çıkarırken keki rahat tutabilecek kadar pay bırakın. Sonrasında yapışmaması için, bu kağıdı tereyağı ile hafifçe yağlayın. Alt kısma, hazırladığınız irmiği bastıra bastıra 1-1,5 cm. kalınlığında yayın, kabın kenarlarına ise 1-1,5 cm.'lik ikinci bir kat yapın. Bu işlem için silikon spatula veya bir çorba kaşığı kullanabilirsiniz. Orta kısmı 1-1,5. cm kenarları ise 2-3 cm. yüksekliğinde kocaman bir havuz oluşturun. Kenarların sağlam olduğuna emin olun, çünkü kalıptan çıkardığınızda keki tutmaları gerekecek.

Sonra soğuttuğunuz sahlebi irmik kekinin üstüne dökün, o dinlene dinlene kendi şeklini alırken siz de çikolatayı hazırlayın. Paketteki tarife göre hazırladığınız çikolata sosunu veya benmari usulü erittiğiniz (bkz. **Fondue de Pişmaniye**) siyah çikolatayı kekinizin üzerine dökün. Kekiniz artık hazır, tezgahta biraz soğuttuktan sonra buzdolabında 2 saat bekletin. Kalıpta ise kalıbı, borcamda ise fırın kağıdını kenarlarından tutarak kaldırın ve servis tabağınıza yerleştirin. İrmiğe dolmalık fıstık ekleyebilirsiniz veya kalıba döktükten sonra biraz tarçın veya çiçek suyu koyabilirsiniz. Size kalmış.

NOT: Belirtilen miktarlar 16 cm çapında, 6 kişilik, küçük ve yuvarlak bir pasta içindir. Malzeme miktarlarını istediğiniz gibi ayarlayabilirsiniz.

Otherwise, it is not a problem. Take a pan that you like the shape of, and line it with double layers of oven paper. Leave a small space around the rim of the pan so that you can hold the cake easily when taking it out. To prevent sticking, slightly grease the oven paper. In the bottom part, spread and press the semolina; its thickness should be 1-1.5 cm. And put another layer of 1-1.5 cm around the edges of the pan. You can use a spatula or a tablespoon for this process. Create a big pool, with a height of 1-1.5 cm in the middle, and round the edges, 2-3 cm. Make sure that the edges are solid, because they should be able to hold the cake when removing it from the tin.

Pour the now cool sahlep over the semolina cake. Let it rest while you prepare the chocolate. Pour the chocolate sauce prepared according to the recipe on the packet or the bitter chocolate melted au bain-marie (see. ***Floss Halva Fondue****) over the cake. The cake is now ready; after letting it cool a little on the counter, keep it in the fridge for 2 hours. Whether it is in a cake tin or a pyrex dish, hold it firmly by the sides and turn it out onto a serving plate. You can add pine nuts to the semolina; or cinnamon or blossom water after turning it out. It is up to you.*

NOTE: The quantities given are for a small, round cake with a diameter of 16 cm, for 6 helpings. You can adjust the quantities to your liking.

ÇİKOLATA MİĞFERLİ PİŞMANİYE ASKERLER

FLOSS HALVA SOLDIERS IN CHOCOLATE HELMETS

MALZEMELER INGREDIENTS

15 3

Pişmaniye, 3 top veya 60 gr. • *Floss Halva, 3 pieces or 60 gr.*
Siyah Çikolata*, 100 gr. • *Bitter Chocolate*, 100 gr.*
Antep Fıstığı, 1 avuç • *Antep Pistachios, 1 handful*
Kürdan, 25 adet • *Toothpicks, 25*
Fırın Kağıdı • *Oven Paper*

Küçük ceviz boyutunda parça pişmaniyeyi tam avucunuzun ortasına gelecek şekilde alın ve 3 parmağınızla avucunuzu da sıkıştırarak basıp dağıtın. Hafif ezilmiş Antep fıstıklarını içine ekleyin. Sonra avucunuzla sıkı pişmaniye topları oluşturacaksınız ve pişmaniye iri bir fındık boyutuna küçülecektir. Kürdanları sapladığınız zaman durabilecekleri gibi bir şekil almaları için biraz el mahareti gerekmekte. 25 adet pişmaniye topu yapın ve üzerine kürdanları dikin. Toplar hazır olunca siyah çikolatayı benmari usulü eritin (Benmari usulü için, bkz. Fondue de Pişmaniye). Topları kürdanlarından tutarak erimiş çikolatanın içine batırın ve bir kez çevirip çıkarın.

Çikolatalar donduğu zaman yapışmasın diye bir servis tabağına fırın kağıdı koyun ve çikolatalı pişmaniye toplarını tek tek üzerine yerleştirin. Tabağı 10 dakika dışarıda beklettikten sonra buzdolabına koyun. Nefis toplarınız 1 saat içinde servise hazır olacak.

Lokum ve badem ezmesine de çikolata miğfer yapabilir, pişmaniye askerle birlikte nefis bir üçlü olarak sunabilirsiniz. Oturmalı olmayan bir yemek veriyorsanız ideal ve keyifli bir tatlı.

* Bu tarifte çikolatanın kalitesi çok önemli. Çikolatanın tadı öne çıktığı için iyi kalite siyah çikolata kullanmaya özen gösterin.

Take a small piece of floss halva the size of a walnut, place it right in the middle of your palm, and using your 3 fingers, and tightening your palm, press and spread the halva. Add the slightly pounded pistachios. You will create tight floss halva balls with your palm and the floss halva should shrink down to the size of a hazelnut. You need some handskill to shape the halva so that the floss halva balls will not crumble when the toothpicks are pushed in. When the floss halva balls are ready, melt the bitter chocolate au bain-marie (see. Floss Halva Fondue). Using the toothpicks, dip the balls in melted chocolate, turn once and remove.

To prevent the chocolate-covered balls from sticking to each other when frozen, line a serving plate with oven paper and arrange them on it. After 10 minutes, place it in the fridge. These delicious balls will be ready to serve in 1 hour.

You can also make chocolate helmets for Turkish Delight or marzipan, and you can serve them with the floss halva soldier as a delicious triplette. If you are having a non-sitting dinner, this is an ideal, pleasant dessert.

** The quality of the chocolate is very important in this recipe so make sure that you use fine quality bitter chocolate.*

YUFKAYA SARILI TAHİN
TAHINI WRAPPED IN YUFKA

MALZEMELER INGREDIENTS

Yufka (taptaze!), 2 adet • *Yufka (very fresh!), 2*
Tahin Helvası (kakaolu-sade), 200 gr. • *Tahini Halva (with cacao - plain), 200 gr.*
Tahin, 150 gr. • *Tahini, 150 gr.*
Kahverengi Şeker, 4 çorba kaşığı • *Brown Sugar, 4 tbsp*
Ceviz İçi, 2 avuç • *Chopped Walnuts, 2 handfuls*
Tahta Şiş* • *Wooden Skewers**
Folyo Kağıdı • *Aluminum Foil*

Tahin, kahverengi şeker ve dövülmüş ceviz içini bir kapta karıştırın. 1 yufkayı tezgahın üzerine yayın ve bir kaşık veya fırça ile karışımı tüm yufkaya sürün. Cevizlerin tümünü yufkaya yayın, ama karışımdan 2 kaşığı sonunda üzerine sürmek için ayırın. Sonra ikinci yufkayı ilkinin tam üzerine kapayın ve tatlınızı 12-13'e 15 cm.'lik eşit dikdörtgenler halinde kesmeye çalışın. Ufak müdahalelerle yuvarlak kenarları da mümkün olduğunca değerlendirin. Kibrit kutusu büyüklüğünde tahin helvalarını bohça yapabileceğiniz şekilde bu dikdörtgenlerin ortasına koyun. Sonra sağ ve sol taraftan katlayın ve alt tarafı büküp üstünü kapatın. Kısa kenarların ortalarından tahta şişler saplayın. Kalan tahin ve şeker karışımını bohçalarınızın üzerine sürün. Bohçaları folyo kağıdı ile kapatıp mangalın üzerine koyun.

Piştiklerini folyo kağıdına parmağınızı bastırarak anlayabilirsiniz, içindeki tahin helvası tamamen eridiğinde, olmuş demektir. (Ateşte çok tutarsanız tahin kurumaya başlar.) Sonra folyoları açın ve ateşte 30 saniye daha tutup tatlılarınızın köz kokusunu iyice almasını sağlayın. Arzu ederseniz folyoları tekrar kapatıp, misafirlerinize açtırarak bir ritüel yaratabilirsiniz. Sıcak sıcak servis yapın. Unutmayın, tahin soğursa sertleşir.

* Herhangi bir işleme başlamadan tahta şişlerinizi bir saat suya koyun, böylece mangalda yanmalarını engellemiş olursunuz.

Combine tahini, brown sugar and chopped walnuts in a bowl and stir. Put 1 yufka on the counter and, using a brush or spoon, cover it with this mixture. Keep aside 2 spoonfuls of the mixture for later use. Then, place the second yufka right on top of the first one and start cutting the yufka in rectangles, each one 15 cm wide, and 12-13 cm long. With touches here and there, try to make use of the round parts. Place the pieces of tahini halva – shaped like match boxes – in the middle of these rectangles. Then, folding from the right and the left, curl the bottom in and close the top. They should look like small packets. Stick 1 wooden skewer through each packet. Brush each one with the remaining tahini mixture. Cover them with foil and place them on the barbecue.

You can make out whether they are cooked or not by pressing your finger on the foil. When the tahini halva inside is melted completely, it means it is cooked (be careful: if you expose it to heat too long, the tahini will start to dry out.) Open up the foil, hold the packets over the fire for 30 seconds more so that they acquire the smell of the live coals. If you like, you can put the foil back on and let your guests open them up, like a ritual. Serve hot. Remember: tahini stiffens as it cools.

** Before cooking, leave the wooden skewers in water for one hour, so that they will not burn.*

ÇITIR MUZ
CRISPY BANANAS

MALZEMELER INGREDIENTS

5 2

Kadayıf, 200 gr. • *Kadayif, 200 gr.*
Muz, 3 adet • *Bananas, 3*
Bal • *Honey*
Ayçiçek Yağı • *Sunflower Oil*

Muzların her birini 3 parçaya ayırın ve parçaların etrafına, dolma sarar gibi dikkatlice kadayıf sarın. Sararken kadayıfı avucunuzun içinde çevirin ve biraz bastırın. Bir tabağa koyduğunuz ayçiçek yağı ile avucunuzu yağlayarak sarma işlemini kolaylaştırabilir hem de kadayıfın daha çıtır olmasını sağlayabilirsiniz. Fakat elinizdeki topu çok bastırmayın, bastırırsanız muz heba olabilir. Bu esnada 1-2 parça muz kullanılamaz hale gelebilir; ama nefis bir tatlıya ulaşmak için bu ufak bir bedel, endişelenmeyin. Sonrası bisiklet sürmek gibi gelecektir.

Muzları hazırladıktan sonra, servis yapacağınız zamana kadar buzdolabında üzerleri kapalı bir şekilde bekletin. Servis yapmadan 5 dakika evvel çıkartıp, kızdırdığınız ayçiçek yağında (içine atacağınız parçanın tamamı yağın altında kalabilecek derinlikte yağ koyun) 1-2 dakika çevirerek pişirin. Kızgın olduğundan emin olmak için, bir parça kadayıfı yağa atabilirsiniz, iyice cızırdıyorsa tamam demektir. Kadayıflı muz parçalarının renkleri hafif değişip fotoğraftaki hale geldiklerinde istenen kıvama ulaşmış olacaksınız. Önceden peçete koyduğunuz bir tabağa aktarıp yağını alın. Sonra servis tabağına koyun ve üzerinde veya yanında balla servis edin.

Split each banana in 3 pieces. Carefully wrap kadayif around the pieces like wrapping a vine leaf dolma. While doing so, gently roll and press the kadayif in your palm. You can grease your palm with some sunflower oil to ease the wrapping process and make the kadayif crispier. However, do not press too hard on the ball in your hand, else the banana chunk may get ruined. You may lose a few banana chunks on the way, but don't worry; this is a small price for a delicious dessert. The rest will be like riding a bike.

After preparing the bananas, keep them in the fridge, with the top of the bowl covered until serving. 5 minutes before serving, take them out, heat some sunflower oil (the amount of oil should be enough to cover the chunks) till it sizzles, and saute the bananas for 1-2 minutes. To make sure that the oil is sizzling, you can put a piece of kadayif in the pan; if it sizzles, it is ready to use. You will have reached the right consistency when the banana chunks wrapped in kadayif change color slightly, looking like the ones in the photograph. First, transfer the bananas to a plate lined with absorbent paper so that the oil will be absorbed. Then place them on a serving platter and serve with honey.

TOP TOP KADAYIF
BALLS OF KADAYIF

MALZEMELER INGREDIENTS

15 2

Kadayıf, 200 gr. • *Kadayif, 200 gr.*
Badem, 2 avuç • *Almonds, 2 handfuls*
Muz, 2 adet • *Bananas, 2*
Tereyağı, 100 gr. • *Butter, 100 gr.*
Muz Likörü, ½ çay bardağı • *Banana Liqueur, ¼ cup*
Kahverengi Şeker, 2 çorba kaşığı • *Brown Sugar, 2 tbsp*
Su, ½ bardak • *Water, ½ cup*
Şeker, ¼ bardak • *Sugar, ¼ cup*
Kaymak, 2 çorba kaşığı • *Clotted Cream, 2 tbsp*
Nane Yaprağı • *Fresh Mint*

Bademleri pirinç tanesi büyüklüğüne gelinceye kadar dövün. 50 gr. tereyağını tavada eritin, bademleri atıp yağda biraz pembeleştirin ve ince ince doğradığınız muzları ekleyin. Sonra yavaş yavaş kahverengi şekeri ekleyin. Şeker eriyince karışımı biraz soğumaya bırakın.

Bu sırada ufak bir tavada yine 50 gr. tereyağı eritip kadayıfı içine atın ve çevirerek tüm parçaların yağlanmasını sağlayın. Sonra kadayıfı açıp muzlu karışımı ortasına koyun ve top yapın. Daha çönceden 200° C'ye ayarladığınız fırına pişirme kağıdı yayıp kadayıf toplarını yerleştirerek üst tepside 10 dakika ızgara modunda pişirin.

Ufak bir tavada suyu kaynatın, kaynayınca içine şekeri ekleyip şerbet haline getirin. Fırından çıkardığınız kadayıf toplarının üzerine dökün. Kaymak ve naneyle süsleyip servis yapın.

Chop the almonds. Melt 50 gr. butter in a pan, stir in the almonds and saute them till they turn slightly brown. Add the thinly sliced bananas. Then slowly add the brown sugar. When the sugar dissolves, leave the mixture to cool.

Meanwhile, in a small pan, melt another 50 grams butter, put the kadayif in and gently sauté, making sure that all the pieces of kadayif are covered in the butter. Then, open out the kadayif and pour the banana mixture in the middle and make it into a ball. Preheat the oven at 200 degrees. Place the balls of kadayif on a baking sheet and place it to the upper level of the oven. Then turn it to the grill mode. It will be cooked about 10 minutes. Shake the baking tray occasionally until the balls get crispy golden brown.

Boil the water in a small pan and pour the sugar into the boiling water to prepare a syrup. Pour this over the kadayif balls Decorate the dessert with clotted cream and mint leaves, and serve.

BİZİM EMEKTAR KABAK TATLISI
PUMPKIN DESSERT

MALZEMELER INGREDIENTS

90 3

Balkabağı*, 2 kg. • *Winter Squash*, 2 kg.*
Şeker, 3 bardak • *Sugar, 3 cups*
Ceviz, 4 avuç • *Walnuts, 4 handfuls*
Kahverengi Şeker, 4 çorba kaşığı • *Brown Sugar, 4 tbsp*
Krema, 140 gr. (2/3kutu) • *Cream, 140 gr. (2/3 packet)*
Muskat, ½ adet • *Nutmeg, ½*
Taze Nane, 4-5 dal • *Fresh Mint, 4-5 sprigs*
Karanfil, 5-6 adet • *Cloves, 5-6*

Kabakları dilim dilim doğradıktan sonra soyun ve tencereye yerleştirin. 3 bardak şekeri, tencereye değmeyecek şekilde kabakların üzerine dökün. Neden? Çünkü tencerenin altı yanınca kabak su çıkaracak. Kabakların üzerindeki şeker de eriyip bu suya karışacak. Aksi takdirde, tencereye doğrudan temas eden şeker karamelize olur ve tencerenin dibine yapışır. Bundan mutlaka kaçınmalısınız.

Kabak tatlınızı orta ateşte, önce tencerenin kapağı yarım kapalı sonra tamamen açık şekilde pişirin. Suyuna 5-6 karanfil atın. Bu işlemlerin sonucunda bildiğiniz, klasik kabak tatlınız hazır olacaktır. Suyunu çektiğinde, pişmiş demektir. Bu süre yaklaşık 50 dakikadır. İşiniz henüz bitmedi. Sürprizli bölüm şimdi başlıyor. Yaptığınız tatlının tüm parçalarını çukur bir kapta çatal ile ezin. Arada bazı sert parçacıklar kalması problem olmayacaktır. Kabak tatlısı 'püre'nizin içine muskat rendeleyin. Sonra püreyi elinizden geldiğince mükemmel bir kare şekline sokun.

Bu sırada 4 çorba kaşığı şekeri bir tavada 2 çorba kaşığı su ile eritip içine cevizleri atın. Biraz soğumaya bıraktıktan sonra, pırıl pırıl parlayan cevizleri birbirlerinden ayırmak için gelişigüzel bir şekilde kırın. Sonra bunları 'mükemmel kare pastanızın' içine ceviz barajı veya havuz yapacak şekilde yerleştirin. En sonunda da çalkaladığınız kremayı içine dökün. Zevkinize göre eserinizin üzerine taze nane de serpiştirebilirsiniz. Ne kadar yakışacağına şaşıracaksınız!

* Dışı yeşil içi turuncu, her yerde bulabileceğiniz emektar kabağımız...

After slicing the pumpkin peel it and put the slices into a pot. Add 3 cups of sugar but make sure that the sugar does not contact the pot. Why? Because when you put the pot over the heat, the pumpkin will release its liquid, and any sugar will dissolve and mix with that liquid. The sugar becomes caramelized and sticks to the bottom if it touches it. You should avoid it.

Cook the pumpkin over medium heat; half covered first, and then remove. Add 5-6 cloves to the water. The dessert will be ready when the water has been totally absorbed. It should take approximately 50 minutes. But we are not finished yet. The part full of surprises starts now. Mash the pieces of pumpkin with a fork in a deep bowl. If there are hard pieces here and there, keep them; it is not a problem. Grate nutmeg into the pumpkin "puree." Then with your hands, shape the puree into a perfect square.

Meanwhile, dissolve 4 tablespoons of sugar in a pan with 2 tablespoons of water, and add the walnuts. After leaving the mixture to cool a little, randomly crack the walnuts to break them apart. Then arrange them around the edges of the perfect square like in the picture Finally, pour the whipped cream inside the walnut walls.

If you like, you can sprinkle fresh mint over the pumpkin. You will be surprised how well it goes with this dessert!

* *Our good old winter squash: orange on the inside, green on the outside.*

VİŞNELİ AŞ

CHERRY GULLAC

MALZEMELER INGREDIENTS

25 3 +M

Vişne Kompostosu*, ½ kg. • *Cherry Compote*, ½ kg*
Şeker, 1 bardak • *Sugar, 1 cup*
Su, 3 bardak • *Water, 3 cups*
Güllaç, ⅓ paket • *Gullac***, ⅓ packet*
Kıyılmış Ceviz, 6 avuç • *Chopped Walnuts, 6 handfuls*
Vişne, 1 avuç • *Cherry, handful*

Hiç anlamadığım bir şey var. Biz neden sadece Ramazan ayında güllaç yeriz? Türkiye'de üretilen güllacın yüzde 85'i Ramazan ayında satılıyormuş. Bu lezzetli ve özel tatlının bu kaderi nedendir? Mısır nişastasından açılan yufkalar havayla temas edip kurumuşlar; sütle ıslatılıp ekmek gibi kullanılmışlar. Araya bir de şeker girince böyle bir tatlı çıkmış meydana. Bu tadı yılın her ayına yaymak ve başka şekillerde de yakalamak istedim ve böyle bir tarif hazırladım, Osmanlı tatlısı olan vişneli ekmeğe göz kırpan bir seçenek. Umarım hoşunuza gider. Belki siz de kendi 'güllacınızı', 'narlı aş'ınızı yaratırsınız...

Şeker ve suyu kaynatın, kaynamaya başlayınca vişne kompostosunu suyu ile birlikte içine dökün. 5 dakika kaynattıktan sonra ılımaya bırakın. 5 güllaç yaprağını tam tabağınız boyutunda makasla kesin. Kalan parçaları, yaprakların arasına kat yapmak üzere saklayın. Önce bir yaprak güllaç koyun ve üzerine kepçe yardımıyla şerbet dökün. (Güllaç hazırlamanın en önemli kısmı bu. Şerbet sıcak olursa veya çok şerbet dökerseniz güllaç eriyecektir.) Sonra ara kat yapmak için ayırdığınız parçalardan bir sıra döşeyin. Güllaç hazırlarken, her katta şerbet eklememiz gerektiğini unutmayın. 1 yaprak güllaç daha koyun, şerbetini dökün ve yine kat yapıp şerbet dökün. Sonra 3 avuç cevizi güllacınızın üzerine döşeyin. 2 kat daha yapıp şerbet dökün. Kalan cevizleri de koyup, biraz vişne ekleyin. Son olarak 3 yaprak güllaç koyup, üzerini vişne ve Antep fıstığı ile süsleyin. Sonra tatlınızı buzdolabında 2 saat soğumaya bırakın ki suyunu tamamen çekip demlensin ve şişsin. Dondurma, kaymak veya krema ile birlikte servis edebilirsiniz.

* Vişne kompostosu yerine taze veya dondurulmuş vişne kullanacaksanız, yarım kilo vişneye 2 bardak şeker ve 6 bardak su ekleyin. Hazırladığınız karışım, yukarıdaki tarifteki komposto, şeker ve su karışımına denk gelecektir. Dolayısıyla başka bir şey eklemeden kaynatabilirsiniz.

This is something that I really do not understand: Why do we eat gullac only during Ramadan? I heard that 85% of the gullac produced in Turkey is sold during Ramadan. Why is this delicious and special dessert doomed to this fate? Apparently, once, somebody first dried out the yufka sheets rolled out from corn starch; then soaked them in milk and used them as bread. After a while, sugar was added in between the layers, and so the gullac dessert was born. I want to spread this taste to every part of the year and capture it in different ways, so I have prepared this recipe. It is somehow akin to the Ottoman dessert, cherry bread. I hope you like it. Maybe later, you will prepare your own "gullac" with the fruit you like.

Boil the sugar and water together. When boiled, pour the cherry compote into the water. Leave it to cool to room temperature. This will become your syrup. Using scissors, cut 5 gullac leaves the size of a plate. Save the remaining pieces to make layers inbetween the leaves. First, place one gullac leaf on the counter and spoon the syrup over it. (This is the most important part of preparing gullac: if the syrup is too hot or too much, the gullac collapses.) Then form a layer of the remaining pieces. Remember, when preparing gullac, you should pour syrup over every layer. Place another gullac leaf, pour the syrup, make another layer with the remaining pieces and pour syrup. Sprinkle 3 handfuls of chopped walnuts over the gullac. Make 2 more layers and pour the syrup.Sprinkle the remaining walnuts and add cherries. Finally, add 3 leaves of gullac, and decorate the top with cherries and pistachios. Put the dessert in the fridge for 2 hours to cool, so that it will absorb all the liquid and puff up. You may serve with ice cream, clotted cream or cream

** If you are going to use fresh or frozen cherries instead of cold cherry compote, add 2 cups of water and 6 cups of water to half a kilo of cherries. The mixture you will prepare will correspond to the compote, sugar and water mixture mentioned in the recipe above. Therefore, you can boil it without adding anything else.*

***A very thin, dry sheet of dough made of starch*

GÜZEL HARMANLI ÇAY YAPMAK

TURKISH TEA AND BLENDING

Çay! Adı Hindistan'da da aynı, Türkiye'de de. Pek çok insan her gün, bazen de günde dört beş bardak tüketiyor. Ama beş kişiye sorsanız çayını nasıl seversin diye, belki beşi de farklı yanıt verecek. Kültürümüzün nefis bir parçası olan çayı ne yazık ki başka pek çok şey gibi yeterince önemsemedik, "ithal" olanı daha iyi bulduk; değil geliştirip değer katmak, bir sonraki kuşağa sırlarını aktarmadık bile...

Bugün "lüks" restoranlarda daha adlarını doğru düzgün telaffuz edemedikleri kahveleri yapabiliyorlar, siz ince belli bardakta demli çay istediğinizde ise "poşet çayımız var ve fincanda getirebiliyoruz," diyorlar. Bu 'sallama' cevabı duyduğumda veya isteğim restoranın havasına uygun değilmiş gibi bir karşılık aldığımda küplere biniyorum.

Tea! The name is the same both in India [chai] and in Turkey [çay]. Many people consume it every day, sometimes even three or four glasses a day. But if you are to ask five people how they like their tea, you will probably get five different answers. However, we have not considered tea –an essential, delicious part of our culture– as something important, just as we have not considered many other things. We used to think 'exported' teas were better. We did not even convey the secrets of tea from one generation to the next, let alone improve them.

Nowadays, in "luxury" restaurants, they prepare coffees with names they can't even pronounce but when you ask for a good brewed tea in a traditional, slim waisted teaglass, they tell you that they serve "tea bags in cups." When I hear this 'baggy' answer I get really incensed.

Neyse, güzel şeylerden bahsedelim. Mesela dünyanın en seksi bardağından. Ve o bardağın, tasarım harikası olduğunu ispatlayan, beş duyunun tamamına hitap eden mükemmel sunumundan. Güzel rengi, belini kavradığınızdaki tüm vücudunuzu ısıtan sıcaklığı, baştan çıkaran kokusu ve tabii dudaklarınıza dokunduğundaki tadı ve kolay içimi... Bir de semaverde demliyorsanız, buharı ve sesi. Nasıl bir özen, nasıl bir itinadır güzel çay yapmak!

Yemeklerde de çay içmek çok güzel. Ramazan aylarını bu yönden çok seviyorum. Yemek sofrasında çorbadan hemen sonra başlıyor bizde çay keyfi.

Güzel çay harmanı yapmak çok önemli bunun keyfine varmak, bir hazırlık da. Biz çayı 'demliyoruz'. Hayat gibi 'kararında demlenen' herşey, herkes nefis olur.

Demlenen şeyin de belli karışımlarla belirli özelliklere sahip olması gerekir. Birkaç farklı katmanda açılır çayın tadı, farklı yapraklar farklı sürelerde verir renklerini. Örneğin İngiliz çayını bizim çay gibi demlemeye kalkarsanız on dakika içerisinde acılaşır. Çünkü çok kuvvetlidir tadı ve yaprakları. Rize çayının tadı ise daha yumuşaktır, boğazınızdan akar gider, bu iki tadı harmanlamak güzel olur işte. Earl Grey olarak bilinen ve genelde bergamot yağı veya aromasıyla yapılan (makbul olanı bergamot yağı kullanılmasıdır. Demlediğiniz zaman bu çayların üzerinde ince bir yağ tabakası oluşabilir) yapılan bu çayı bizim Türk çaylarımızla yüzde 50-50 birleştirince nefis oluyor. Çayları bir kavanozda veya bir gazete kağıdının üzerine dökerek karıştırabilirsiniz. İyice rayihalı olsun isterseniz, demlerken harmanın içine birkaç lavanta veya 1-2 karanfil de atabılırsiniz. Tamamen zevk meselesi. Tarçın severler de tarçın çubuğu atabilirler harmanlarına. Dedik ya en başta, bir kişinin çay içme keyfi bir diğeriyle aynı olmaz diye. İşte böyle, her nabza şerbet, iç ısıtan birşey çay.

Farkındaysanız, onu simit arası kaşarla vapurda içmenin tadından bahsedemedik bile...

Anyway, let's change the subject to something nicer; for instance, the sexiest glass in the world and how the miraculous design of that glass addresses all five senses with its perfect presentation. Its beautiful color, its cosiness warming all your body when you hold it from the waist, its seductive flavor and of course, the taste you get when your lips touch it and the way you easily drink it... And if you are brewing it in a samovar, its vapor and sound is unrivalled. Preparing well-brewed tea is an art!

It is nice to drink tea during dinner, too. That is the reason I love Ramadan. During the meals, our tea delight starts right after the soup.

The leaves to be brewed should have some special characteristics and host some mixtures within themselves. The flavor of tea reveals itself in layers; different leaves reveal their colors through different steeping times. For instance, if you try to brew English tea the way we brew it, it will acquire a bitter taste in 10 minutes because its flavor and leaves are very strong. On the other hand, tea from Rize (a city in northeast of Turkey, famous for its tea) is smoother, sliding down your throat easily. To blend these two flavors is a good idea. When you blend Earl Grey, flavored with fragrant bergamot oil, with Turkish tea in equal proportion, you will have a delight in your hands. You can mix the tea in a jar with a lid. If you prefer a stronger fragrance, you can add a couple of lavender leaves or some cloves when brewing. Appreciation is in the mouth of the drinker. Cinnamon lovers may add a stick of cinnamon, too. As we said at the beginning, everyone's taste is different. You see, there is a tea for everyone to warm our hearts.

Maybe you noticed; we have not even talked about the pleasure of drinking tea on a ferry, with cheese stuffed simit...*

** very special Turkish bagel covered with sesame seeds.*

3 TAŞIMDA SAKIZLI SÜTLÜ TÜRK KAHVESİ

MASTIC FLAVORED TURKISH COFFEE IN 3 'SPILLS'

5 2

Sakızlı Türk Kahvesi son zamanlarda epey moda oldu. Benim farklı bir yöntemim var bu kahveyi yaparken. Öncelikle tüm kahve fincanlarını çıkarıyor ve diziyorsunuz tepsiye. Yanlarına ufak birer bardak da su koyuyorsunuz. Sonra kahve başına 3 çay kaşığı kahve, 1 çay kaşığı şeker (az şekerli) koyup fincanla ölçtüğünüz sütü cezveye ekliyorsunuz. Ateşe koymadan evvel iyice karıştırıyorsunuz. Ateşe koyunca sadece 30 saniyede bir tur karıştırıyorsunuz.

Üç taşım nedir derseniz anlatayım, köpüklü kahve yapmanın güzel bir sırrıdır. Kahve kaynarken, kenarları kabarmaya ortası çökmeye başlar küçük bir volkan dağının tepesi gibi. Köpüğün en fazla olduğu andır bu. 1 parmak yüksekliğinde, tüm fincanlara dökülür. Sonra cezve tekrar ocağa konulur, kahve bu döktüğünüz yere kadar taşırılır yine, ama fincanlara dökerken önceki seferin tersi bir sıra izlenir. Üçüncü taşım için kahve bir kez karıştırılır ve iyice köpürtülür, öncesinde konulmuş köpükleri bozmadan fincanlara usulca eklenir sonra.

Bu kahve tarifini bana 8-10 yaşlarındayken (bizde kahveyi hep ailenin küçük çocuğu yapar) Rauf Denktaş'ın eşi Aydın Hanım öğretmişti. Alçakgönüllü ve görmüş geçirmiş tavırlarıyla benimle birlikte kahve yapmış, bir yandan da anlatmıştı. O günden beri bol köpüklü olur kahvelerim.

Kahvenin bir güzel yönü de yaratıcılığa hitap etmesi. Kapatıp ters çevirir ve güzel fallar bakarsınız. Eşikten (fincanın kulpuna denk gelen yer) başlar orada biter, dibi sizin gönlünüz ve içinizdir, tabağı akıtmak da hayallerinizin şekillenmesi...

İlla sakızlı kahve almanız gerekmiyor, kahvenin içine ufak rendeyle damla sakızı rendeleyebilirsiniz. Ben Hindistan cevizli Türk kahvesini de çok severim. Kuru meyve satan kuruyemişçi ve aktarlarda bulunan Hindistan cevizi çubuklarını rendeleyip pişirmeden evvel toz kahveye eklerim.

Nowadays, mastic flavored Turkish Coffee is very hip. I have a different method for brewing this coffee. First of all, you take out the little coffee cups and line them up on a tray, putting little glasses of water next to each one. Then, for each cup, put 3 teaspoons of coffee, 1 teaspoon of sugar (for less sweet coffee) and one little cup of milk into the small, long-handled Turkish coffee pot. Stir it well before putting it over heat. When there, stir once every 30 seconds.

If you are curious about what "3 spills" is, let me explain: this is the secret of making a thick-foamed coffee. When the coffee boils, it starts frothing up round the edges and sinking in the middle, like the top of a small volcano. This is the moment when the foam is the thickest. When it rises 1.5 cms, pour the coffee into each cup. Then put the pot back over the heat. Bring the coffee back to this frothing point. However, this time pour the coffee into the cups in reverse order. For the 3rd 'spill', stir the coffee once, bring it to the boil and pour it slowly into the cups, without disturbing the froth.

I was taught this method when I was about 8 years old (in our family, coffee is always prepared by the youngest) by Ms. Aydın Denktas, the wife of the legendary Cypriot President. A modest woman of the world, she prepared the coffee with me, showing me how to make it. Since that day, my coffees have been thick-foamed.

Another nice aspect of coffee is that it appeals to one's creative side. You finish by turning the cup upside down on your saucer, and having a fortune-telling session. It starts from and ends where the handle of the coffee cup is, and the bottom of the cup represents your heart and soul. Your dreams take shape as the leftover grounds trickle down...

You do not necessarily have to buy mastic flavored coffee: you can grate mastic gum into the coffee. Coconut-flavored Turkish coffee is also one of my favorites. I grate coconut sticks – which can be found in herbalists and small delicatessens – and add them to the coffee pot.

ÇİÇEKLERDEN BEYAZ KAHVE*

WHITE BLOSSOM COFFEE*

1 1

Gül suyu denince kimi insanın ağzı sulanır, kimi dudak büker, kimi de ölüm ve ölenin ardından yapılan duaların serinletici kokusu olarak hatırlar onu. İmbikten geçirilerek yapılır gül suyu. Güzel etli çiçeklerin yaprakları büyük kazanlarda toplanır ve yavaş yavaş demlenmeleri beklenir. Demlene demlene oluşan o mis kokulu buhar, cam boruların arasından geçerken yağmur gibi akar yeniden. Bedeni ölürken ruhu uçar önce, sonra yeniden su olur. Baş döndürücü kokusuyla mitolojik tanrılara layık gül suyudur o artık. Kutsaldır, ağırdır, huzur verir değdiğine...

Bir de çiçek suyu vardır. Zahmetlidir çiçek suyu yapmak. Portakal çiçekleridir çiçek suyuna özünü veren. Toplaması çok daha zor, suyu çok daha azdır portakal çiçeklerinin. Daha özgürdür ruhu, grup halinde yaşamaktansa dağınık dağınık bulunur, gizler kendini yaprakların arasında... Ama değerinden hiçbir şey eksiltmez bu çetin kişiliği, aksine kendini ortaya koymayı iyi bilir. Yapraklarında sıcak kokusu, yaz kokusu, emek kokusu vardır çünkü...

İngiltere'ye sık sık gitmeye çalışırım. Oraya ilk ziyaretlerimde beni birbirinden ilginç ve güzel restoranla tanıştıran ve bence dünyanın en iyi aşçılarından biri olan Kıbrıslı Refika Abla'mdan öğrendim ben çiçek suyundan beyaz kahve yapmayı. Hâlâ en sevdiğim içeceklerden biri olan çiçek suyu, öz halinde bulunan portakal çiçeği sıvısından 5-10 damlacığın sıcak suya katılmasıyla yapılır. Kahve tiryakilerinin alışkanlıklarını değiştirmelerine sebep olabilecek bu 'Beyaz Kahve' yararlıdır da insana. Yorgunluğu alır, huzur verir.

Gezip gördüğüm onca restoranda benzerine bile rastlayamadım. Yaptığım araştırmalara göre şu anda hiçbir yerde bulmak mümkün değil bizim Beyaz Kahve'yi. Dileğim en kısa zamanda ufak çapta da olsa çiçek suyu üretip satan müesseselerin türemesi... Umarım bu tarifimle birilerine esin kaynağı olmayı becerir ya da bu projeyi kendim hayata geçirebilirim.

* Lübnan mutfağında da kullanılmaktadır.

When rose water is mentioned, some think of it as aromatic, and some grimace, and some remember it as the smell of the prayers said after the dead and death. Rose water is acquired via a distiller. The leaves of the flowers are gathered in big cauldrons and slowly brewed. The fragrant vapor coming out of the rose passes through the glass pipes to turn into drops of grace. The body dies, the soul flies away, and the flower comes back to life in the form of water. With its fragrance, rose water becomes worthy of mythological gods. Holy and strong, it brings tranquillity to the place it touches.

There is also blossom water. It is really hard to extract water from the blossom. The best essence is from bitter orange (turunç) blossom. However the beautiful flowers hides themselves between the leaves of the trees. But it has such a character behind the leaves. She knows how to delicately put herself forward with the smell. In itself it keeps the beauty of spring and the delicate handwork behind the whole hassle.

I often visit England. I learned how to make white coffee with orange blossoms from Refika Abla, a Cypriot, who introduced me to many interesting and nice restaurants in my first visits there; in my opinion, she is one of the best cooks in the world. Orange blossom water, one of my all-time favorite drinks, is made by adding 5-10 drops of orange flower essence to hot water. "White coffee" which can change the long term habits of long-time "coffee fiends," is also a healthy beverage. It takes away fatigue and brings peace of mind.

I have not been able to find it in any of the restaurants I have been to. It is not possible to find "white coffee" anywhere in Turkey. My only wish is that in the near future, new enterprises are founded, producing and selling orange blossom water, even in small amounts. I hope I can inspire someone with this recipe or I can bring this project to life on my own.

** Lebanese cuisine also includes white coffee.*

MANDALİNALI SU

WATER WITH TANGERINE

Bir iş seyahati için Kıbrıs'tayken dedemin evini görmeye gittim. Tam romantik çocukluk hikayelerine uygun turuncu kocaman balıkları olan havuzu, tavukları, yasemini, "kökü kuvvetli yerde"* olan inciri, limon ve mandalinalarıyla muhteşem bir evdi dedemin evi. Zamanın göreceliğinin kanıtıydı. Vakit daha yavaş geçer, insan az vakitte çok dinlenir, çok düşünebilirdi, 6-7 yaşındaki çocuk neyi ne kadar çok düşünebilirse o kadar...

Dedemi kaybettiğimden beri gidememiştim oraya. Mandalinalar susuzluktan çok küçük kalmışlardı ama inanılmaz güzel kokuyorlardı. Taşıyabileceğim kadar topladım. Dedemin esprilerini, yakınlığını hatırlayabileyim diye. Kalabildiğince uzun süre benimle kalsınlar istiyordum. Eve gelince ince ince doğrayıp buzdolabı torbasına yerleştirdim. Her gün soğuk suya 1-2 dilim atıp içiyorum. Sanki içim serinliyor, tamamlanıyor. Artık İstanbul'da da turunç, limon, mandalina yetişiyor. Balkonunuza, evinize ufak bir tane alıp günlük kullanım için limon, mandalina yetiştirebilirsiniz kolaylıkla.

Miktar az olacağından limonları ya da mandalinaları ince ince dilimleyip buzdolabı poşetine dizip dondurun. Yazın soğuk suya buz niyetine atabilirsiniz. Rayiha versin diye çaya ekleyebilirsiniz. Bu işlemi mevsim meyvelerinin neredeyse tamamıyla, hatta meyveleri buzluk küplerinin içine atarak yapabilirsiniz. Örneğin vişne, çilek, böğürtlen veya portakalı yıkayıp buzluk küplerine koyun, sonra üzerlerine su ekleyin ve biraz dışarıda beklettikten sonra derin dondurucuya atın. Böylece limonatanıza içinde ufak vişneler olan buzlar atabilirsiniz.

* Ağacın kökleri, komşunun "nimetten arta kalan" çukuruna yaslanmıştı.

When I was in Cyprus on a business trip, I went to visit my grandfather's house. Now, that was a house! One with a pond of big orange fish, chickens, jasmine flowers, fig trees with strong roots, lemons and tangerines everywhere... It was indeed a magnificent house. It was the proof of the relativity of time. There, time would pass slowly and one could rest and contemplate much in a short time – as much as a 6 year old child could contemplate, naturally.*

That was my first visit there since my grandfather had passed away. The tangerines had shriveled without any water but they smelled unbelievably good. I gathered as many as I could so that I could remember my grandfather's jokes and his warmth. I wanted to keep them as long as I could. When I returned home, I sliced them thinly and put them in a fridge bag. Everyday, I put 1-2 slices in cold water and drink it. It makes me feel as if I am cooled down on the inside and that something in me is completed. Nowadays, bitter oranges, lemons and tangerines are cultivated in Istanbul. You too can buy a small,plant and put it on your balcony or in a corner of your house and grow lemons and tangerines very easily.

Because the amount will not be much, thinly slice the lemons or tangerines and put them in a fridge bag. In summer time, you can drop the slices in cold water. To add fragrance, you can add them to tea. You can do this with nearly all of the seasonal fruits. You can even put the fruits in ice trays. For instance, wash cherries, strawberries, blackberries or oranges and place them in the ice trays. Then, top them up with water. After resting them out of the fridge for a while, put them in the freezer. Now you can add small ice cubes with cherries to your lemonade.

** "The roots of the tree were resting on the sewer.*

KIBRIS LİMONATASI & MANDALİNATA
CYPRIOT LEMONADE & TANGERINADE

MALZEMELER INGREDIENTS

180 3

Limonata • ***Lemonade***
Limon Suyu, 3 bardak • *Lemon Juice, 3 cups*
Şeker, 4,5 bardak • *Sugar, 4.5 cups*

Mandalinata • ***Tangerinade***
Mandalina Suyu, 3 bardak • *Tangerine Juice, 3 cups*
Şeker, 3 bardak • *Sugar, 3 cups*

Limonata kışın yapılır ama bize yazı hatırlatır garip bir şekilde. Kıbrıs Limonatası veya Mandalinata hiç içtiniz mi bilmiyorum, ama mutlaka denemelisiniz, kokusuyla tadıyla alır götürür insanı.

Kıbrıs Limonatası olarak verdiğim tarif aslında şişelenmiş limonata özü oluyor, koyu ve ağdalı. Böylece 1 şişe limonatadan taze ve nefis kokan 20-25 bardak limonata çıkar; yapıldıktan aylar sonra bile içebilirsiniz.

Öncelikle limon ve mandalinalarınızı iyi seçmelisiniz. Limon, mandalina ne kadar güzel olursa içeceğiniz de o kadar güzel olur, dolayısıyla tam mevsiminde ve yetiştikleri yörelerden almaya çalışın meyveleri. Böylece, sık bulamadığınız o güzelim koku ve lezzeti şişeye konsantre bir şekilde hapsedip, yavaş yavaş keyfine varabilirsiniz.

Limonu veya mandalinayı sıkın. Eski tip meyve sıkma presinde kabukların suyu çıkacak sertlikte sıkın. İçine en ince rendenizle her 1 bardak için 1 meyvenin kabuğunu rendeleyin. Limonata yapıyorsanız, her 1 bardak meyve suyu için 1,5 bardak şeker ekleyip eritin. Mandalina biraz daha şekerli olduğundan, mandalinata yapıyorsanız, 1 bardak su için 1 bardak şeker oranını kullanın. Bu karışıma ezilmiş taze nane yaprakları veya rendelenmiş taze zencefil de katabilirsiniz.

Karışımı 2 gün kapalı kapta, buzdolabında bekletin ve ara ara karıştırın. Sonra bir elekten geçirip süzün ve şişeleyin. Şişeleri serin ve gölge bir yerde bekletin, ilk hafta her gün, sonra 2-3 haftada bir şişeleri çalkalayın ve kullandıkça birer birer açın.

Though lemonade is prepared during the winter time, it strangely reminds us of summer. I do not know whether you have ever tasted Cypriot Lemonade or Tangerinade, but you should definitely try both. Their flavor is incomparable.

The recipe given as Cypriot Lemonade is, in fact, bottled lemonade essence; it has a thick, heavy consistency. From 1 bottle of lemonade, you can prepare 20-25 glasses of fresh, fragrant lemonade and drink it months later if you like.

First of all, you should pick good lemons and tangerines. The better the lemons and the tangerines, the better the beverage. Therefore, try to get them in season or from the regions they are cultivated, so that you can capture that wonderful scent and taste in a bottle.

Using a thin-plated grater, grate the skin of 1 fruit for each glass. Squeeze the lemon or the tangerine. Squeeze hard, using an old-fashioned press so that the peel will also release its juices. This enables you to preserve the drink for many months. If you are preparing lemonade, add 1.5 cups of sugar for each glass of fruit juice and stir to dissolve. Because tangerines are a little sweeter, when preparing tangerinade, use 1 cup of sugar for each cup of juice. You can add crushed mint leaves or grated fresh ginger to this mixture.

Leave the mixture for 2 days in a covered bowl and stir once in a while. Then sieve the mixture and bottle. Keep the bottles in a cool, shady place. During the first week, shake the bottles every day; then, once in 2-3 weeks. Open them one by one as you consume the drink.

Şişelediğiniz bu ağdalı karışımı servis yaparken, 1 bardağa 1 parmak koyun ve üzerine soğuk su, buz, ince bir dilim limon ekleyin. Limon yerine, elma gibi başka bir meyve de kullanabilirsiniz. Mevsimi ise, taze fesleğen veya melisa yaprağı ile süsleyerek içebilirsiniz.

Bu tarifin orijinalinde meyve kabukları el presinde sıkılıyor ve karışıma hiç kabuk katılmıyor. Karışımın bozulmamasında en büyük etkenin kabuklar olduğu söylenir. Ben kabukları rendeleyerek de aynı etkinin yaratıldığını düşünüyorum, yeşilimsi bir renk de alıyor böylece. Denemek sizden...

When serving this thick mixture from the bottle, pour 2 cms of it into each glass. Then add cold water, ice and a thin slice of lemon. You can use some other kind of fruit, like a slice of apple. If in season, you can decorate it with fresh basil or a melissa leaf.

In the original version of this recipe, the peel of the fruit is squeezed in a squeezer and not added to the mixture. It is said to be the most important factor in keeping the mixture fresh. In my opinion, the same effect is achieved by grating the peel. Also, this adds a greenish hue to the mixture. Just try and see...

4

Sunum

Presentation

"Güzel'e dair söylediğiniz bunca söz,
gerçekte güzel için değil, doyurulmamış eksiklikler
içindir. Oysa güzel, bir gereksinim değil, bir doygunluğun
kıvancıdır. Ne susuz kalmış bir ağız, ne de açılmış boş bir
eldir. Bir yürektir tutuşmuş, bir candır büyülenmiş.
Ne göze görünür bir tasarım, ne de kulaklarımızın
duyacağı bir türküdür. Ne ağacın soyulan kabuğunun
altından akan öz suyu, ne de bir pençeye takılmış kanattır.
Sonsuza değin çiçekli kalacak bir bahçe, sonsuza değin
gezinecek bir melekler birliğidir."

"All these things have you said of beauty.
Yet in truth you spoke not of her but of needs unsatisfied,
And beauty is not a need but an ecstasy. It is not a mouth
thirsting nor an empty hand stretched forth,
But rather a heart enflamed and a soul enchanted.
It is not the image you would see nor the song you would hear,
but rather an image you see though you close your eyes and
a song you hear though you shut your ears.
It is not the sap within the furrowed bark, nor a wing
attached to a claw, But rather a garden for ever in
bloom and a flock of angels for ever in flight."

Halil Cibran, ERMİŞ

Khalil Gibran, THE PROPHET

Sunum Presentation

Bizim üç boyutlu dünyamızda yemek tecrübesi beş boyutludur. "Tam" sözcüğünün doğru anlamını bulabilmesi için, bir şeyin beş duyuya hitap etmesi gerekir. Kalbe ve beyne "tam" ulaşmanın yegane yolu bu. Nasıl aşık olduğumuz kişinin kokusu, görüntüsü ya da sesi önemliyse, yaptığımız yemeğin kokusu, görüntüsü ve sesi de tadını etkiler; bizi başka fizik kurallarıyla işleyen bambaşka dünyalara götürür. Tadın yanına başarıyla eklenen her bir duyu yemeğin etkisini doğrudan artıracak, onu daha büyük bir olay haline getirecektir.

Bu nedenle sunumu, tüm duyulara hitap edecek şekilde düşünmek daha doğru olur.

- **Ses**
- **Koku**
- **Doku**
- **Tat**
- **Görünüm**

In order for the word "whole" to find its right meaning, the object in question should address the five senses. This is the only way to reach the heart and the brain as a "whole." Just like the significance of the smell, sight and voice of our beloved, the smell, sight and sound of the dish we cook affects the taste. Each sense added successfully next to the taste will directly amplify the effect of the dish, making it a big event.

Therefore, one should think of presentation as a way to address all five senses.

- Sound
- Smell
- Texture
- Taste
- Appearance

Sunumda beş duyuya hitap etmek
Presentation for all the five senses

Duymak

Yemeğin sesini sofraya taşımak hiç kolay değildir. Ama başarabilirseniz pek hoş olur. Örneğin, güveç kabında cızırdayarak gelen bir karides veya iskenderin üzerine dökülen tereyağının çıkardığı sesi hayal edin. Ayrıntı gibi gözükseler de, güzel bir şeyin gelmek üzere olduğunu haber veren, vücudun kendini hazırlamasını sağlayan seslerdir bunlar. Birkaç detayla, yemeklerin seslerini duyurabilirsiniz. Örneğin balık buğulamayı altında ufak bir kandille sunarak fokurdama sesleriyle masaya getirebilirsiniz.

Yemeğinizin sesi yoksa, davetinizin konseptine uygun bir müzik seçebilirsiniz.

Yemekleri hazırlarken dinlediğiniz müzikler de konsantrasyonunuzu artıracaktır. Örneğin ben, Anadolu tariflerinden esinlendiğim yemekler yaparken türküler dinlemeyi, balık yemekleri hazırlarken ise Balkan ve Ege müziklerini, yanık kadın seslerini tercih ediyorum. Resmi bir davette klasik müzik, keman veya çello nefis olabilir.

Koklamak

Lezzetli yemekler genelde güzel kokar. Ancak lakerda veya bizim Türk suşileri gibi yemeklerin pek kokusu olmaz. Bu tür yemekler yaptığınızda menüye sarımsaklı ekmek eklemek iyi bir fikir olabilir. Fırından gelen sıcak ekmek ve sarımsak kokusunun cezbedemeyeceği az kişi vardır.

Böyle baştan çıkarıcı küçük oyunlarla, davetlilerinizin sofraya daha büyük bir zevkle oturmalarını sağlayabilirsiniz. Bu konuda, evin yemek kokmaması gerektiği gibi tezler vardır, ben katılmıyorum. Tabii ki kavrulmakta olan et veya soğan kokusu uygun değildir, ama baştan çıkarıcı hafif kokular kullanmak güzel olur.

Bir diğer yöntem de, masaya halen pişmekte olan bir yemek getirmektir. Dumanları çıkan bir yemek, o sırada başka bir şeyle ilgileniyorlarsa bile davetlilerinizin dikkatlerini bir anda yemeğe yöneltmelerini sağlayacaktır.

Yemeğe son anda atılan baharatlarla da koku hissini artırabilirsiniz. Fırında pişmiş bir ete son anda kimyon ekleyerek, bir tatlının üzerine lavanta atarak yapabilirsiniz bunu.

Hearing

It is not easy to convey the sound of a dish to the dinner table. But if you succeed in doing this, your guests are in for a treat. For instance, imagine the sizzle of shrimps in a stewpot, or the sound of melted butter being poured over iskender kebap. Even though these may seem as trivial details, these sounds are messengers of something good to come, preparing the body. With a few details, you can make your dishes heard. For example, you can bring the boiling sound to the dining room by presenting the steamed fish with a small heater under it.

If your dish does not have a sound, you can play some music suitable for the concept of your gathering.

The music you listen to when preparing meals will also increase your concentration. For instance, when I am cooking dishes inspired from Anatolian recipes, I prefer to listen to Anatolian folk songs When I am cooking fish, I prefer Balkan and Aegean sounds, the elegiac voices of a women's chorus. In a formal reception, classical music, or a selection of violin or cello can all be delightful background companions.

Smell

In general, tasty meals smell delicious. On the other hand, dishes like lakerda or our Turkish sushi do not have much of a smell. It may be a good idea to include garlic bread when you cook dishes of this kind. There are not many people in the world who can ignore the smell of hot bread and garlic wafting from the oven.

With little seductive games like these, you can ensure that your guests will sit at your dinner table with much greater pleasure. On this subject,some people think there should not be any smell of food in the house, which I do not agree with. Naturally, the smell of meat or onions cooking is not appropriate; however, using lighter, tempting smells is a good option.

Another method is to bring the dish that is still being cooked to the dinner table. When a meal steaming hot is brought to the dining room, the attention of your guests will be directly attracted to it.

You can increase the effect of smell with spices added at the last minute. You can add cumin to a meat meal cooked in the oven or sprinkle lavender on a dessert at the last moment.

Dokunmak

"Hoppalaa! Yemeğe dokunmak da nereden çıktı?" demeyin. Hele de "yemek yerken masaya dirsekten fazlası uzatılmaz!" diyenleri sakın dinlemeyin. Çünkü kebap yerken neden bu kadar haz aldığımızı, her seferinde az yiyeceğim dememize rağmen sıcak pideye neden bir türlü dayanamadığımızı, ince belli bardaktan keyifle çay içme tecrübesinin neden bu kadar vazgeçilmez olduğunu bu kişiler muhtemelen anlamayacaklardır.

Dokunup sıcaklığını, dokusunu hissettiğiniz yiyecekler, size çoğu zaman çatal ve bıçak kullanarak yemekle aranıza mesafe koyduğunuzu hatırlatacaklardır. Balığı elle ayıklamanın, ellerinizle limon sıkmanın keyfini mutlaka tatmalısınız. Elle yenen ana ya da yan yemekler veya banılacak soslar hep işe yarar. Dokunma hissini sofrada yaşatmak için, ekmek, şiş, yufka gibi geleneksel malzemeler son derece uygun olacaktır.

Touch

"Whoo! What's the deal with this touching?" I can hear some people saying this right now. But I suggest they don't. Moreover, don't listen to those who say "Your elbow is the limit when eating food at a table!" Because these people probably will not understand why we enjoy eating kebap so much, how we can never resist hot pide even though every time we tell ourselves that we will not eat much, why the experience of drinking tea from a slim-waisted tea glass is so indispensable.

The food that you can touch and feel the warmth and texture of will remind you that, using forks and knives most of the time brings a distance between you and the food itself. You should definitely feel the pleasure of cleaning fish or squeezing lemons with your own hands. Main or side dishes which are eaten with hands or dip sauces always work. To bring the feeling of touching to your dining table, you can always opt for traditional ingredients like bread, shish or yufka.

Tatmak

Tat yemeğimizin özüdür. Fakat bu hisse gelinceye dek, diğer duyuların etkisiyle oyuna önde veya yenik başlamak elimizde. Kitabımızın ilk üç bölümü tat duyusunu ayrıntılı olarak keşfedebilmeyi amaçlıyor, umarım bu bölümlerden hoşunuza giden yemekler çıkar.

Taste

Taste is the essence of food. However, before we reach this sense, it is up to us whether we start the game with the score for us or against us. The first three chapters of the book aim to discover the sense of taste in detail. I hope, in these chapters, you can find food that appeals to your taste.

Görmek

Görünüm, sunumun belki de tattan sonra en önemli ve etkili kısmı. Yemeğin, tabağın, masanın, ışığın, yardımcı malzemelerin ve ev sahibinin görünümü, genel görüntüyü oluşturmaktadır. Sonraki sayfalarda görünüme dair bazı ipuçları vermeye çalışacağım.

Sight

Appearance is maybe the most important and effective part of the presentation after taste. Appearance of food, plate, table, lights,supplementary things as well as the hostess herself constitute the general appearance. In the rest of this chapter, I'll try to give some tips on appearance.

1

2

3

4

Yemek ve tabağın görünümü

Appearance of the food and the plate

Başarılı bir sunumun en önemli parçalarından. Benim kendi kendime geliştirdiğim birkaç teknik var:

1- Az çoktur

Büyük tabaklar seçip tabakta boş alan bırakmak...

2- Diziliş

Dolma veya köfte gibi taneli yiyecekleri düz veya çapraz bir şekilde dizmek...

3- Tabağı 'kirletmek'

Yaramaz bir çocuk gibi kaşığı elinizde serbestçe sallayarak, yemeğin sosunu tabağa dağıtmak... Ayrıca, peynir veya muskat gibi malzemeleri, tabağın boş kısımlarına da gelecek şekilde rendelemek...

4- Dekoratif taze yeşillikler

Taze nane, kekik, biberiye gibi dünya harikası yeşilliklerin en körpe taraflarını kullanmak ve tabakta üç boyutlu adalar oluşturmak...

Essential part of a successful presentation. There are some techniques I use:

1- Less is more

Using large plates so that there is empty space on the plate...

2- Alignment

Aligning meatballs or dolma in straight or diagonal lines...

3-'Dirtying' the plate

Decorating the plate with the sauce of the dish by using a spoon, or grating cheese, nutmeg or pepper all around the plate...

4-Decorative fresh herbs

Using the freshest parts of miraculous herbs like mint, thyme, or rosemary and forming islands on the plates...

5

6

8

9

5- Konuya göre şekil vermek

Doğum günleri, yıldönümleri ve özel günler için şekilli, temalı yemekler yapmak... (Bandırmalı Dil Peyniri ve Mantar'ın Cadılar Bayramı hali bu!)

6- Yemeği tabakta dağıtmak

Yemeği tabağın tam ortasına koymayıp etrafına dağıtmak veya ortasına koyup parçaları tabağın etrafına serpiştirmek...

7- Boş alanlar bırakıp, sos kapları yerleştirmek

Herkes farklı tat ve soslar tercih edebilir, bu sebeple sosların kenarda olması iyi bir fikir...

8- Yemeğe ait olmayan şaşırtıcı güzellikler

Bazen bir çiçek ya da bir yaprak bunu başarabilir...

9- Renk & Kontrast

Parlak, göz alıcı renkler kullanmak! Koyu renk yemeğe açık renk tabak, açık renk yemeğe koyu renk tabak...

10- Klasik tabakların dışına çıkmak

Nihale pide için, ekmek kesme tahtası ise et için nefis bir servis tabağı olabilir. Bir ayna parçasından harika bir peynir tabağı yapabilirsiniz... Önemli olan yaratıcılığımızı serbest bırakmak!

5- Making your meals according to the occasion

Cooking custom-made meals for anniversaries and special days... (String Cheese and Mushroom to Dip dressed up for Halloween!)

6- Spreading the dish over the plate

Spreading the food over the plate instead of placing it in the middle, and vice versa...

7- Leaving empty spaces for mini sauce vessels

Everyone has a different taste for sauces; it may be a good idea to put the sauces on a side of the plate...

8- Surprising non-edible beauties

Sometimes a flower or a leaf may do the trick...

9- Color & contrast

Use bright, attractive colors! For instance, a light-colored plate for a dark-colored meal and vice versa...

10- Serving your dish on something other than ordinary plates

For a pide using a hot pad, or for a meat meal using a bread-board can be great ideas when serving your dishes. You can create an amazing cheese plate out of a mirror... The important thing is to let your creativity roam!

Masanın görünümü

Masada güzel bir hava yaratmak istiyorsanız yemeğin ve servis tabaklarının dışında kullanabileceğimiz 2 güzel öğe var: Mum ve çiçek.

Masaya konulan çiçekler yüksek olmamalı, boyu 10-12 cm.'in üzerinde çiçekler masada görüşü engellemeye başlar. Çiçeklerin kokmaması kokmasından çok daha iyidir, çünkü yemek masasında kuvvetli kokan her şey iştahla oynar. Beyaz çiçek her zaman her şeyle iyi gider, hem zarif, hem de tehlikesiz seçimdir. Beyaz masa örtüsüne renkli çiçek seçmeniz daha kolay olacaktır. Masada 2-3 renkten fazlasını kullanmak iddialı kaçabilir. Renkli peçetelerle uyumlu renkli çiçekler güzel bir görüntü yaratabilir. Çiçekleri ufak, iddiasız vazolarda sunmak iyi fikir olabilir. Fakat masanın temasına göre süt güğümü veya eski bir kavanoz da harikalar yaratabilir...

Mum kullanacaksanız, tercihim alçak olanlardan yana. Büyük bir mumluk kullanacaksanız, mumların da mumluğun da ince olması gerekmekte ki davetliler birbirlerini rahatlıkla görebilsinler. Yüksek mumlar ortama farklı bir resmiyet ve ağırlık katar, bu ise benim tercih etmediğim bir tarz. Kokusuz mum kullanmak çok önemli, çünkü en güzel kokulu mumdan kullansanız bile, yemeğin kokusuyla karışması kötü olur. Ayrıca bir yemeğinizin veya tatlınızın üzerine mum koyabilirsiniz. Suyun üzerinde yüzen mumlar olabilir. Mumun masaya akmaması için önlem almaya da dikkat etmek gerekir.

Diğer bir fikir de ufak sokak fenerlerini kullanmak. Hem görüntüyü bozmuyorlar, hem de fiyatları çok uygun. Işıl ışıl fenerler masaya farklı bir samimiyet katıyor. Ancak aklınızda bulunsun, masa mekandan daha aydınlık olursa, davetlilerinizin dikkati yemeğe ve sohbete odaklanacaktır.

Masayı kaplayan ve kaplamayan örtüler

Evinizde bir tane masa örtüsü olacaksa o muhakkak beyaz olsun. En klasik, yemeği en güzel gösteren örtü, beyaz olandır. İyi bir masa örtüsü olabildiğince doğal olan, yani daha az naylon, polyester içeren örtüdür. Türkiye'de üretilen, yüzde 100 veya yüzde 80 pamuklu çok güzel örtüler var.

Appearance of the table

To create a nice ambiance with your table, there are two fine elements you can use apart from the dish and serving plates: candles and flowers.

The flowers on the table should not be too tall; flowers taller than 10-12 cm block the view. It is better to use flowers which don't have too strong a scent because these would affect the appetite. White flowers are always a good choice, suitable for everything. It is easier to pick flowers for a white table cloth. Using more than 2-3 colors on the table may be a little ambitious. You can create a nice table by using colored flowers with colored napkins that get on well each other. It may be a nice idea to present the flowers in small, modest vases. However, according to the theme of the table, a milk jug or an old jar may create wonders...

If you like to use candles, it would be better to opt for short ones. If you are going to use a big candlestick, both candles and the candlestick should be thin so that your guests can see each other more easily. Tall candles bring along a different formality and solemnity to the occasion, which personally I don't like. It is important to use unscented candles, because, even though the candle may smell wonderful, it is not good if it mixes with the smell of the food. Also, you can put a candle on a dish or a dessert. Or you can float candles in small containers. You should also be careful that the candle wax doesn't drip on the table.

Another idea is to use small street lanterns. They do not spoil the presentation and they can be acquired at very reasonable prices. Those shiny lanterns bring along a different kind of coziness to the table, Remember: if the table is brighter than the place, the attention of your guests will be drawn to the food and the conversation.

Table cloths and runners

If you are going to have one tablecloth at home, make it a white one. The most classic and the one that showcases your dish best is a white tablecloth. A good tablecloth is one that is most naturally produced, meaning, less nylon and polyester. There are table cloths of great quality in Turkey made from 100% or 80% cotton.

Nazar boncuklu anahtarlık, *Evil eye key holder*

Keçeden yapılmış kitap ayracı, *Rumi bookmark*

Yemeni oyası, *Embroidered ends of traditional Anatolian headscarf*

Antika yemeni, *Traditional Anatolian headscarf*

Artık çok şık yemeklerde bile Amerikan servis kullanılır oldu. Hatta ne Amerikan servis ne de masa örtüsü kullanmadan doğrudan masanın üzerinde yeme alışkanlığı da artıyor. Tabii masa örtüsünün var olma sebebi aslen eski, bol cilalı ve evladiyelik masaları korumaktı. Şimdi kaba malzemelerden yapılmış veya özellikle eskitilmiş masalar arar olduğumuz için bunun pek geçerliliği de kalmadı sanırım.

Masa örtüsü olarak kendinizi "masa örtüleri" ile sınırlamayın. Çok beğendiğiniz bir perdelik kumaş, hafif şeffaf ve güzel renkli bir yazma kumaşı, ortadan birleştirdiğiniz el işi pareo ve peştamalların hepsi masa örtüsü olarak kullanılabilir.

Masanın tamamını kaplamayan, enine veya boyuna kullanabileceğiniz uzun kumaşlardan (runner) yararlanabilirsiniz. Japon perdelerini ya da artan kumaşlarınızı böyle değerlendirebilirsiniz. Bu arada, gazete kağıdı veya kolalı dantel işleri nefis Amerikan servisler olabilir.

Peçeteler, peçetelikler

Kanımca, masada kullanabileceğimiz en güzel süs. Sade bir örtü seçip peçetelerle masaya heyecan ve hareket katabilirsiniz. Ben, yemeklerde olduğu gibi masa düzenlerken de, kültürümüzdeki farklı öğeleri farklı şekillerde kullanıp, yeni harmanlar yaratmayı seviyorum. Eski yazmalar, düz renk yazma kumaşları, peştamallar peçete olarak kullanılabilir. Hem temizlenmeleri kolaydır, hem de yumuşak olduklarından dokunurken keyif alırsınız.

Nazarlıklı anahtarlık, Mevlana figürlü bir kitap ayracı veya yazma kenarına çekilen oya dizisi kolayca peçeteliğe dönüştürülebilir.

Nowadays, place mats are used for the most exquisite of dinners. In fact, with each passing day, more people are eating their meals on the table without putting anything on it. The reason for using a tablecloth in the first place was to protect those ageless, polished, old tables. Now, because we favour old-looking tables and rough woodwork, this is not relevant any more, I think.

Do not limit yourself to "tablecloths". You can use a favorite curtain, a colored piece of cheesecloth, a handmade pareo, or a pestemal as a table cloth.

You can also use long cloths that do not completely cover the table (runners). You can use Japanese curtains or leftover cloths in this way. By the way, newspapers or starched pieces of lacework can be used as beautiful place mats.

Napkins & napkin rings

In my opinion, napkins are the most beautiful ornament you can use on your table. You can make the presentation of your table exciting and electric by picking a simple table cloth and using napkins. I like to use different elements of our culture, creating new fusions just like I do when preparing dishes. Old or colored pieces of cheesecloth or pestemals can be used as napkins. They are both easy to wash and because of their softness, delightful to touch.

You can turn anything into a napkin ring: a keyholder with an evil eye charm, a bookmark with an image of Rumi on it, or a simple piece of lace.

Tabaklar çanaklar

Türkiye'nin gerçekten güçlü bir ülke olabilmesi için, önce elindeki değerlerin farkına varması ve bu değerlere sahip çıkan yetenekli genç müteşebbisler ve ülkemizin ürünlerini satın alan, kültürleriyle barışık insanlar yetiştirmesi gerekiyor.

Böyle bir başarıya imza atan Hiref markasının hikayesi örnek olacak nitelikte doğrusu. Seramik, bakır ve cam üretiminde yurtdışı pazarların ilgisini çekebilecek bütün alt yapıya sahibiz aslında. Sultan III. Selim'in emriyle kurulan Paşabahçe'deki cam fabrikalarında şimdi nefis atölyeler var. Nefis bakır tasarımlarıyla lambalar, pişirme ve sunum kapları yapan Nahhas ve Hakart da görmeniz gerekenler listesinde olmalı.

Çini tabaklar ne yazık ki şimdiye kadar hep dekoratif amaçlı kullanıldı. Oysa yemek veya çorba tabağı da olabilirler. Kitabın yayımlanışıyla birlikte, dünyanın en güzel toprağına sahip Nevşehir'den Güray Seramik ile 72 parçalık bir set yapma kararı aldık. Umarız başarılı oluruz (İlk örneği, yan sayfanın sağ üst köşesindeki siyah-beyaz tabak!)

Su sürahisi olarak, Çanakkale testiler, bakır ibrikler çok hoş olacaktır.

Çerezlik ve sos kabı olarak ise, yeni tasarımlarla bakır-cam işi karışık pek çok ürün yapılmaya başlandı.

Ev sahibi

Ben ev sahibinin mümkün olduğunca sade giyinmesinden, sade aksesuarlar kullanmasından yanayım. Giyim kuşam bir yana, ev sahibini bekleyen en önemli görev zamanlamadır. Hangi yemeği ne zaman ocağa koyacağınızı, neyi ne zaman neyle sunacağınızı önceden çok iyi ayarlamanız gerekir. Böylece, özene bezene hazırladığınız yemeklerin tadına layıkıyla varılabilir, siz de sağa sola koşuşturmayıp konuklarınızla birlikte sofranın ve sohbetin keyfini çıkarabilirsiniz. Sofraya ne zaman oturulacağı konusunda bile ev sahibine büyük iş düşüyor. Bir keresinde yemekten 15 dakika önce bir kavga koptu. Masaya otururken, yatıştı sanmıştık, oysa açlıktan düşen kan şekerlerinin etkisiyle yalnızca biraz durulmuştu. Yemek süresince kavga alttan alta devam etti ve kimse yediğinden birşey anlamadı. Benim için önemli bir dersti, aynı yemek nasıl farklı bir tada bürünür anlamış oldum. Anlayacağınız, yemeği sunarken ev sahibi çevresini iyi kontrol edebilmeli...

Pots & plates

In order for Turkey to be a powerful country, first it should realize the values in its own lands and raise young entrepreneurs who are at peace with their own culture and protect these values, buying their country's own goods.

Indeed, the success story of the Hiref brand is an inspiring example. This country has all the infrastructure to attract the attention of foreign markets in the production of ceramics, copper and glass. Today, there are wonderful workshops in the old glass factories in the Pasabahce district of Istanbul, which were founded by the decree of Sultan Selim III. The wizards of copperware design are Nahhas and Hakart. You should definitely include them in your stores-to-visit list.

Unfortunately, cini (ceramic tile) plates are currently only used for decorative purposes. However, they can also be used as dinner plates. With the publishing of this book, we will be producing a 72-piece set with cini producers from Nevsehir. I hope we will succeed. (You can see the black & white prototype on the next page).

Clay jugs from Canakkale or copper ewers can be delightful alternatives to regular water jugs.

As for small pots for knick knacks and sauces, you can find many copper or glass products wtith modern designs.

The Cook

In my opinion, the cook should dress as plainly as possible, with plain accessories. Apart from clothing, the most important task for the cook is timing when to cook and serve the meal. This way, the cook can properly enjoy the dishes she or he meticulously prepared, as well as the conversation and the dinner table, instead of running around all the time. Even the time to sit at the table should be managed by the cook. Once there was an argument about something fifteen minutes before the dinner was to be served. We thought it was more or less over as we sat at the table. However, apparently it was not: it was only temporarily settled.. Throughout the meal, the arguing continued with resentful comments, and the food in our mouths tasted like ash. It was an important lesson for me, teaching me how the taste of a dish can change all of a sudden. In a nutshell: when presenting a meal, the cook should have clear control of what's happening.

Menü oluşturmak
Creating menus

Diyelim ki dostlarınız size yeniden yemeğe geliyor, klasik menünüzü de önceki sefer yaptınız bitti. Peki şimdi ne sunacaksınız? Veya sevdiklerinize sürpriz bir menü hazırlamak istiyorsunuz, hangi çorba hangi zeytinyağlıyla uyar diye kara kara düşünüyorsunuz. Bu dertlerimizi daha rahat çözebilmek, birbiriyle uyum içerisinde zengin menüler oluşturabilmek, tekrara kaçmamak için kendimce bir liste çıkarma tekniği geliştirdim. Atıştırmalıklar, soğuk ufaklar, sıcak ufaklar, büyükler, tatlılar gibi gruplar oluşturuyor ve yapabildiğim yemekleri altlarına sıralıyorum. Böylece, nasıl bir kompozisyon oluşturmak istiyorsanız, repertuarınızdan hızla seçebilir, başta aklınıza gelmeyen kombinasyonları kağıt üstünde daha rahat görebilirsiniz. Bu listenin bir de şu güzelliği var, yapabildiğiniz bir yemek hem atıştırmalık hem de başlangıç olabilir. Bu şekilde yemeklerinize başka bir gözle bakmanız da mümkün.

Örneğin Nohutlu E.Ş. Köftesi, klasik köfte boyutunda olduğunda ara sıcak, ufak toplar halinde ve daha spor bir tabak ve şık kürdanlarla sunulduğunda yemek öncesi için harika bir atıştırmalık haline gelebiliyor. Ya da vejetaryen bir arkadaşınız yemeğe geliyor diyelim. Normalde ufak şekilde yaptığınız mücverleri büyük yapabilir ve üzerine yoğurt ve tatlı biber sosu ekleyip kallavi bir tabakta ana yemek olarak sunabilirsiniz.

Sizin yaratıcılığınıza ve arzularınıza kalıyor gerisi...

Let's say your friends are coming to dinner for the second time, and you have already served your classic menu. So, what are you going to do now? Or, you wish to surprise your loved ones with a nice menu, but cannot decide which dish will go with what. To overcome this difficulty and to prepare harmonious menus, I have found a listing system. I simply list the dishes I can make in categories, like appetizers, cold Side Dishes, warm Side Dishes, larger dishes, desserts, etc. Once I write them down, I can easily select from my repertoire. The beauty of the list is that you can easily see if a dish belongs to more than one category. It opens a whole new chapter in creating menus.

For example, Elif Eatball is a small, warm dish when it is prepared in usual meatball size, but it becomes an appetizer if you make nut-sized eatballs and serve them on toothpicks on a handsome plate. Or, if a vegetarian friend is coming for dinner, you can prepare larger mucver and decorate them with yoghurt and sweet chili sauce to turn the dish into a "bigger" one.

The rest depends on your desires and creativity.

BEYAZPEYNIR
UZUM
olarak
sokun.

Tarifler tahtası

Atıştırmalıklar

Dört Dörtlük Pideler
Ufak Gözlemeler
Fesleğenli Humus
Mantar Mücver & Pazı Mücver
Tahin & Limon
Kereviz Karpaçyo
İştah Açan Dürümler
Türk Suşileri
Sürprizli Lokma
Pancar, Turp ve Kereviz Cipsleri
Şık Lakerda
Kurutulmuş Etli Kavun
Nohutlu E.Ş. Köftesi
Arı Gibi Çalışanlara Çiçek Dolması
Kuruyemiş Mantı
Kadayıf Mantı
Acılı Ekşili Tatlılı Dolma
Dil Peyniri ve Fıstık Saklı Köfteler
Mangal ve Şişler
Dil Peynirinden Pizza

Soğuk Ufaklar

Çıtır Mücandara
Kolayından Hellimli Bitta
Baştan Çıkaranların Salatası: Roka, Parmesan, İncir
Haşat Köfteli Salata
Refika'nın Gavurdağı
Fesleğenli Humus
Tahin & Limon
Kereviz Karpaçyo
İştah Açan Dürümler
Balsamik Sirkeli Fesleğenli Batırmalık
Meze Yeşil Fasulye
Türk Suşileri
Kişnişli Bebek Enginar
Tane Tane Börülce
Pancar, Turp ve Kereviz Cipsleri
Şık Lakerda
Kurutulmuş Etli Kavun
Bandırarak Yenen Balık Salatası
Kavunlu Kısır

Mesela...

Atıştırmalıklar	Soğuk Ufaklar	Sıcak Ufaklar	Büyükler	Tatlılar
Kuruyemiş Mantı Kurutulmuş Etli Kavun	Şık Lakerda Oh My God Suşi Kavun & Balık Suşi	4 Yeşillikli Kalamar Karides Gökkuşağı Altında Hellimli Kalamar	Karışık Şiş Buketi	Fondue de Pişmaniye

Sıcak Ufaklar

Yarmalı & Mantılı Yoğurt Çorbası
Karamelize Soğanlı Mercimek Çorbası
Kereviz Sevgisiyle Zehra Hanım Çorbası
Tarhana Çorbası
Yalancı İskender
Pastırmalı Biberiyeli Patates
Çıtır Mücandara
Pekmezde Yatan Eritilmiş Dil Peyniri
İki Peynirli Şekilsiz Ekmek
Güveç Kabında Beyaz Peynirli Ekmek
Kolayından Hellimli Bitta
Cevizli & Biberli Tiknaz Ekmek
Dört Dörtlük Pideler
Haşat Köfteli Salata
Refika'nın Gavurdağı
İdeal Tava Böreği
Tavada Kadayıf Böreği
Ufak Gözlemeler
Mantar Mücver
Yumurtalı Kuşkonmaz
4 Yeşillikli Kalamar Karides
Gökkuşağı Altında Hellimli Kalamar
Balsamik Sirkeli Fesleğenli Batırmalık
Bandırmalı Dil Peyniri Ve Mantar
Beyaz Peynirli Erişte
Deniz Mahsullü Erişte
Sürprizli Lokma
Pancar, Turp ve Kereviz Cipsleri
Nohutlu E.Ş. Köftesi
Arı Gibi Çalışanlara Çiçek Dolması
Biber Kayığında Uyuyan Kıyma
Kadayıf Mantı
Acılı Ekşili Tatlılı Dolma
Pastırmalı Tavuk
Parmak Parmak Nefis Tavuk
Sumaklı Köfte
Dil Peyniri ve Fıstık Saklı Köfteler
Şişler
Dil Peynirinden Pizza
Katman Katman Ispanak Çorbası
Bulgur Pilavı
Zahterli Balık Kokoreç

Büyükler

En Nefis Ekmek Arası
Yalancı İskender
Dört Dörtlük Pideler
Haşat Köfteli Salata
Deniz Mahsullü Erişte
Biber Kayığında Uyuyan Kıyma
Kadayıf Mantı
Acılı Ekşili Tatlılı Dolma
Pastırmalı Tavuk
Parmak Parmak Nefis Tavuk
Sumaklı Köfte
Dil Peyniri ve Fıstık Saklı Köfteler
Şişler
Dil Peynirinden Pizza
Bonfile Şiş
Pirzola Şiş
Abi'min Antrikotu
Karışık Şiş Buketi
Özlenmiş İncirli Et
Nefis Kalkan
Zahterli Balık Kokoreç

Tatlılar

Pişmaniyeli Dondurma
Fondue de Pişmaniye
Yufkaya Sarılı Tahin
Top Top Kadayıf
Bizim Emektar Kabak Tatlısı
Vişneli Aş
Çıtır Muz
Sahlepli İrmik Keki
Çikolata Miğferli Pişmaniye Askerler

İçecekler

Çay
Sakızlı Sütlü Türk Kahvesi
Çiçeklerden Beyaz Kahve
Mandalinalı Su
Kıbrıs Limonatası & Mandalinata

Recipe board

Appetizers

4 Kinds of Lahmacun
Little Gozlemes
Humus with Basil
Mushroom Mucver & Chard Mucver
Tahini and Lemon
Celeriac Carpaccio
Wonderful Wraps
Turkish Sushi
Surprising Lokma
Beetroot, Turnip and Celeriac Chips
Handsome Lakerda
Melon with Dried Meat
Elif Eatballs
Stuffed Zucchini Blossoms
Snack Manti
Kadayif Manti
Turkish Stuffings with Sweet Chili
Meatballs with Hidden String Cheese and Pistachios
Shish Kebaps
String Cheese Pizza

Cold Side Dishes

Crispy Mucandara
Bitta with Halloumi
Seducers' Salad: Rocket, Parmesan, Figs
Bashed Meatball Salad
Refika's Gavurdag
Humus with Basil
Tahini and Lemon
Celeriac Carpaccio
Wonderful Wraps
Dipping Sauce with Basil and Balsamic Vinegar
Green Beans with Yoghurt
Turkish Sushi
Baby Artichokes with Coriander
Podded Black Eyed Peas
Beetroot, Turnip and Celeriac Chips
Handsome Lakerda
Melon with Dried Meat
Bulgur Salad with Melon
Fish Salad to Dip

Such as...

Appetizers	Cold Side Dishes	Hot Side Dishes	Larger Dishes	Dessert
Elif Eatballs 4 Kinds of Lahmacun	Refika's Gavurdag Tahini and Lemon	Tarhana Soup Sirloin Shish String Cheese and Mushrooms to Dip Clumsy Double Cheese Bread	Lamb Cutlets Kadayif Manti	Tahini Wrapped in Yufka

Hot Side Dishes

Yoghurt Soup With Yarma and Manti
Lentil Soup with Caramelized Onions
Zehra Hanim's Celeriac Soup
Tarhana Soup
Fake Iskender
Potatoes With Pastrami and Rosemary
Crispy Mucandara
Melted String Cheese Dipped in Molasses
Clumsy Double Cheese Bread
Bread with White Cheese in Guvec
Bitta with Halloumi
Bread with Walnuts and Red Pepper
4 Kinds of Lahmacun
Bashed Meatball Salad
Refika's Gavurdag
Ideal Pan Borek
Kadayif in a Pan
Little Gozlemes
Mushroom Mucver and Chard Mucver
Asparagus with Eggs
Calamari and Shrimps with 4 Kinds of Herbs
Calamari with Halloumi Under the Rainbow
Dipping Sauce with Basil and Balsamic Vinegar
String Cheese and Mushrooms to Dip
White Cheese Eriste
Seafood Eriste
Surprising Lokma
Beetroot, Turnip and Celeriac Chips
Elif Eatballs
Stuffed Zucchini Blossoms
Ground Beef in a Pepper Boat
Kadayif Manti
Turkish Stuffings with Sweet Chili
Chicken with Pastrami
Nutty Delicious Chicken
Meatballs with Ground Sumac
Meatballs with Hidden String Cheese and Pistachios
Shish Kebaps
String Cheese Pizza
Layers of Soup with Spinach
Bulgur Pilaf
Fish Kokorec with Zahtar

Bigger Dishes

Minced Braising Who Sees Itself
As Doner Kebap
Fake Iskender
4 Kinds of Lahmacun
Bashed Meatball Salad
Seafood Eriste
Ground Beed in a Pepper Boat
Kadayif Manti
Turkish Stuffings with Sweet Chili
Chicken with Pastrami
Nutty Delicious Chicken
Meatballs with Ground Sumac
Meatballs with Hidden String Cheese and Pistachios
String Cheese Pizza
Sirloin Shish
Lamb Cutlets
My Brother's Entrecôte
Mixed Shish Bouquet
Juicy Meat with Figs
Turbo Turbot
Fish Kokorec with Zahtar

Desserts

Drunkeb Floss Halva with Ice Cream
Floss Halva Fondue
Tahini Wrapped in Yufka
Balls of Kadayif
Pumpkin Dessert
Cherry Gullac
Crispy Banana
Semolina Cake with Sahlep & Chocolate
Floss Halva Soldiers in Chocolate Helmets

Drinks

Turkish Tea
Mastic Flavored Turkish Coffee
White Blossom Coffee
Water with Tangerine
Cypriot Lemonade and Tangerinade

Meşhur Zehra Hanım ve Kadir Bey
Zehra Hanim and Kadir Bey, the rescue team

Organik Mehmet
Organic Mehmet

İçten gülüşleriyle Deniz Balık'ın yakışıklıları
The handsome crew of the Deniz Fish Market

Teşekkürler Thanks

Her şeyden önce, bu kitabı aldığınız ve bu sayfasına kadar okuduğunuz için teşekkür ederim. O kadar özverili bir çaba ile hazırladık ki ancak birisi değer verip okuduğu zaman anlam kazanıyor çabamız. Bize bu değeri verdiğiniz ve okuduğunuz için en içten teşekkürler...

Bu kitabı size ulaştırabilmem için bana sahip çıkan yayınevim **Alfa**'ya ve **Vedat Bey**'e çok teşekkürler.

"O" olmasaydı bu kitap çıkmazdı dediğim bir kişi var. Fotoğraflardan metinlere her aşamayla sabırla ilgilendiğin ve hepsinden önemlisi beni dize getirip organize ettiğin, en umutsuzluğa kapıldığım anlarda yüreğini yüreğime eklediğin için çok teşekkür ederim **Göknur Gündoğan**. Gerçek yol-daş, arka-daş...

Bu kitaptaki muhteşem fotoğrafların çoğunu **Alp Korfalı** çekti. O kadar muhteşem olmayanları ise ben. Birlikte 12.000'in üzerinde kare çekmişiz. Uyumasına bile müsaade etmeyen yoğun iş programının arasında, onunla çalışabilmek çok keyifliydi.

Kitabın editörü kim olabilir sorusuyla dolaşırken, Kadıköy'de karanlığın içinden yıllardır görmediğim lise arkadaşım **Gülin Ekinci** belirdi. Uzuuun telefon konuşmaları ve görüşmelerle çok güzel yolculuklar yaptık birlikte. En çaresiz anımda karanlıktan çıkagelen Gülin'in ilahi bir güç tarafından gönderildiğine inanıyorum.

First of all, I would like to thank you for buying this book and reading it till this page. We prepared the book with our utmost devotion; we feel our efforts are rewarded when someone appreciates and reads it. Most heartfelt thanks for your appreciation and for reading it.

*I want to thank my publishing house and **Vedat Bayrak** who helped me republish my precious first book.*

*If it weren't for "someone," this book would not exist: **Göknur Gündoğan**. Thank you for dealing with every detail from the photographs to the texts at every stage with care, and most importantly, for bringing me to my heels and organizing me, sharing your heart with mine at my most desolate moments. You are a real comrade, a true friend.*

*Most of the magnificent photos in this book were taken by **Alp Korfalı**. The less magnificent ones were taken by me. Together, we took more than 12,000 shots. It was a great pleasure to work with him, as he made time for us, even though he had an unbelievably busy work schedule.*

*While I was walking around with the quest(ion) of finding an editor for the book, all of a sudden my high school friend **Gülin Ekinci** appeared out of the depths of Kadikoy. I had not seen her for years. During long phone calls and conversations, we made wondrous journeys together. I believe that Gülin, appearing out of darkness in my most desperate hour, was sent by a divine power.*

nek Teknesi'nin sihirli elleri
gical hands in Ekmek Teknesi

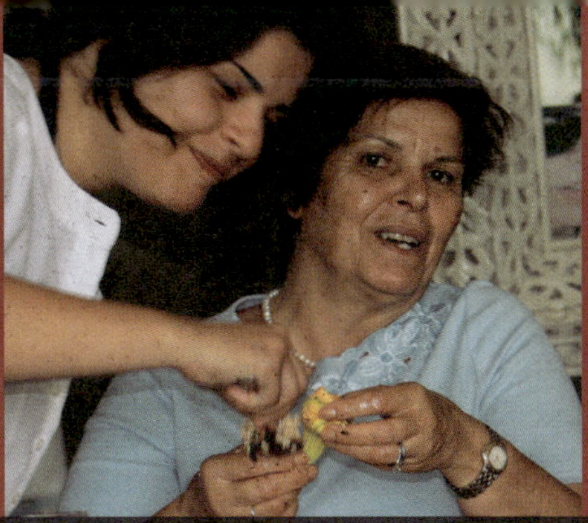

Emine Teyzem'le kabak çiçeği doldururken
Stuffing zucchini blossoms with my Aunt Emine

Fırat Et'te etlerle ve kemiklerle haşır neşir
Exploring the meat and bones at Fırat Meat

En çok hangi konuda kapris yaptın derseniz, bir saniye bile düşünmeden grafik tasarım derim. İstediğimiz noktaya gelinceye dek Emre'nin sabrını bir hayli zorladık. İyi gününde kötü gününde disipliniyle tertemiz işler çıkaran **Emre Duygu**, kitabı heyecan verici bir hale getirdi.

Garip Türkçeme ve dil oyunlarıma rağmen yaptığı özenli çeviriler için **Can Kantarcı**'ya teşekkürler.

Ve tabii ki nefis çizimler... Kitabımızda, illüstrasyon yeteneğinin belki yalnızca yüzde 1'ine tanık olduğumuz ve dünya çapında tanınması gereken arkadaşımız **M. Korkut Öztekin**'e teşekkürler.

Fatma Nur Dökmenoğlu'na tüm katkıları için teşekkürler.

Hazırlık ve fotoğraf çekimleri sırasında bize gönüllerini açan, vakit ayıran ve yardımlarını esirgemeyen tatlı insanlar...

Organik Tarım'ın ne olduğunu sayelerinde A'dan Z'ye öğrendiğim **Mehmet Gökmen** ve **Tayfun Erpek**'e...

Fırat Et'ten **Ahmet** ve **Nurettin Usta'ya**...

Kadıköy Petek Unlu Mamuller'den **Ahmet Bey**'e...

Kuzguncuk Ekmek Teknesi'nden **Levent Bayazıt**'a...

If someone were to ask me which aspect of the book I was most capricious about, my immediate answer would be the graphic design. We really tested Emre's patience till we reached the 'consistency' we wanted. ***Emre Duygu****, doing neat work both in his good days and bad days, added a thrill throughout this book.*

Thanks to ***Can Kantarcı*** *for his meticulous translation work despite my strange Turkish and language games.*

And, naturally, the elegant drawings... Thanks to our friend ***M. Korkut Öztekin****; in the book, you witnessed probably only 1% of his talent for illustration, which definitely deserves worldwide attention.*

Thanks to Fatma ***Nur Dökmenoğlu*** *for all her contributions.*

And many thanks to the genial people who opened their hearts, spared their time and helped us all they could during the preparation and the photo shoots for the book...

To ***Mehmet Gökmen*** *and* ***Tayfun Erpek****; thanks to them, I learned everything there is to learn about organic farming...*

To ***Ahmet usta*** *and* ***Nurettin usta*** *from Fırat Meat Co...*

To ***Ahmet bey*** *from Kadıkoy Petek Bakery...*

To ***Levent Bayazıt*** *from Kuzguncuk Ekmek Teknesi...*

Mahalle'nin sevgilisi Ekmek Teknesi'nde
Our Sweetheart in Kuzguncuk

Sevgiyle şekillenmiş patates
Potato formed with love

İcadiye Özen Yufka ve Kadayıfçısı'ndan **Tahir Usta** ve **Erdal Usta'ya**...

Kuzguncuk Halil Et ve Tavuk Pazarı'ndan **Halil İçer**'e...

Anadoluhisarı Lüfer Balık Market'ten **Kemal Hoşgör**'e...

Kapalıçarşı'daki **Derviş Mağazası** Ekibine...

Kadıköy Balık Pazarı'ndaki **Deniz Balık Market** Ekibine...

Arifoğlu Baharatçılık'a...

Eminönü **Namlı Şarküteri**'ye...

Eminönü **Nüans Mağazası** Ekibine...

Prof. Dr. Semih Çelenk'e...

Selin Kutucular'a...

Bu kitapta gördüğünüz el yapımı güzel seramiklerin üreticisi Güray Seramik ve **Mustafa Güray Tüysüz**'e...

Refika'nın Mobil Mutfağı'nın gerçek olmasını sağlayan, Bıçakçılar Mobilya'dan **Atilla Bıçakçı** ve **Cem Şahin**'e...

Ayrıca;

Sonsuz özverisiyle bizi üstünde taşıyan, genç, yürekli **İstanbul**'a...

Sonsuz teşekkürler...

Gelelim bu kitabın gerçekleşmesinde faydası dokunanlara;

*To **Tahir usta** and **Erdal usta** from Icadiye Özen Yufka and Kadayif Shop...*

*To **Halil İçer** from Kuzguncuk Halil Meat and Chicken Market...*

*To **Kemal Hoşgör** from Anadoluhisari Lüfer Fish Market...*

*To the staff of the **Derviş Shop** from the Grand Bazaar...*

*To the staff of **Deniz Fish Shop** from Kadıkoy Fish Market...*

*To **Arifoğlu Spice Shop**...*

*To Eminonu **Namlı Delicatessen**...*

*To the staff of Eminonu **Nüans Shop**...*

*To **Prof. Semih Çelenk**...*

*To **Selin Kutucular**...*

*To **Mustafa Güray Tüysüz** from **Güray Ceramic**, the producer of the delicate handmade ceramics in the book...*

*To **Atilla Bıçakçı** and **Cem Şahin** from Bıçakçılar Mobilya, who constructed Refika's Mobile Kitchen...*

In addition;

*To valiant **Istanbul**, young at heart, carrying us on her back with her infinite self-devotion...*

Infinite thanks...

Now let's mention the ones who contributed to the realization of this book:

igara olmadan balık ıslatılmaz
'an't wet fish without a cigarette

Tahir Usta'nın mükemmel yufkalar açan elleri
The magical hands of Tahir Usta rolling yufka

Macera, sevdiğim insanlara kendimce farklı yemekler icat ederken, yemeklerimden çok keyif alan bir arkadaşın "artık bu tariflerin kitap olması lazım," demesiyle başladı. "Aylin, ben uyumaya bile vakit bulamıyorum, nasıl yaparım bunu!" diyordum. O ise, "olur olur, en azından kitapçık yaparsın, bari şu nefis suşileri çıkar meydana..." diye beni teşvik etti hep. Bu kitap, kendimi biraz daha tanımamı sağlayan ve beni hayata daha da bağlayan bir yolculuk oldu. **Aylin Varon**'a ne kadar teşekkür etsem azdır.

Bu maceraya atılmama sebep olan birileri daha var. **İpek Ersavaş** ve **Mehmetcan Karabağ**. 28. yaş günümde bana bir arkadaşlarının yazdığı yemek kitabını verdiler. "Bak, senin yemeklerin de bir kitapta olmayı hak ediyor," diyerek bana hep destek oldular.

Evli çiftler gurme yarışması yapılsa, birinci olacaklarına hiç şüphem yok. Yemeklere tutkuyla bağlanmamı sağlayan, beni Londra'nın en güzel restoranlarıyla tanıştıran ve ikinci annem babam bildiğim **Refika** ve **Ahmet Ratib**'e sonsuz teşekkürler.

Dünyanın öbür ucu olan Hindistan'da tanıştığım ve dünyamı zenginleştiren biri var. Bu kitaptaki pek çok yemeği onu İstanbul ziyaretlerinde şaşırtmak için icat ettim. **Mehveş Tarhan Arıburnu**'na teşekkürler.

Kalbimin bir yarısının hep Londra'da kalmasının nedeni, üç silahşörlerin üçüncüsü **Shalini Misra**'ya... Sabrı, yüz yaşında bir kadının bilgeliğiyle verdiği öğütler ve birlikte tattığımız nefis yemekler için teşekkür etmeliyim ona. Bu kitabın tohumlarını atanlardan...

This adventure started when I was creating dishes for the people I loved, and one of my friends who delighted in my cooking told me that the time had come for my recipes to be compiled in a book. "I barely find time to sleep, Aylin; how do you expect me to do that?" I was telling her. "In a good way. You can make it happen: at least a small one, with those amazing sushis in it..." she always kept encouraging me. This book was a journey, helping me to know myself better, strengthening my ties with life. For this, I really do not know how to thank ***Aylin Varon****.*

There are a few people more who made me venture in this project: ***İpek Ersavaş*** *and* ***Mehmetcan Karabağ****. For 28th birthday, they gave me, as a present, a cookbook written by a friend of theirs, telling me "See, your recipes also deserve a book like this one," and always supporting me.*

If there was a married couples gourmet contest, I have no doubt they would be the winners. My infinite thanks to ***Refika*** *and* ***Ahmet Ratib****, my second parents in my eyes, who made me love cooking with passion and introduced me to the best restaurants in London.*

There is someone I met on the other side of the world, in India; she enriched my world. I invented many recipes in this book to surprise her during her Istanbul visits. My thanks to ***Mehveş Tarhan Arıburnu****.*

To the reason I always leave half of my heart in London, the third of the three musketeers: ***Shalini Misra****. I thank her for her patience, for her guidance with the wisdom of a hundred-year-old woman, and for the delightful meals we tasted together. One of the people who 'planted' this book...*

Yemek yapmak onlar için yürümekten daha kolay. Hem geleneksel hem de pratik yemekleriyle bana esin kaynağı olan, **Emine Sömek** ve **Canev & Ziya Dinçer**'e çok teşekkürler. Yüreklerini, yemeklerini, desteklerini hiç esirgemeyen **Mevlüt** ve **Türkan Birgül**'e de teşekkürler.

Kitabı yazarken 14 saat hiç bilgisayarın başından kalkmadığım günlerde endişelenip, "kızım hasta olacaksın," diyen ilk yemeklerimde bana çok yardımcı olan, israfın kötülüklerini öğreten anne yarısı **Zefure Şimşek**'e teşekkürler...

Hayalimizdeki bahçeyi onunla birlikte kurduk. Kitaptaki 100 yemeği yapabilmek için, o kadar da iyi olmayan 1000 tane yemeği hep "birlikte" yaptık. Gün geldi çekimler için birlikte 40 tane yemek pişirdik 14 saat hiç durmadan. **Zehra Tümer** Hanım bana sanki aklıselim bir insana katlanırmış gibi katlandı. Emeği çok büyüktür. Kereviz Sevgisiyle Zehra Hanım Çorbası ve Pazı Mücver de onun tarifleridir.

Karmaşık işleri çözme ustası olan ve imkansızlıkları hep "birlikte" çözdüğümüz insan. Mangalı, ışığı, flaşı, sahilde balık tutması derken bütün bu yolculuğu sırtlayan **Kadir Tümer**'e ve tüm kalbiyle yardımımıza koşan **Gürsel Ümit**'e ne kadar teşekkür etsem azdır.

Psikoloji, özellikle de sosyal psikoloji eğitiminin bana sağladıklarını, beni nasıl zenginleştirdiğini, bu kitabı yazarken daha fazla hissettim. Cumhuriyetin yetiştirdiği en değerli insanlardan **Prof. Dr. Çiğdem Kağıtçıbaşı**'na, ayrıca bana bütün üniversite hayatımda sahip çıkan **Prof. Dr. Sami Gülgöz** ve **Prof. Dr. Aylin Küntay**'a derinden teşekkürler.

Bu kitaptaki fotoğrafları çekmek bazen yemek yapması kadar keyifliydi, bana fotoğrafı, karanlık odayı sevdiren, Robert Kolej'den biricik hocam **Aydın Ungan**'ın ellerinden öpmek lazım.

Hayatımda beni ilk işe alanlar... Onlar için herhangi bir stajyerken bana dünyayı öğrettiler. Aradan tam on yıl geçmiş, ama öğrendiğim bazı şeyler dün kadar taze. Medina Turgul'da bana halen yararlandığım pek çok şeyi öğreten "genius" **Aslı Bleda**, ve bana verdiği öğütler ve açtığı kapılarla hayatımı daha güzelleştiren, anlamlandıran **Neşe Şen**'e kucak dolusu sevgi ile...

Mercan Dede ve **Candan Erçetin**'e teşekkür etmem biraz garip kaçabilir ama bu kitaptaki me-

For them, cooking is easier than walking. My thanks to ***Emine Sömek*** *and* ***Canev & Ziya Dinçer*** *who inspired me with both their traditional and practical cooking. And I want to thank* ***Türkan & Mevlüt Birgül*** *for their generous hearts, tremendous support and delicious meals.*

Thanks to ***Zefure Şimşek***, *virtually a mother to me, who worried about me when I was sitting at the computer for 14 hours a day, writing the book – for the way she told me "o girl, you gonna make yourself sick," for the way she helped me in my first days of cooking, for the way she taught me the harm of wasting.*

With her, we set up the garden in our dreams together. To cook the 100 dishes in the book, we cooked a 1000 not so good ones "together." There were days we cooked 40 different dishes for 14 hours without a break for the photo shoots. ***Zehra Tümer***, *the lady she is, tolerated me as if I was a person with common sense. There are not enough words to do justice to her efforts. And Zehra Hanim's Celeriac Soup and Chard Mucver are her recipes.*

We overcame the difficulties together. He is a great problem-solver. I do not know how to thank ***Kadir Tümer***, *who shouldered all of this journey with its barbecue, flashlight and fishing on the coast and to* ***Gürsel Ümit***, *who helped us with all his heart.*

More than any other time, I felt the enriching benefits of my training in psychology, especially the branch of social psychology when I was writing this book. My sincere thanks to ***Prof. Çiğdem Kağıtçıbaşı***, *a very valuable personage of this republic, and to* ***Prof. Sami Gülgöz*** *and* ***Prof. Aylin Küntay***, *who supported me all the way through my university life.*

Taking the photographs in this book was sometimes as much fun as the cooking itself. I humbly kiss the hands of my dearest teacher, ***Aydın Ungan*** *of Robert College for teaching me to love photography and the dark room.*

They were the first people to employ me, teaching me about the world when I was just an ordinary trainee. When I look back, I see that it has been a whole ten years, but the things I learned are as vivid as yesterday. A whole lotta love to those two from Medina Turgul, "genius" ***Aslı Bleda*** *who taught me a lot of things still I benefit from, and* ***Neşe Şen*** *who made my life much more meaningful and beautiful with her advice and the doors she opened for me...*

Some may find it odd that here I am, thanking ***Mercan Dede*** *and* ***Candan Erçetin***. *However, most*

tinlerin duygusal olanlarının birçoğu arkada onların müzikleriyle güzelleşti. Komik duruma düşsem de ciddi hayranları olarak teşekkür etmek isterim. Benim dünyam onlarla çok daha güzel oldu.

Vizyonu, işbitiriciliği ve yüreklendirmesiyle kitabın başından beri benden desteğini esirgemeyen **Fırat Orhan**'a ne kadar teşekkür etsem azdır.

Dost Meclisi... Hayatıma kitabın sonlarına doğru girdiler. Aralarında "en aptal" olduğumu keyifle hissettiğim, içinden kitaplar, klipler çıkan yoğun hayatlarının arasında tüm cana yakınlıklarıyla bir araya gelen, insanı başarı için besleyen ekibe teşekkürler...

Cana can katan **Elif Şafak** ile **Eyüp Can Sağlık**'a, bana verdikleri gönülden destek için teşekkürler...

Dünyaya gelme sebeplerinden birinin beni kaosumdan çıkarmak olduğunu düşündüğüm -çünkü başka türlü Allah bir insana böyle bir sabır ve pozitif enerji veremezdi- **Ersin Akyüz**'e çok ama çok teşekkürler...

Teşekkür etmem gereken bir diğer kişi de önce patronum, sonra dostum olan üzerimde büyük etkisi olan, bana bildiğim pek çok şeyi öğretmiş, canıma can katan **Pelin Turgut**. Varlığı o kadar kıymetli ki...

Ben yemek yerken, tabaktaki her şeyin kombinasyonu olan nefis bir son lokma hazırlarım. Benim için bu lokmayı yemek mutluluğun son noktasıdır. Son lokmalarım, yanlarında olmanın beni hep mutlu ettiği dostlarım, canlarım **Deniz Karcı**, **Deniz İlkbaşaran**, **Melike Sungur**, **Banu Tomruk**, **Fırat İşbecer**, **Serfi Altun**, **Sibel Horada Coşkun** ve **İzel Coşkun**'a çok teşekkürler...

Sofralarıma oturma inceliğini gösterip, sevgileriyle beni yeni yemekler aramaya sürükleyen tüm dostlarıma teşekkürler...

Ve bana yemek yapmayı öğreten **Abi'me ve eşi Eda'ya** ...

Beni ben yapan **Anneme**...

Son olarak da bu kitap annem ile başladı, babam ile bitiyor. Desteğini ve bana olan inancını hissettiğimde dünyaların benim olduğu, büyüdükçe tanıdığım, tanıdıkça anladığım, anladıkça hayranlığımın arttığı babama... İyi olmam, dimdik durmam için bana her türlü desteği yürekten verdiği için...

Teşekkürler...

of the emotional texts in this book flourished with their music playing in the background. As an avid fan, I would like to thank them both, even if it may seem funny. My world is a more beautiful place with them.

*With his vision, **Fırat Orhan** has helped me through all the stages of the book, a true friend and a marketing genius. Thank you so much!*

***Our Band of Friends**... They entered my life near the completion of the book. My thanks to the gang who come together with all their friendliness, finding time in their busy lives filled with creation of books and music videos. They support one to be successful. And I gladly enjoy, being the "stupidest" among them.*

*My deepest thanks to **Elif Şafak** and **Eyüp Can Sağlık** for encouraging me throughout.*

*Many many thanks to **Ersin Akyüz**; I honestly think that one of the reasons he was born into this world was to save me from my chaos – else no-one could have that amount of patience and positive energy.*

*When I'm eating, I prepare one last mouthful combining everything on the plate. Eating this last mouthful is the peak point of happiness for me. And many thanks to these last mouthfuls of mine, my friends with whom I am happy by just being with them, my dearest ones **Deniz Karcı**, **Deniz İlkbaşaran**, **Melike Sungur**, **Banu Tomruk**, **Fırat İşbecer**, **Serfi Altun** and **Sibel Horada & İzel Coşkun**...*

Thanks to all friends who were kind enough to sit at my table, who, with their love, inspire me to search for new dishes...

*And to **my brother** who taught me to cook and to his lovely wife...*

*To **my mother** who made me as I am today...*

To conclude; this book started with my mother, and is now ending with my father. To my father, who made me the happiest person ever the moment I felt his support and belief in me. To the man I came to know as I grew up, whom I understood as I came to know, for whom my admiration grew as I understood... For his heartfelt support for my well being and for my dignity.

Thank you...

Duman değil mi dünya mutfağında payın?
Öyleyse ha olmuşsun, ha olmamışsın
Senin zorunsa sermayeden yememek,
Bekle bekle de başkası yesin yarın.

Is not your part in the world's kitchen merely smoke?
If so, then what matter whether you are or not
Yours is not to eat from stocks,
Wait, and wait some more, so that tomorrow
someone else might.

Ömer Hayyam, Dörtlükler (Çeviri: S.Eyüboğlu)
Omer Khayyam, Quatrains